DIE LEHRE BUDDHAS

BUKKYO DENDO KYOKAI
(Gesellschaft zur Förderung des Buddhismus)
3-14, 4-chome, Shiba
Minato-ku, Tokyo, Japan
Telefon: (03) 455-5851

Dreizehnte bearbeitete Auflage, 1986

Druck
Kosaido Printing Co., Ltd.
Tokyo, Japan

Buddhas Weisheit ist so unendlich wie der weite Ozean, und sein Geist ist von großem Mitleid erfüllt.

Buddha hat keine Gestalt, aber er offenbart sich auf erhabene Weise und führt uns mit seinem ganzen mitfühlenden Herzen.

Dieses Buch ist kostbar, da es das Wesentliche der Lehren Buddhas enthält, die einst in über fünftausend Bänden niedergeschrieben wurden, sich seit mehr als 2500 Jahren bis auf den heutigen Tag erhalten haben und über die Grenzen aller Länder und Rassen der Welt hinaus an uns weitergegeben wurden.

Die in diesem Buche enthaltenen Worte Buddhas offenbaren und erläutern auf wunderbare Weise wirkliche Geschehnisse des menschlichen Lebens und Geistes.

DHAMMAPADA

Sieg brühtet Haß aus; die Besiegten leben in Not. Die Friedfertigen leben glücklich, indem sie Sieg und Niederlage aufgeben. (Dhammapada 201)

Hunger ist das größte Leiden, der Körper ist das größte Übel; da der Weise weiß, wie es wirklich ist, erkennt er das vollkommene Höchste. (Dhammapada 203)

Schneide deine Begierden ab, als seien sie ausgereifte Lotusblumen. Bebaue diesen geraden Pfad des Friedens. Das vollkommene Höchste wird vom Erhabenen gepredigt. (Dhammapada 285)

Es ist schwer, als Mensch geboren zu werden, es ist schwer als Sterblicher zu leben, es ist schwer, die Vollendete Wahrheit zu hören, es ist schwer, Buddha zu erkennen. (Dhammapada 182)

Es ist schwer, einen glaubwürdigen Menschen zu finden. Er wird nicht überall geboren. Wenn ein solcher Mensch zur Welt gekommen ist, wird die Familie glücklich gedeihen. (Dhammapada 193)

Glück ist die Geburt eines Buddhas, Glück ist die Verbreitung der Edlen Lehre, Glück ist die Einheit des Sangha, Glück sind die Bemühungen der in der Lehre Vereinten. (Dhammapada 194)

INHALT

BUDDHA

Erstes Kapitel Shakyamuni Buddha 2
I. Das Leben des Buddha 2
II. Die letzte Lehre des Buddha 10
Zweites Kapitel Der unendliche und verklärte Buddha 15
I. Sein Mitgefühl und Sein Gelübde 15
II. Buddhas Hilfe, Seine Mittel und Wege der Erlösung 19
III. Der unendliche Buddha 22
Drittes Kapitel Die Gestalt von Buddha und seine Tugenden 25
I. Drei Wesenszüge von Buddha 25
II. Die Erscheinung Buddhas 29
III. Buddhas Tugend 32

DHARMA

Erstes Kapitel Die Wirkungen der Ursachen 38
I. Die vierfache Edle Wahrheit 38
II. Die Wirkungen der Ursachen 41
III. Die Kette der Verursachungen 42
Zweites Kapitel Das rein Geistige und die Wirklichkeit aller Dinge 46
I. Unbeständigkeit und Ichlosigkeit 46
II. Die Tatsache des „Rein Geistigen" 49
III. Der wirkliche Stand der Dinge 52

IV. Der Weg der Mitte 57
Drittes Kapitel Das Wesen Buddhas 65
I. Der menschliche Geist 65
II. Das Wesen Buddhas 71
III. Das Buddhawesen und die Selbstlosigkeit .. 75
Viertes Kapitel Irdische Leidenschaften 81
I. Die menschliche Natur 81
II. Das Wesen des Menschen 88
III. Das Leben des Menschen 90
IV. Die Wirklichkeit des menschlichen Lebens .. 95
Fünftes Kapitel Die Hilfe, die von Buddha angeboten wird 102
I. Die Rettung durch Buddha 102
II. Amida Buddhas Land der Reinheit 110

DER WEG DER ÜBUNG

Erstes Kapitel Der Weg der Läuterung 116
I. Die Läuterung des Geistes 116
II. Der Weg des richtigen Verhaltens 123
III. Die Lehre in alten Fabeln 134
Zweites Kapitel Der Weg zur praktischen Erkenntnis 150
I. Die Suche nach Wahrheit 150
II. Die Wege der Übung 163
III. Der Weg des Vertrauens 176
IV. Tugendhafte Grundsätze 184

DIE BRÜDERLICHKEIT

Erstes Kapitel Die Pflichten der Brüderlichkeit 194
I. Brüder der Hauslosigkeit 194

II. Laienanhänger 200
Zweites Kapitel Praktischer Wegweiser zur wahren Lebensweise 212
I. Das Familienleben 212
II. Das Leben der Frauen 222
III. Im Dienst 230
Drittes Kapitel Der Aufbau eines Buddha-Landes 240
I. Die Harmonie der Bruderschaft 240
II. Das Buddha-Land 248
III. Über diejenigen, die im Buddha-Land die Herrlichkeit genießen 253

Quellennachweis 259

ANHANG

I. Kurze Geschichte des Buddhismus 272
II. Die Überlieferung der Lehre Buddhas 282
III. Die Geschichte des Buches „Die Lehre Buddhas" 285
IV. Index zu „Die Lehre Buddhas" 288
V. Sanskrit Glossar 297
VI. Aṅguttara-Nikāya 305

Gesellschaft zur Förderung des Buddhismus und Verbreitung der Schrift „Die Lehre Buddhas" 306

BUDDHA

Erstes Kapitel

SHAKYAMUNI BUDDHA

I
DAS LEBEN DES BUDDHA

1. Das Geschlecht der Shakya wohnte am Fluß Rohini, der das südliche Vorgebirge des Himalaya durchläuft. Ihr höchster König, Shuddhodana Gautama, hatte seine Hauptstadt nach Kapila verlegt, ließ dort ein großes Schloß bauen und regierte voller Weisheit, weshalb er von seinem Volk geliebt wurde.

Die Königin hieß Maya. Ihr Vater war ein Onkel Gautamas und König in einem benachbarten Reich desselben Shakya-Stammes.

Seit zwanzig Jahren hatten sie keine Kinder. Dann wurde Königin Maya, nachdem sie in einem seltsamen Traum einen weißen Elefanten in sich eindringen gesehen hatte, schwanger. Der König und das Volk freuten sich sehr auf die Geburt des königlichen Kindes. Ihrer Sitte entsprechend kehrte die Königin für die Zeit der Geburt in das Heim ihrer Eltern zurück, und als sie auf dem Weg dorthin war, ruhte sie sich in der schönen Frühlingssonne in dem Blumengarten Lumbinis aus.

Die Königin war ganz umgeben von Asoka-Blüten. Voll Entzücken streckte sie ihren rechten Arm aus, um einen Zweig zu pflücken. Als sie dies tat, wurde der Prinz geboren. Himmel und Erde waren erfreut und beglückwünschten die Königin zur Geburt des königlichen Kindes. Es war der achte April, ein denkwürdiger Tag.

Die Freude des Königs war sehr groß, und er nannte das Kind Siddhartha, was bedeutet: „Jeder Wunsch wurde erfüllt."

2. Im Palast des Königs folgte der Freude jedoch schnell große Trauer, denn kurze Zeit später starb plötzlich die Königin Maya. Ihre jüngere Schwester, Mahaprajapati, wurde die Pflegemutter des Kindes und zog es mit fürsorglicher Liebe auf.

Ein Einsiedler, Asita genannt, der nicht weit entfernt in den Bergen lebte, bemerkte ein Strahlen um das Schloß herum, und da er es als gutes Vorzeichen deutete, kam er zum Palast herunter, und das Kind wurde ihm gezeigt. Er prophezeite: „Dieser Prinz wird, wenn er nach seiner Jugend im Palast bleiben sollte, ein großer König werden und die ganze Welt regieren. Wenn er aber das Hofleben aufgibt, um ein religiöses Leben zu führen, so wird er ein Buddha werden und der Erlöser der Welt."

Anfangs stimmte die Prophezeiung den König zufrieden, aber später war er besorgt über die Möglichkeit, sein einziger Sohn könne den Palast verlassen, um ein heimatloser Einsiedler zu werden.

Im Alter von sieben Jahren unterzog sich der Prinz dem Unterricht in Literatur und militärischen Fertigkeiten. An einem Frühjahrstag ging er mit seinem Vater aus dem Schloß, und sie beobachteten zusammen einen Bauern beim Pflügen. Der Prinz bemerkte, wie sich ein Vogel auf die Erde stürzte und einen kleinen Wurm ergriff, den der Pflug des Bauern an die Erdoberfläche gebracht hatte. Der Prinz setzte sich in den Schatten eines Baumes, dachte über das Gesehene nach und fragte sich: „Warum müssen sich die Lebewesen untereinander töten?"

Er, der seine Mutter so bald nach seiner Geburt verloren hatte, war tief ergriffen von der traurigen Beobachtung jener beiden kleinen Geschöpfe.

Dieser schmerzliche Eindruck vertiefte sich in ihm von Tag zu Tag mehr, je älter er wurde. Wie eine kleine Schnittstelle an einem jungen Baum, so wurden die Leiden des menschlichen Lebens immer tiefer in seinen Sinn eingeprägt.

Der König war zunehmend besorgt, da er sich an die Prophezeiung des Einsiedlers erinnerte, und versuchte auf jede nur erdenkliche Weise, den Prinzen aufzumuntern und dessen Gedanken in andere Richtungen zu lenken. Als der Prinz neunzehn Jahre alt war, richtete der König die Hochzeit mit Prinzessin Yashodhara aus. Sie war die Tochter des Königs Suprabuddha, ein Bruder der verstorbenen Königin Maya.

3. Zehn Jahre lang lebte der Prinz in den verschiedenen Pavillons des Frühlings, des Herbstes und des Winters, umringt von Musik, Tanz und anderen Vergnügungen, aber seine Gedanken kehrten immer wieder zu dem Problem des Leidens zurück. Denn er versuchte ernsthaft, die wahre Bedeutung des menschlichen Lebens zu verstehen.

„Der Luxus des Palastes, dieser gesunde Körper, diese fröhliche Jugend. Was bedeuten sie mir? Eines Tages werden wir krank sein, wir werden alt werden, und vor dem Tod gibt es kein Entrinnen. Der Stolz auf die Jugend, Stolz auf die Gesundheit, Stolz auf das Leben; jeder nachdenkliche Mensch muß diese Gedanken verwerfen.

„Ein Mensch, der an seinem Leben hängt, wird sich natürlich an etwas klammern. Dies kann er auf zwei Arten tun; eine richtige und eine falsche. Die falsche Art bedeutet, daß er die Unvermeidbarkeit von Krankheit, Siechtum und Tod erkennt und dennoch Rettung bei Dingen sucht, die doch selbst vergänglich sind.

„In der richtigen Weise zu suchen bedeutet, daß man das wahre Wesen der Krankheit, des Siechtums und des Todes erkennt und Hilfe in solchen Dingen sucht, die über alles menschliche Leiden erhaben sind. In diesem Leben im Palast, voller Vergnügungen, scheine ich auf die falsche Art nach Hilfe zu suchen."

4. Mit diesen Gedanken hatte der Prinz innerlich weiter

bis zu seinem neunundzwanzigsten Lebensjahr zu kämpfen. Als dann sein einziges Kind, Rahula, geboren wurde, entschloß er sich, sein Zuhause im Palast zu verlassen und die Erlösung von seiner geistigen Unruhe im heimatlosen Leben eines Bettelmönchs zu suchen. Diesen Plan führte er eines Nachts durch. Er verließ das Schloß und nahm nur seinen persönlichen Diener Channa sowie sein Lieblingspferd, den schneeweißen Kanthaka, mit.

Aber seine geistigen Sorgen nahmen kein Ende, und viele Zweifel bedrängten ihn noch: ,,Vielleicht wäre es besser für mich, zum Schloß zurückzukehren, um eine andere Lösung zu suchen; dann wird vielleicht die ganze Welt mir gehören.“ Aber er konnte diese Zweifel mit der Erkenntnis zurückdrängen, daß nichts Weltliches ihn je zufriedenstellen könne. Er schor sein Haupt kahl und lenkte seine Schritte als Bettelmönch gen Süden, in der Hand seine Almosenschale.

Der Prinz besuchte zuerst den Einsiedler Bhagava und beobachtete dessen asketisches Leben. Dann ging er zu Arada Kalama und Udraka Ramaputra, damit er deren Wege, die Erleuchtung zu erlangen, lerne, aber nachdem er sich hierin eine Zeitlang geübt hatte, war er davon überzeugt, daß sie ihn nicht zur Erleuchtung führen würden. Schließlich ging er in das Land der Magadha und lebte als Asket im Wald von Uruvilva an den Ufern des Nairanjana Flusses, der am Gaya Schloß vorbeifließt.

5. Die Regeln seiner Askese waren unglaublich streng. Er spornte sich selbst mit dem Gedanken an, daß „kein Asket in der Vergangenheit, keiner in der Gegenwart und keiner in der Zukunft seine Pflicht je ernsthafter geübt hat oder je üben wird, als ich es tue."

Trotzdem konnte der Prinz sein Ziel nicht erreichen. Nachdem er sechs Jahre im Wald verbracht hatte, gab er das Asketentum auf. Er badete im Fluß, nahm aus der Hand des Mädchens Sujata eine Speise an; so stellte er seine Gesundheit wieder her.

Die fünf Gefährten, die während der sechs Jahre seiner asketischen Übungen mit dem Prinzen gelebt hatten, waren verwundert, daß er aus der Hand eines Mädchens Speise annahm. Sie hielten ihn deshalb für abtrünnig und verließen ihn.

Der Prinz blieb somit allein zurück. Er war noch schwach, aber unter Aufbietung seiner letzten Lebenskraft versuchte er, zu einer höheren Stufe des Nachsinnens zu gelangen, indem er sich sagte: „Blut kann ausgepumpt werden, Fleisch kann verwesen, Knochen können zerfallen, aber ich werde diesen Ort nie verlassen, bis ich den Weg zur Erleuchtung gefunden habe."

Es war ein starker und unvergleichlicher Kampf! Sein Geist war verzweifelt und voll wirrer Gedanken, dunkle Schatten hingen über seinem Gemüt; er war belagert von all den Verlockungen des Bösen. Aber sorgfältig und geduldig prüfte er sie eine nach der anderen und verwarf sie alle. Es war in der Tat ein harter Kampf, der sein Blut dünn werden, sein Fleisch abfallen und seine Knochen schmerzen ließ.

Als aber der Morgenstern am östlichen Himmel erschien, war der Kampf beendet, und der Geist des Prinzen war klar und hell wie der heranbrechende Tag. Er hatte schließlich den Weg zur Erleuchtung gefunden. Am achten Dezember, als er fünfunddreißig Jahre alt war, wurde der Prinz zum Buddha.

6. Von dieser Zeit an war der Prinz unter verschiedenen Namen bekannt: Einige sprachen von ihm als dem Buddha, dem vollkommen Erleuchteten, andere sprachen von ihm als Shakyamuni, dem Weisen aus dem Shakya-Geschlecht, und wieder andere nannten ihn den All-Geehrten. Andere sprachen liebevoll von ihm als dem Gesegneten.

Er ging zuerst nach Mrigadava in Varanasi, wo sich die fünf Bettelmönche aufhielten, die während der sechs Jahre seines asketischen Lebens mit ihm lebten. Zuerst mieden sie ihn, aber nachdem sie mit ihm gesprochen hatten, vertrauten sie ihm und wurden seine ersten Schüler. Dann ging er zum Rajagriha Schloß und überzeugte König Bimbisara von seiner Lehre. Von dort ging er überall im Land umher, lebte von Almosen und bekehrte die Menschen zu seiner Lebensweise.

Die Menschen waren empfänglich für seine Botschaft, so wie durstige Menschen nach Wasser und hungrige Menschen nach Brot suchen. Zwei große Lehrer, Sariputra und Maudgalyayana, und zweitausend andere Leute kamen zu ihm und wurden seine Schüler. Viele andere wurden seine Verehrer und treuen Anhänger.

Der Vater Buddhas, König Shuddhodana, der wegen der Entscheidung seines Sohnes, den Palast zu verlassen, innerlich noch lange gelitten hatte, wurde sein treuer Schüler. Mahaprajapati, die Pflegemutter Buddhas, und Prinzessin Yashodhara, seine Frau, und alle Mitglieder des Shakya-Stammes vertrauten ihm und folgten ihm.

7. Fünfundvierzig Jahre lang ging Buddha im Land umher, predigte und überzeugte Menschen von seiner Lebensweise; so wurde er achtzig Jahre alt. Schließlich, bei Vaisali, auf seinem Weg von Rajagriha nach Shravasti, wurde er krank und prophezeite, daß er nach drei Monaten ins Nirwana eingehen würde. Er reiste noch immer weiter, bis er Pava erreichte. Durch eine Speise, die ihm dort von Cunda, einem Grobschmied, angeboten wurde, erkrankte er schwer. Er erreichte trotz großer Schmerzen und Schwäche Kusinagara.

Bis zu seinem Ende setzte er dort, zwischen zwei Sala-Bäumen liegend, den Unterricht seiner Lieblingsschüler fort. So ging der größte Lehrer der Welt und der freundlichste Mensch ins Nirwana ein.

8. Die Leute in Kusinagara trauerten um ihn. Unter der Aufsicht Anandas, des Lieblingsschülers von Buddha, wurde der Körper verbrannt.

Sieben benachbarte Herrscher, an der Spitze König Ajatasatru, baten um einen Teil der Asche. Der König von Kusinagara lehnte zunächst ab, und der daraufhin ausbrechende Streit drohte sogar, sich zu einem Krieg auszuweiten. Aber durch den Rat eines weisen Mannes, namens Drona, nahm der Streit ein Ende, und die Asche wurde verteilt und unter acht großen Grabmälern vergraben. Die Asche des Scheiterhaufens und der irdene Krug, der die Überreste enthielt, wurden zwei anderen Herrschern übergeben, damit sie gleichermaßen geehrt würden.

II
DIE LETZTE LEHRE DES BUDDHA

1. Unter den Sala-Bäumen sprach Buddha die letzten Worte zu seinen Schülern:

„Macht meine Lehre zu eurem Licht! Vertraut ihr; seid nicht abhängig von irgendeiner anderen Lehre. Werdet selbst Licht. Verlaßt euch auf euch selbst, verlaßt euch nicht auf irgendeinen anderen.

„Schätzt euren Körper richtig ein; denkt an seine Unreinheit. Wenn euch bewußt ist, daß sowohl körperlicher Schmerz als auch leibliche Freude gleichermaßen

Ursachen des Leidens sind, wie könnt ihr dann leiblichen Begierden nachgeben? Zügelt eure Gedanken; denkt an ihre Vergänglichkeit. Wie könnt ihr so verblendet sein und Stolz und Selbstsucht schätzen, wo ihr doch wißt, daß sie unvermeidlich zum Leiden führen müssen? Betrachtet alle Wesen: Könnt ihr unter ihnen irgendeines finden, das eine unvergängliche Eigenständigkeit bewahren kann? Zerbricht nicht ihre Einheit früher oder später in einzelne Teile und löst sich auf? Laßt euch durch die Allgegenwart des Leidens nicht beirren, sondern folgt meiner Lehre und ihr kommt von dem Schmerz los. Tut dies, und ihr werdet meine wahren Schüler sein, selbst nach meinem Tod.

2. „Meine Schüler! Die Lehren, die ich euch gegeben habe, dürfen nie vergessen oder aufgegeben werden. Sie sollten geachtet, überdacht, und ausgeübt werden. Wenn ihr diesen Lehren folgt, werdet ihr immer glücklich sein.

„Das Wesentliche aller Lehren ist, daß man lernt, seinen Geist zu beherrschen. Hütet euch vor Begierden, und ihr werdet euren Körper in Zucht, euren Geist rein und eure Worte klar aufrichtig halten. Indem ihr stets an die Vergänglichkeit eures Lebens denkt, werdet ihr von Begierde und Zorn ablassen können und alles Übel vermeiden.

„Wenn euer Geist versucht wird und in Begierde verstrickt ist, müßt ihr die Begierde unterdrücken und die Versuchung überwinden. Seid Herr über euren Geist!

„Der Geist eines Menschen kann einen zum Buddha erhöhen oder zu einer Bestie erniedrigen. Durch Irrtümer fehlgeleitet wird man zum Dämon, durch die Erleuchtung aber zum Buddha. Deshalb beherrscht euren Geist und bleibt auf dem richtigen Wege.

3. „Im Zeichen meiner Lehren sollt ihr einander achten und Streitigkeiten unterlassen. Ihr sollt euch nicht, wie Wasser und Öl, gegenseitig abweisen, sondern ihr sollt euch, wie Milch und Wasser, verbinden.

„Vertieft euch gemeinsam, lernt gemeinsam, übt die Lehren gemeinsam aus. Verschwendet euren Geist und eure Zeit nicht in Trägheit und Streitigkeit. Erfreut euch an den Blüten der Erleuchtung und erntet die Frucht der Herzensgüte.

„Die Lehren, die ich euch gegeben habe, erwarb ich, indem ich streng dem vorgegebenen Pfade folgte. Ihr sollt meinen Lehren folgen und euch bei jeder Gelegenheit nach ihrem Geist richten.

„Wenn ihr sie vernachlässigt, bedeutet das, daß ihr mir nie wirklich begegnet seid. Es bedeutet, daß ihr euch weit von mir entfernt habt, obwohl ihr mir doch räumlich nahe seid. Wenn ihr aber meine Lehren annehmt und ausübt, dann seid ihr mir sehr nahe, auch wenn ihr räumlich weit entfernt sein möget.

4. „Meine Schüler! Mein Ende kommt, unser Abschied ist nahe, aber klaget nicht. Alles Leben kommt und geht;

niemand kann der Auflösung seines Körpers entrinnen. Dieses Gesetz werde auch ich nun mit meinem eigenen Tod erfüllen, indem mein Körper gleichsam in alle Teile zerfällt wie ein Karren, der zerbricht.

„Klaget nicht nur vordergründig, sondern fragt vor allem nach den Gesetzen der Vergänglichkeit und ihr erkennt dadurch das Wesen des menschlichen Lebens. Haltet nicht an dem unwürdigen Wunsch fest, daß das Vergängliche ewig bestehen solle.

„Der Dämon der irdischen Wünsche sucht immer nach Gelegenheiten, den Geist zu hintergehen. Wenn sich eine Viper in eurem Zimmer befindet, und ihr euch einen friedlichen Schlaf wünscht, so müßt ihr sie zuvor entfernen.

„Ihr müßt die Bande der irdischen Leidenschaften durchbrechen und sie bekämpfen, wie ihr es mit einer Viper machen würdet.

5. „Meine Schüler! Mein letzter Atemzug wird gleich kommen. Vergeßt nicht, daß der Tod nur das Ende des körperlichen Lebens ist. Der Körper wurde von Eltern gezeugt und durch Nahrung erhalten; Krankheit und Tod sind unvermeidbar.

„Aber der wahre Buddha ist kein menschlicher Körper – er ist Erleuchtung. Ein menschlicher Körper muß vergehen, aber die Wahrheit der Erleuchtung wird immer in der Wahrheit des Dharma und in der Ausübung des Dharma bestehen. Wer nur meinen Körper sieht, erkennt mich nicht wirklich. Wer aber meine Lehre annimmt, der sieht mich wirklich.

„Nach meinem Tod soll der Dharma euer Lehrer sein. Folgt dem Dharma, und ihr werdet mir treu bleiben.

„Während der letzten fünfundvierzig Jahre meines Lebens habe ich nichts von meiner Lehre für mich behalten. Es gibt keine verborgene Lehre, keinen verborgenen Sinn; alles ist offen und klar gelehrt worden. Meine lieben Schüler! Das Ende ist gekommen. Gleich werde ich ins Nirwana eingehen."

Zweites Kapitel

DER UNENDLICHE UND VERKLÄRTE BUDDHA

I
SEIN MITGEFÜHL UND SEIN GELÜBDE

1. Der Geist Buddhas ist Barmherzigkeit und Mitgefühl. Durch seinen liebenden Geist will Buddha alle Menschen mit allen erdenklichen Mitteln erlösen. Mit seinem Geist ist Buddha mit den Menschen krank und erleidet deren Leiden mit.

Er ist der Geist, mit dem eine Mutter ihr Kind nährt und schützt. „Euer Leiden ist mein Leiden und euer Glück ist mein Glück," – diesen Satz vergißt Buddha nicht einmal für einen einzigen Augenblick, denn es ist das Wesen des Buddha, alle Gefühle der Menschen zu teilen.

Buddhas mitfühlender Geist kommt einem entsprechenden Bedürfnis des Menschen entgegen; das Vertrauen des Menschen ist die Antwort auf diesen Geist, und er führt ihn zur Erleuchtung: Eine Mutter verwirklicht ihre Mutterschaft, indem sie ihr Kind liebt, und wenn das Kind diese Liebe verspürt, fühlt es sich sicher und wohl.

Dennoch verstehen die Menschen diesen Geist Buddhas nicht, und sie leiden wegen ihrer falschen Hoffnungen und Wünsche, die ihrer Unwissenheit entspringen. Das Karma, das durch weltliche Leidenschaften angesammelt wurde, läßt sie leiden und in den Bergen der Verblendung mit einer schweren Last des Schmerzens wandern.

2. Man soll nicht denken, daß das Mitgefühl des irdischen Buddha nur dem augenblicklichen Leben gilt. Es offenbart nur den zeitlosen Geist des ewigen Buddha: Er ist wirksam, seit die Menschheit ihre ersten Irrtümer beging, die aus Unwissenheit herrührten.

Der unendliche Buddha zeigt sich den Menschen gegenüber immer mit größter Freundlichkeit und steht ihnen mit größter Klugheit bei.

Buddha wurde Gestalt in Shakyamuni, der als Prinz dem Geschlecht der Shakya entstammte, dann aber die Bequemlichkeiten seiner Umgebung verließ, um ein Leben in Askese zu führen. Durch das Asketentum erreichte er die Erleuchtung. Er predigte den Dharma unter seinen Anhängern und offenbarte ihn schließlich mit seinem irdischen Tod.

Buddha wirkt ewig, weil die menschliche Unwissenheit beständig bleibt; und so bodenlos die Tiefe der Unwissenheit ist, so grenzenlos ist das Mitleid Buddhas.

Als Buddha sich entschloß, das irdische Leben aufzugeben, legte er vier große Gelübde ab: Alle Menschen zu erretten, allen irdischen Wünschen zu entsagen, alle Weisheiten zu erlernen und vollkommene Erleuchtung zu erlangen. Diese Gelübde entstammten nicht seinen eigenen Ideen, sondern waren nur die Offenbarung der Liebe und des Mitgefühls, die dem Wesen eines Buddha entstammen. Denn der Geist eines Buddha ist Barmherzigkeit und Mitgefühl.

3. Buddha übte sich zuerst darin, jedem beseelten Wesen gegenüber freundlich zu sein und die Sünde, irgendein Lebewesen zu töten, zu vermeiden. Mit diesem tugendhaften Streben verband er zugleich den Wunsch, daß allen Menschen die Glückseligkeit eines langen und erfüllten Lebens zuteil werde.

Buddha übte sich, die Sünde des Stehlens zu vermeiden, und mit diesem tugendhaften Streben verband er den Wunsch, daß alle Menschen all das erhalten mögen, was sie benötigen.

Buddha übte sich darin, schlechte Taten zu vermeiden, und mit diesem tugendhaften Streben verband er den Wunsch, daß alle Menschen die Ruhe des Geistes kennenlernen sollten.

Buddha übte sich, die Lügen zu vermeiden, und mit diesem tugendhaften Streben verband er den Wunsch, daß die Menschen nur Gutes über ihre Lippen bringen mögen.

Buddha übte sich, jede Doppelzüngigkeit zu vermeiden und mit diesem tugendhaften Streben verband er den Wunsch, daß alle Menschen die Freude an der

Gemeinschaft derer kennenlernen mögen, die seinen Lehren folgen.

Buddha übte sich in der Vermeidung, andere zu verleumden, und mit diesem tugendhaften Streben verband er den Wunsch, daß alle die Geistesklarheit erhalten mögen, die eintritt, wenn man mit anderen in Frieden lebt.

Buddha ließ von eitlem Reden ab, und mit diesem tugendhaften Streben verband er den Wunsch, daß alle lernen mögen, die Glückseligkeit, sich auch ohne große Worte zu verstehen, zu erlangen.

Buddha, der diese Ziele anstrebte, übte sich, von Begierden frei zu sein, und mit diesem tugendhaften Streben verband er den Wunsch, daß alle Menschen die Friedfertigkeit kennenlernen mögen, die sich bei der Freiheit von jeglicher Begierde einstellt.

Buddha übte sich, den Haß zu vermeiden, und mit diesem tugendhaften Streben verband er den Wunsch, daß alle Menschen einander lieben mögen.

Buddha übte sich darin, die wahre Bedeutung der Dinge zu verstehen und Torheiten zu vermeiden, und mit diesem tugendhaften Streben verband er den Wunsch, daß alle Menschen das Gesetz des Karma verstehen und beachten mögen.

In diesem Sinne schließt das Mitgefühl des ewigen Buddha alle Menschen ein, und stets wünscht er, ihrem Glück dienlich sein zu können. Er liebt die Menschen wie Eltern ihre Kinder lieben, und er wünscht ihnen die höchste Glückseligkeit, nämlich daß sie fähig sein sollten, den Ozean von Leben und Tod zu überwinden.

II
BUDDHAS HILFE, SEINE MITTEL UND WEGE DER ERLÖSUNG

1. Es ist sehr schwer für die Menschen, die Worte, welche Buddha von dem fernen Ufer der Erleuchtung spricht, zu vernehmen, weil sie noch mit den Wogen der Verblendung kämpfen. Deshalb kehrt Buddha selbst zu dem Meer der Erlösung zurück und bietet seine Hilfe an, um die Menschen zu erlösen.

„Einst lebte ein wohlhabender Mann, dessen Haus plötzlich in Flammen stand. Der reiche Mann war zu der Zeit nicht zu Hause, und als er zurückkam, merkte er, daß seine Kinder, ganz im Spiel vertieft, das Feuer nicht bemerkt hatten und noch immer im Hause waren. Der Vater schrie: 'Lauft fort, Kinder! Kommt aus dem Haus. Beeilt euch!' Aber die Kinder hörten ihn nicht.

„Deshalb rief der besorgte Vater nochmals: 'Kinder! Ich habe einige wunderbare Spielsachen hier. Kommt aus dem Haus und holt sie euch!' Da die Kinder jetzt auf seinen Ruf hörten, konnten sie den Flammen entrinnen."

Diese Welt ist ein brennendes Haus, aber die Menschen, die nicht merken, daß das Haus in Flammen steht, sind in Gefahr zu verbrennen. Deshalb ersinnt Buddha in seinem Mitleid Wege, sie zu erretten.

2. „Da lebte einst der einzige Sohn eines wohlhabenden Mannes. Doch er verließ sein Zuhause und geriet in äußerste Armut.

„Als der Vater in weite Ferne reiste, um seinen Sohn zu suchen, verlor er dessen Spur. Der Vater tat alles Erdenkliche, um seinen Sohn zu finden, es war jedoch vergeblich.

„Nach langer Zeit geriet der Sohn, der inzwischen ganz erbärmlich heruntergekommen war, bei seinen Wanderungen in die Nähe seines Elternhauses.

„Der Vater erkannte seinen Sohn sofort wieder und beauftragte seine Diener, den Wanderer heimzubringen. Aber der Sohn war mißtrauisch, fürchtete, sie wollten ihn betrügen und weigerte sich mit ihnen zu gehen.

„Doch der Vater schickte abermals seine Diener aus. Nun sollten sie dem Sohn etwas Geld anbieten, wenn er in dem reichen Haushalt ihres Herrn auch Diener werden wollte. Nun nahm der Sohn dieses Angebot an.

„Der Vater trug ihm immer mehr Verantwortung auf, bis der Sohn das ganze Eigentum und alle Schätze seines Vaters verwaltete, aber der Sohn erkannte seinen Vater noch immer nicht.

„Der Vater freute sich über die Ehrlichkeit seines Sohnes, und als das Ende seines Lebens nahe war, rief er seine Verwandten und Freunde zusammen und sagte: ‚Freunde, dies ist mein einziger Sohn; der Sohn, den ich viele Jahre lang gesucht habe. Von jetzt an gehören ihm all mein Eigentum und meine Schätze.‘

„Der Sohn war über die Erklärung seines Vaters überrascht und sprach: ‚Ich habe nicht nur meinen Vater gefunden, sondern mir gehören nun auch noch sein ganzes Eigentum und seine Schätze.‘ “

Buddha schließt in sein Mitgefühl alle Menschen ein so wie der Vater seinen einzigen Sohn liebt. In seiner Liebe kommt Buddha auf die klügsten Gedanken, um die Menschen zu leiten, zu lehren und sie mit allen seinen Schätzen zu bereichern.

3. So wie der Regen gleichmäßig auf alle Pflanzen fällt, so verteilt sich Buddhas Mitgefühl gleichmäßig auf alle Menschen. Aber so wie der gleiche Regen verschiedenen Pflanzen in jeweils unterschiedlicher Weise gut tut, so werden Menschen mit verschiedener Wesensart und verschiedener Lebensweise durch jeweils unterschiedliche Gaben gesegnet.

4. Eltern lieben alle ihre Kinder gleichermaßen, aber gegenüber einem kranken Kind drückt sich ihre Liebe in besonderer Zärtlichkeit aus.

Buddhas Mitgefühl ist allen Menschen gegenüber gleich, aber es ist von besonderer Besorgnis jenen gegenüber erfüllt, die wegen ihrer Unwissenheit besonders schwer an den Bürden des Bösen und des Leidens zu tragen haben.

Die Sonne geht am östlichen Horizont auf und erhellt die Dunkelheit der Welt ohne jede Voreingenommenheit, und ohne dabei ein bestimmtes Wesen zu begünstigen. Auf diese Weise umgibt Buddha alle Menschen mit seinem Mitgefühl, wobei er sie ermutigt, Rechtes zu tun und Böses zu lassen. Somit bringt er Licht in die Dunkelheit des Unwissens und führt die Menschen zur Erleuchtung.

Buddha ist wie ein Vater in seiner Barmherzigkeit und wie eine Mutter in ihrem Mitgefühl. In ihrer Unwissenheit und Hörigkeit gegenüber weltlichem Verlangen handeln die Menschen oft mit übermäßiger Hingabe. Auch Buddha zeigt Hingabe, jedoch aus Mitgefühl für alle Menschen. Denn sie sind hilflos ohne Buddhas Mitleid und sollten für diese Hilfen, mit denen sie die Erleuchtung erlangen, empfänglich sein wie Kinder.

III
DER UNENDLICHE BUDDHA

1. Gewöhnliche Menschen glauben, daß Buddha als Prinz geboren wurde und den Weg zur Erleuchtung als Bettelmönch erlernt habe. In Wirklichkeit hat es jedoch eine lange, lange Zeit der Vorbereitung gegeben, denn Buddha lebt in einer Welt, die ohne Anfang und Ende ist.

Der unendliche Buddha kennt alle Menschen und wendet alle Mittel und Wege an, ihnen das Leben zu erleichtern. Obwohl die Lehre von Buddha sich von

Jahr zu Jahr ändert, ist ihr Ziel immer das gleiche: alle Menschen von der Verblendung zu befreien.

Es gibt keine Unwahrheit im ewigen Dharma, denn Buddha kennt die Welt und alle Dinge, so wie sie wirklich sind, und Buddha belehrt hierüber alle Menschen.

Freilich ist es schwer, die Welt, so wie sie ist, zu verstehen: obwohl sie als wirklich erscheint, ist sie es nicht, und, obwohl sie falsch zu sein scheint, ist sie es nicht. Unwissende Menschen können die Wahrheit über die Welt nicht erkennen.

Allein Buddha versteht das Wesen der Welt richtig und vollständig, und er sagt nie, daß es richtig order falsch, gut oder böse sei, da es das Wesen des Buddha selbst ist. Buddha weist einfach auf die Welt hin, so wie sie ist.

Was Buddha lehrt ist dieses: alle Menschen sollen Wurzeln in der Tugend schlagen, und zwar mit ihrem Wesen, ihren Taten und ihrem Glauben. Diese Lehre ist über alle Bestätigung und Ablehnung erhaben.

2. Buddha lehrt nicht nur mit Worten, sondern er beweist die Richtigkeit seiner Lehre auch durch sein Leben. Er zeigt, daß alles Leben endlos ist, und so setzt er als Mittel zur Belehrung der Menschen, die sich nach ewigem Leben sehnen, Geburt und Tod ein, um sie auf seine Lehre aufmerksam zu machen.

Nach einer alten Erzählung nahmen die Kinder eines Arztes, während dieser nicht zu Hause war, ein Gift zu sich. Als der Arzt heimkehrte, erkannte er ihre Krankheit und stellte ein Gegengift zusammen. Einige der Kinder, die nicht so stark vergiftet waren, nahmen die Medizin ein und wurden geheilt, aber andere waren so ernstlich angegriffen, daß sie sich weigerten, die Medizin zu nehmen.

Getrieben von väterlicher Liebe für seine Kinder, entschloß sich der Arzt zu einer außergewöhnlichen Maßnahme, um ihnen die Heilung aufzuzwingen. Er sprach zu seinen Kindern: „Ich muß auf eine weite Reise gehen. Ich bin alt und kann jeden Tag sterben. Solange ich bei euch bin, kann ich für euch sorgen, aber wenn ich sterben sollte, wird es euch immer schlechter gehen. Wenn ihr von meinem Tod hört, so erfüllt mir meine letzte flehentliche Bitte: Nehmt das Gegengift, damit ihr von dieser Vergiftung geheilt werdet." Dann begab er sich auf seine lange Reise.

Nach einiger Zeit schickte er einen Boten zu seinen Kindern, um sie von seinem Tod zu benachrichtigen. Diese Nachricht erschütterte die Kinder schwer. Sie waren tief betroffen von der Vorstellung, daß sie nicht mehr die Wohltat der warmherzigen Fürsorge des Vaters spüren würden. Von einem Gefühl der Sorge und Hilflosigkeit überwältigt, riefen sie sich seine letzte Bitte, nahmen die Arznei ein und genasen.

Menschen mögen diese Täuschung des Vaters und Arztes verurteilen, aber Buddha ist wie dieser Vater: Er benutzt die Begriffe von Leben und Tod, um die Menschen, welche von ihren irdischen Wunschvorstellungen nicht lassen können, zu veranlassen, das einzige Mittel zu sich zu nehmen, welches sie von ihrer Hörigkeit zu dieser Welt befreit.

Drittes Kapitel

DIE GESTALT VON BUDDHA UND SEINE TUGENDEN

I

DREI WESENSZÜGE VON BUDDHA

1. Man soll nicht danach trachten, Buddha als körperliche Gestalt mit Eigenschaften zu begreifen, denn weder die Gestalt noch die Eigenschaften sind der wahre Buddha. Dieser ist die Erleuchtung selbst. Der wahre Weg, Buddha zu erkennen, besteht darin, selbst Erleuchtung zu erlangen.

Wenn jemand ein selten schönes Bild von Buddha erblickt und dann glaubt, er kenne nun Buddha, dann ist das der Irrtum eines unwissenden Auges, denn der wahre Buddha kann nicht in einer Gestalt verkörpert sein oder vom menschlichen Auge gesehen werden. Auch kann man Buddha nicht durch eine Beschreibung seiner Eigenschaften begreifen. Denn es ist nicht möglich, Buddhas Eigenschaften mit menschlichen Worten zu beschreiben.

Obwohl wir von seiner Gestalt sprechen, hat der Ewige Buddha keine Gestalt, er kann sich jedoch in jedweder Form offenbaren. Obwohl wir seine Eigenschaften beschreiben, hat der Ewige Buddha dennoch keine Eigenschaften, er kann sich jedoch in jedweder Eigenschaft offenbaren.

Wenn man die Gestalt Buddhas deutlich sieht oder seine Eigenschaften klar wahrnimmt, und dennoch seine Gestalt oder seinen Eigenschaften nicht anhängt, nur dann kann man Buddha richtig sehen und erkennen.

2. Buddhas Gestalt ist die Erleuchtung selbst. Obwohl die Erleuchtung weder Gestalt noch Körper hat, hat sie schon immer bestanden und wird auch immer bestehen bleiben. Sie ist also keine körperliche Gestalt, die irgendwann einmal einen Anfang hatte und ernährt werden muß. Sie ist geistiger Natur; ihr Wesen ist die Weisheit. Buddha wird nie erkranken oder verängstigt werden: Er ist ewig unveränderlich.

Deshalb wird Buddha nie vergehen, und ebenso lange wird der Weg zur Erleuchtung bestehen. Erleuchtung stellt sich den Menschen als das Licht der Weisheit dar, das sie zu einem völlig neuartigen Leben erweckt und bewirkt, daß sie in Buddhas Welt neu hineingeboren werden.

Wer solches erlebt hat, wird Buddhas Kind. Es erhält seinen Dharma, achtet seine Lehren und überliefert sie seinen Nachkommen. Nichts kann wunderbarer und natürlicher sein als Buddhas Größe.

3. Buddha hat drei verschiedene Wesenszüge. Da ist einmal der Wesenszug des Geistes, der allumfassend, unerschöpflich und unfaßbar ist; dann der Wesenszug der Allmächtigkeit, die grenzenlos und nicht begreiflich ist; und schließlich der Wesenszug der Offenbarung, die sich sowohl in Taten als auch in unveränderlichem Frieden äußert.

Als Geist ist Buddha das Wesen des Dharma; er ist das Wesen der Wahrheit selbst. In einem Wesenszug des Geistes hat Buddha weder Form noch Farbe, und da er weder Form noch Farbe hat, gibt es auch keinen Ort, von dem er kommt und zu dem er geht. So wie das Firmament umwölbt er alles, und da er selbst alles ist, fehlt ihm nichts. Er ist nicht deswegen vorhanden, weil Menschen glauben, es gäbe ihn; er löst sich auch nicht auf, wenn er vergessen wird.

Er muß nicht unbedingt erscheinen, wenn Menschen glücklich sind und sich wohlfühlen. Es ist auch nicht nötig für ihn, sich zu entfernen, wenn Menschen auf ihn nicht achten und eitel sind. Buddhas Geist ist über alle menschlichen Gesinnungen erhaben.

Buddhas Gestalt füllt alle Winkel des gesamten Alls aus. Sie reicht überallhin, sie besteht ewig und ungeachtet dessen, ob Menschen an Buddha glauben oder an ihm zweifeln.

4. Der Wesenszug der Allmächtigkeit bedeutet, daß im Wesen Buddhas Mitleid und Weisheit zu einem unvorstellbaren Geist verschmelzen, der fähig ist, sich in den Zeichen von Geburt und Tod, von Unwissenheit und Erleuchtung zu offenbaren, und der fähig ist, durch die Zeichen der Einhaltung von Gelübden und der Übung, alle Menschen zum Heil zu führen.

Somit ist Mitleid das Wesen des Dharma, und in seinem Geist führt Buddha vielfältige Pläne geschickt aus, um all jene zu befreien, die zur Befreiung innerlich bereit sind. Wie ein Feuer, das einmal entzündet, nicht eher verglüht als bis der Brennstoff ausgeht, so wird das Mitleid Buddhas nicht eher aufhören zu wirken, bis nicht alle irdische Leidenschaft erschöpft ist. So wie der Wind den Staub wegbläst, so bläst Buddhas Mitleid den Staub menschlichen Leidens weg.

Der Wesenszug der Offenbarung bedeutet, daß Buddha, um seine Erleuchtung durch Allmächtigkeit zu beweisen, in körperlicher Gestalt auf der Welt erscheint und den Menschen, je nach ihren Wesenszügen und ihren Fähigkeiten, seine Geburt, seine Entsagungen und das Erreichen der Erleuchtung zeigt.

Die Gestalt Buddhas ist das Bild des Dharma, aber so wie das Wesen der Menschen sich ändert, so erscheint auch Buddhas Gestalt in unterschiedlichen Formen. Obwohl sich Buddhas Gestalt den verschiedenen Wünschen, Aufgaben und Fähigkeiten der Menschen entsprechend verändert, befaßt sich Buddha nur mit der Wahrheit des Dharma.

Obwohl Buddha unterschiedliche Wesenszüge hat, sind sein Geist und seine Absichten auf ein einziges Ziel gerichtet, nämlich alle Menschen zu erretten.

Obwohl Buddha überall in seiner Reinheit offenbar ist, ist diese Offenbarung dennoch nicht Buddha, weil

Buddha keine Gestalt hat. Buddha füllt alles aus; er verkörpert die Erleuchtung, und in dieser Erleuchtung erscheint er all jenen, die fähig sind, die Wahrheit zu verwirklichen.

II
DIE ERSCHEINUNG BUDDHAS

1. Es ist selten, daß jemand auf der Welt zum Buddha wird. Wenn dies eintritt, erlangt derjenige Erleuchtung, führt den Dharma ein, löst das Netz des Aberglaubens auf, beseitigt die Lockungen trügerischer Hoffungen samt deren Wurzeln und dämmt den Strom des Bösen ein. Völlig ungehindert wandert er ganz nach seinem Belieben durch die Welt. Es gibt nichts Größeres, als sich einem Buddha in Verehrung hinzugeben.

Buddha erscheint auf der Welt, weil er leidende Menschen sich nicht selbst überlassen wille. Sein einziger Will ist es, den Dharma zu verbreiten und alle Menschen mit dessen Wahrheit zu segnen.

Es ist sehr schwer, den Dharma in einer Welt einzuführen, die erfüllt ist von Ungerechtigkeit, Streit und falschen Vorstellungen, in eine Welt, die vergeblich mit unersättlichen Wünschen und Widerwärtigkeiten kämpft. Buddha sieht diese Schwierigkeiten und will sie wegen seiner großen Liebe und seines Mitleids mit den Menschen bekämpfen.

2. Buddha ist der Freund aller Menschen auf dieser Welt. Wenn Buddha einen Menschen trifft, der unter der

schweren Last irdischer Leidenschaften leidet, dann fühlt er Mitleid und teilt die Last mit ihm. Wenn er einen Menschen trifft, der an Verblendung leidet, dann wird er die Verblendung durch das helle Licht seiner Weisheit überwinden.

So wie ein Kalb, das sich nur beim Muttertier seines Lebens erfreut, wollen jene, die Buddhas Lehren einmal gehört haben, ihn danach nie mehr verlassen, weil seine Lehren ihnen Glück bringen.

3. Wenn der Mond untergeht, sagen die Menschen, daß er verschwunden sei; wenn der Mond aufgeht, sagen sie, daß er wiedergekehrt sei. Tatsächlich aber kommt und geht der Mond nicht, sondern er scheint unverändert am Himmel. Buddha ist genauso wie der Mond. Weder kommt noch geht er; er scheint dies nur zu tun, weil er die Menschen liebt und sie unterweisen möchte.

Die Menschen nennen einen bestimmten Stand des Mondes Vollmond, einen anderen Stand nennen sie zunehmenden Mond. In Wirklichkeit aber ist der Mond immer rund, weder zu- noch abnehmend. Buddha ist ebenso wie der Mond. In den Augen der Menschen mag Buddhas Erscheinung sich öfters wandeln, aber in Wahrheit ändert sich Buddha nie.

Der Mond scheint überall; über einer großen Stadt, einem schlafenden Dorf, einem Berg, einem Fluß. Der Mond ist in den Tiefen eines Teiches zu sehen, in einem Krug mit Wasser, in einem Tautropfen, der auf einem

Blatt hängt. Wenn ein Mensch Hunderte von Meilen geht: der Mond begleitet ihn. Für Menschen scheint sich der Mond zu verändern, aber der Mond bleibt wie er ist. Buddha ist wie der Mond, wenn er den Menschen dieser Welt bei all ihren Lebensveränderungen folgt und sich darauf einstellt, aber bezüglich seines Wesens ändert er sich nicht. Das ist so, weil Buddha in seinem Mitleid und seiner Weisheit die Menschen an Ursachen und Bedingungen seines Kommens und Gehens denken läßt, um so ihr Vertrauen in seine Unveränderlichkeit zu wecken.

4. Die Annahme, daß Buddha komme und gehe, könnte sich einfach erklären lassen: Wenn die Bedingungen günstig sind, erscheint Buddha; wenn die Bedingungen ungünstig sind, zieht sich Buddha von der Welt zurück.

Auch wenn es so aussieht, als ob Buddha kommt und geht, so ist er doch immer derselbe. Man soll diese Wahrheit erkennen. Man soll sich nicht über seine Vergänglichkeit, die Buddha aufzeigt, betrüben, sondern man soll erleuchtet werden, und die Weisheit erlangen.

Es wurde gezeigt, daß Buddha keine leibliche Gestalt sondern Erleuchtung ist. Der Leib kann als Behälter angesehen werden; der Behälter kann dann Buddha genannt werden, wenn er mit Erleuchtung gefüllt ist. Aber wenn jemand dem Irrtum verfällt, Buddha habe eine leibliche Gestalt, die sich verselbständigt und deren Vergänglichkeit zu beklagen sei, dann ist er unfähig, den wahren Buddha zu verwirklichen.

In Wirklichkeit sind alle Dinge frei von dem Merkmal des Kommens und des Gehens: es gibt zwischen beiden keinen Unterschied, auch keinen zwischen Gut und Böse. Alle Dinge sind von vollkommener Leere und vollkommener Gleichartigkeit.

Jene Menschen, die diese Phänomene falsch beurteilen, verursachen solche Unterscheidungen. Weder kommt die wahre Gestalt Buddhas, noch vergeht sie.

III
BUDDHAS TUGEND

1. Die Welt zollt Buddha Ehre und Hochachtung wegen seiner fünf Tugenden. Es sind dies: Vorbildliches Verhalten, Unerschütterlichkeit des Standpunktes, vollkommene Weisheit, hohe Kunst des Predigens und die Überzeugungskraft, Menschen zur Ausübung seiner Lehre zu führen.

Außerdem zeichnen Buddha acht weitere Tugenden aus, nämlich:

– Er verleiht den Menschen Glück und Segen.
– Er bringt der Welt durch die Ausübung seiner Lehre beständiges Wohlergehen.
– Er klärt den Menschen darüber auf, was gut und böse ist in dieser Welt.
– Er zeigt den Menschen den richtigen Weg zur Erleuchtung.
– Er führt alle Menschen auf dem gleichen Weg zur Erleuchtung.
– Er zeigt weder Stolz noch Prahlerei.
– Er läßt seinen Worten Taten folgen und hält ein, was er verspricht.
– Er verfolgt unbeirrt sein Ziel, den Menschen

Glück und Segen zu bringen, und erfüllt seine Gelübde.

Durch die Ausübung der Meditation erwarb Buddha die innere Ruhe und einen friedvollen Geist. Er zeigt sowohl Zuneigung als auch Mitleid allen Menschen gegenüber; er ist voller Seligkeit und Ruhe im Herzen, ganz ohne Leidenschaften. Dieser Zustand der Ausgeglichenheit entspricht seinem reinen Herzen.

2. Buddha ist sowohl Vater als auch Mutter für die Menschen der Welt. In den ersten Wochen und Monaten des Lebens müssen die Eltern in kindgemäßen Worten zu ihrem Neugeborenen sprechen, danach lehren sie es allmählich, wie ein Erwachsener zu sprechen.

So wie die irdischen Eltern umsorgt Buddha zunächst die Menschen, dann verläßt er sie, damit sie für sich selbst sorgen. Er achtet darauf, daß ihre Wünsche erfüllt werden, und er stellt sie unter einen friedvollen und sicheren Schutz.

Was Buddha in seiner Sprache predigt, nehmen Menschen in ihrer eigenen Sprache auf und gleichen es ihr an, als wäre es ausschließlich für sie bestimmt.

Buddhas Weisheit übersteigt aber menschliches Denken; sie kann nicht durch bloße Worte offenbart werden; man kann sie nur in Gleichnissen andeuten.

Ein Fluß wird zwar durch die Hufschläge der Pferde und Kühe aufgerührt und durch die Bewegungen der Fische und Schildkröten in Unruhe gebracht. Er fließt dennoch weiter, ruhig und ungestört, trotz solcher Kleinigkeiten. Buddha ist wie der Fluß. Fische und Schildkröten anderer Lehren schwimmen zwar in ihm umher und treiben gegen seine Strömung, aber vergeblich. Buddhas Dharma fließt weiter, rein und ungestört.

3. Buddhas vollkommene Weisheit schützt vor jeder Voreingenommenheit und bewahrt ein Maß, dessen Großartigkeit nicht mit Worten allein zu beschreiben ist. Da er allwissend ist, kennt er die Gedanken und Gefühle der Menschen und schätzt ihre verschiedenen Lebensverhältnisse richtig ein.

So wie sich die Sterne des Himmels im ruhigen Meer widerspiegeln, so werden die Gedanken, Gefühle und Verhaltensweisen der Menschen in den Tiefen der Weisheit Buddhas widergespiegelt. Das ist der Grund, warum Buddha der vollkommen Erleuchtete genannt wird.

Buddhas Weisheit frischt die vertrockneten Sinne der Menschen wieder auf, erleuchtet sie und lehrt sie, das Wesen dieser Welt, ihre Ursachen und Wirkungen und den Wechsel aller Dinge zu verstehen. In der Tat, welcher Bereich der Welt ist ohne die Hilfe von Buddhas Weisheit überhaupt verständlich?

4. Buddha erscheint nicht immer als Buddha. Manchmal erscheint er in der Verkörperung des Bösen, manchmal als eine Frau, ein Gott, ein König oder ein hoher Würdenträger. Manchmal erscheint er in einem Freudenhaus oder in einer Lasterhöhle.

Bei einer Epidemie erscheint er als heilender Arzt, und im Krieg predigt er Nachsicht und Gnade für die

Leiden der Menschen. Jenen, die sich an den Gedanken der Unvergänglichkeit klammern, predigt er Vergänglichkeit und Unsicherheit; jenen, die auf ihr Selbstgefühl setzen, predigt er Demut und Selbstaufgabe; jenen, die in das Gewebe irdischer Vergnügungen geflochten sind, zeigt er das Elend der Welt.

Die Aufgabe Buddhas besteht darin, bei allen Anlässen und zu jeder Gelegenheit das reine Wesen des Dharmakaya – das ist das absolute Wesens von Buddha – zu offenbaren. Aus diesem Dharmakaya strömen Buddhas Gnade und Mitleid mit grenzenlosem Licht in die endlos große Zahl von Lebewesen und bringen der Menschheit Erlösung.

5. Die Welt ist wie ein brennendes Haus, das ständig zerstört und ständig neuaufgebaut wird. Menschen, die durch die Dunkelheit des Unwissens verwirrt werden, verlieren ihre Beherrschung im Zorn und Verdruß, bei Eifersucht, Voreingenommenheit und irdischer Leidenschaft. Sie sind wie Neugeborene, die eine Mutter brauchen; jeder ist von Buddhas Gnade abhängig.

Buddha ist der Vater für die ganze Welt. Alle menschlichen Wesen sind Buddhas Kinder. Buddha ist der Heiligste unter den Heiligen. In der Welt herrschen Not, Siechtum und Tod. Überall gibt es Leiden, aber Menschen, welche in ihrem vergeblichen Suchen nach irdischem Vergnügen aufsehen, sind nicht weise genug, diese Leiden zu erkennen.

Buddha erkannte, daß sein Vergnügungspalast wirklich ein brennendes Haus war. Deshalb floh er von dort und fand Zuflucht und Frieden in dem ruhigen Wald. Dort in der Einsamkeit und Stille überkam sein Herz großes Mitleid, und er kam schließlich zu dem Urteil: „Diese Welt des Leidens und der Vergänglichkeit ist meine Welt. Diese unwissenden, unachtsamen Menschen sind meine Kinder. Ich bin der einzige, der sie von ihrer Verblendung und ihrem Elend erlösen kann."

Da Buddha der große König des Dharma ist, kann er allen Menschen predigen, was er selbst für erforderlich hält. Deshalb erscheint Buddha in der Welt, um den Menschen Segen zu bringen. Um sie von ihrem Leiden zu retten, predigt er den Dharma, aber die Ohren der Menschen sind vor Leidenschaften taub und hören nicht.

Wer aber Buddhas Lehre zuhört, ist frei von den Verblendungen und den Leiden der Welt. „Menschen können nicht dadurch gerettet werden, daß sie sich auf ihre eigene Weisheit verlassen," spricht Buddha, „nur durch Vertrauen können sie an meinem Dharma teilhaben." Deshalb sollte man auf Buddhas Dharma hören und ihn verwirklichen.

DHARMA

Erstes Kapitel

DIE WIRKUNGEN DER URSACHEN

I
DIE VIERFACHE EDLE WAHRHEIT

1. Die Welt ist voller Leiden. Von Anfang an besteht das Leben aus Leiden. Altersschwäche ist Leiden, Krankheit und Tod sind Leiden. Einem Menschen voller Haß gegenüberzutreten ist Leiden, von einem geliebten Menschen getrennt zu werden ist Leiden, vergeblich zu kämpfen, um seine eigenen Bedürfnisse zu befriedigen, ist Leiden. Kurzum: Leben, das nicht frei ist von Begierde und Leidenschaft, bringt immer Leiden mit sich. Dies wird die Wahrheit des Leidens genannt.

Die Ursache des menschlichen Leidens liegt zweifellos in den irdischen Leidenschaften. Wer nach Wurzel aller Leidenschaften sucht, findet sie in dem Begehren nach Befriedigung lebensnotwendiger Triebe. Triebhafte Wünsche, die von einem starken Lebenswillen gespeist werden, richten sich auf alles, was begehrenswert erscheint. Mancher Wunsch beinhaltet selbst den Tod. All dies wird die Wahrheit der Leidensursache genannt.

Wenn die Wurzel jeder menschlichen Leidenschaft entfernt wird und man von aller Begierede frei ist, dann wird alles menschliche Leiden ein Ende haben. Dies wird die Wahrheit der Leidenserlöschung genannt.

Wer diesen Zustand erreichen will, muß einem vorgeschriebenen Pfad folgen, nämlich dem Pfad der Rechtmäßigkeit. Er betrifft rechtmäßige Ansichten, Gedanken, Reden, Verhaltensweisen, Lebensführung, Bemühungen, Erinnerungern und geistige Sammlung. Dies wird die Wahrheit des achtfachen Pfades zur Überwindung irdischer Wünsche genannt.

Menschen sollten sich stets nach diesen Wahrheiten richten, denn wer dieser Welt voller Leiden entkommen will, muß sich von Fesseln der irdischen Leidenschaft lösen, welche ja die einzige Ursache des Leidens ist. Eine Lebensweise, die von jeder irdischen Leidenschaft und jedem irdischen Leiden frei ist, kann nur durch die Erleuchtung kennengelernt werden; die Erleuchtung aber erlangt nur, wer den achtfachen Edlen Pfad einhält.

2. Wer Erleuchtung sucht, muß diese vierfache Edle Wahrheit verstehen. Ohne ihr Verständnis wird man unendlich lange in dem verwirrenden Irrgarten hoffnungsloser Wünsche umherwandern. Wer die vierfache Wahrheit des Lebens versteht, von dem spricht man als einem „Menschen, der die Augen der Erleuchtung erworben hat."

Man soll mit ganzem Herzen Buddhas Lehre folgen,

deshalb seine Sinne auf diese vierfache Edle Wahrheit richten und versuchen, sich über ihre Bedeutung Klarheit zu verschaffen. Zu allen Zeiten ist nur der ein wahrer Wanderer auf dem Edlen Pfad, der diese Wahrheit versteht und sie anderen lehrt.

Wenn ein Mensch die vierfache Edle Wahrheit klar versteht, dann wird ihn der Edle Pfad von seinen Begierden abbringen; er wird nicht mehr mit anderen Menschen streiten, keine Lebewesen ohne Grund töten, nicht stehlen, nicht mehr Sklave seiner Leidenschaften sein, nicht betrügen, nicht verleumden, nicht schmeicheln, frei von Neid sein, stets Gleichmut bewahren und an die Vergänglichkeit des Lebens denken. Auf diese Weise wird er nie vom Pfade abkommen.

3. Dem Edlen Pfad zu folgen, ist so, als ob man einen dunklen Raum mit einem Licht in der Hand betritt; die Dunkelheit vergeht, und der Raum wird hell.

Menschen, welche die Bedeutung des Edlen Pfades kennen und gelernt haben, ihm zu folgen, besitzen das Licht der Weisheit, das die Dunkelheit des Unwissens vertreibt.

Buddha leitet die Menschen, indem er sie nur auf die vierfache Edle Wahrheit hinweist. Wer diese richtig versteht, wird die Erleuchtung erlangen. Er wird fähig sein, in dieser verwirrenden Welt andere zu leiten und zu unterstützen. Wenn die vierfache Edle Wahrheit klar erkannt ist, werden alle Quellen der irdischen

Leidenschaft versiegen.

Gehen die Schüler Buddhas von dieser vierfachen Edlen Wahrheit aus, dann werden sie auf diesem Weg zu allen anderen kostbaren Wahrheiten gelangen. Sie werden die Weisheit und Tugendhaftigkeit erwerben, um alle Bedeutungen zu verstehen, und sie werden allen Menschen überall auf der Welt den Dharma predigen können.

II
DIE WIRKUNGEN DER URSACHEN

1. Alles Menschliche hat seine Ursachen, doch es gibt einen Weg zur Überwindung der Leiden. Denn alles auf der Welt ergibt sich aus einem großartigen Zusammenspiel von Ursachen und Wirkungen, und alles erlischt, wenn diese Ursachen sich ändern und vergehen.

Regen fällt, Wind weht, Blumen blühen, Blätter welken und werden verweht. Diese Ereignisse stehen miteinander in Wechselbeziehung, wobei eines die Ursache von dem anderen ist.

Die Geburt eines Kindes geht auf die Zeugung zurück. Sein Körper wird durch Nahrung, sein Geist durch Lernen und Erfahrung gestärkt.

Deshalb sind sowohl Körper als auch Geist abhängig

von bestimmten Bedingungen und werden verändert, wenn diese Bedingungen wechseln.

So wie ein Netz aus vielen miteinander verflochtenen Fäden besteht, so ist alles in dieser Welt miteinander durch eine Vielzahl von Fäden verbunden. Wer glaubt, daß eine Masche im Netz eine unabhängige Einheit sei, der irrt sich.

Alle Maschen eines Netzes sind miteinander verbunden, jede Masche hat ihren Platz im Netz und ihre Bedeutung für alle übrigen Maschen.

2. Blüten kommen durch eine Vielzahl von Bedingungen zustande, die das Blühen bewirken; Blüten erblühen nicht ohne Ursachen, auch ein Blatt fällt nicht von selbst. So ist alles im Kommen und Gehen. Nichts bleibt unverändert.

Alle Änderungen hängen von vielerlei Bedingungen ab. Daher besteht die feste Gewißheit, daß sich alles stets ändert und nichts unverändert bleibt.

III
DIE KETTE DER VERURSACHUNGEN

1. Wo ist nun der Ursprung alles menschlichen Gram, alles Betrübnis, allen Schmerzes und aller Kümmernis zu

suchen? Ist er nicht in der Tatsache zu finden, daß Menschen im allgemeinen unwissend und von Wünschen und Begierden abhängig sind?

Sie verfolgen beharrlich Lebensziele wie Wohlhabenheit und Ruhm, Bequemlichkeit und Vergnügen, Aufregung und Eigennutz, unkundig der Tatsache, daß der Wunsch gerade nach diesen Dingen der Ursprung des menschlichen Leidens ist.

Von Anfang an ist die Welt voller unglückseliger Ereignisse gewesen, ganz abgesehen von den unvermeidbaren Tatsachen wie Krankheit, Siechtum und Tod.

Wer all diese Tatsachen sorgfältig betrachtet, muß zu der Überzeugung kommen, daß die Grundlage allen Leidens Unwissenheit und Abhängigkeit von selbstsüchtigen Wünschen ist. Werden diese beseitigt, dann wird auch das menschliche Leiden erlöschen.

Habgier zeigt sich in Unkenntnis und falschen Wahrnehmungen.

Diese finstere Unwissenheit und falschen Wahrnehmungen ergeben sich aus der Tatsache, daß die Menschen die Vergänglichkeit des Lebens nicht bedenken und den wahren Grund für die Abfolge der Ereignisse nicht kennen.

Finsterer Unkenntnis und falschen Wahrnehmungen entspringen unlautere Wünsche nach Zielen, denen die Menschen rastlos und blind nachjagen, obwohl diese für sie unerreichbar sind.

Wegen dieser falschen Wahrnehmungen und unlauteren Wünsche glauben die Menschen Unterschiede zu sehen, wo es in Wirklichkeit keine Unterschiede gibt. Eigentlich kann man die Gegebenheiten im menschlichen Leben nicht nach richtig und falsch einteilen. Doch stellen sich die Menschen aufgrund ihrer Unwissenheit solche Unterscheidungen vor und beurteilen sie als richtig oder falsch, dies alles aus finsterer Unkenntnis und wegen unlauterer Wünsche.

Wegen ihrer Unwissenheit denken Menschen immer in der falschen Weise und verlieren immer den richtigen Standpunkt, indem sie sich an ihr vermeintliches Ich klammern und falsch handeln. So verlieren sie sich in einem Meer von Täuschungen.

Die Menschen bestellen das Feld des Ego mit ihrer Sündhaftigkeit, indem sie durch ihre Tätigkeiten den Keim legen, um den Verstand mit Unwissenheit zu umwölken, ihn mit dem Regen unlauterer Wünsche düngen, und ihn mit der Schwäche des Ego bewässern. Hierdurch verstärken sie noch die Vorstellung des Bösen und verkörpern die Verblendung durch sich selbst.

2. In Wahrheit ist der Körper der Verblendung ihr eigener Verstand, und deshalb ist es ihr eigener Verstand, der die Verblendungen des Kummers, der Klage, des Schmerzes und der Todesangst verursacht.

Die ganze Welt der Verblendung ist nichts als der Schatten, der von dem menschlichen Verstand geworfen wird. Und dennoch ist es dieser selbige Verstand, durch den sich die Welt der Erleuchtung offenbart.

3. In dieser Welt gibt es drei falsche Auffassungen.

Wenn man sich an ihnen festhält, dann wird alles in dieser Welt nur noch verneint.

Einmal meinen manche, daß jede menschliche Erfahrung auf höherer Fügung beruht. Wieder andere meinen, daß alles in der Welt von Gott geschaffen und von seinem Willen gesteuert wird. Schließlich meinen einige, daß alles durch Zufall zustandekommt.

Wenn alles durch höhere Fügung entschieden wird, dann sind gute wie auch böse Taten vorherbestimmt, ebenso Freud und Leid; nichts geschieht, was nicht zuvor schon feststand. Dann würden auch alle menschliche Pläne und Bemühungen um Verbesserung und Fortschritt vergeblich sein, und die Hoffnung auf Menschlichkeit wäre vergebens.

Dasselbe gilt auch für die anderen Auffassungen: Würde letztlich alles in Gottes Hand liegen, oder dem blinden Zufall überlassen bleiben, müßte das Bemühen um Menschlichkeit dann nicht sinnlos sein? Es ist kein Wunder, daß Menschen, die diesen Vorstellungen verhaftet sind, alle Hoffnung verlieren und ihre Bemühungen vernachlässigen, weise zu handeln und Böses zu vermeiden.

Gewiß sind alle diese drei Auffassungen falsch: Alles in der Welt ist eine Aufeinanderfolge von Ereignissen, wobei eines die Ursache des anderen ist, und diese Ursachen lassen sich in einem gewissen Maße verändern und steuern.

Zweites Kapitel

DAS REIN GEISTIGE UND DIE WIRKLICHKEIT ALLER DINGE

I
UNBESTÄNDIGKEIT UND ICHLOSIGKEIT

1. Da sowohl der Körper als auch der Geist nur Folgeerscheinungen bestimmter Ursachen sind, kann es kein eigenständiges Ich geben. Weil der menschliche Körper zahlreichen Einwirkungen ausgesetzt ist, verändert er sich laufend.

Wäre der Körper ein eigenständiges Ich, dann könnte er selbst bestimmen, was er tun will.

Ein König hat die Macht, nach eigenem Gutdünken Lob und Strafe zu erteilen, dennoch wird er gegen seinen Willen krank, fällt ungewollt in Siechtum, so daß sein Schicksal und seine Wünsche dann kaum noch übereinstimmen.

Auch der menschliche Geist ist kein selbständiges Ich. Er ist ebenfalls viefältigen Einflüssen ausgesetzt und unterliegt daher ständiger Veränderung.

Wäre der Geist ein selbständiges Ich, dann könnte er frei über seinen Willen verfügen. Aber der Geist scheut oft wider besseres Wissen das Rechte und jagt ungewollt dem Bösen nach. Nichts scheint genau in dem Sinne zu geschehen, wie es das Ich wünscht.

2. Würde man gefragt, ob der Körper beständig oder unbeständig sei, dann müßte man antworten: „unbeständig."

Würde man gefragt, ob die Unbeständigkeit Glück oder Leiden bringe, dann müßte man antworten: „Leiden."

Es ist völlig falsch zu glauben, daß das Ich, welches so unbeständig und voller Leiden ist, irgendeine Selbständigkeit besitzt.

Auch der menschliche Geist ist unbeständig und leidend. Er besitzt kein selbständiges Ich.

Weder auf den Körper noch auf den Geist, welche das persönliche Leben ausmachen oder die Außenwelt, die das Leben zu umgeben scheint, treffen daher die beiden Begriffe „Ich" und „mein" zu.

Wenn der Geist nur von unreinen Wünschen umwölkt ist und der Weisheit verschlossen bleibt, dann beharrt er hartnäckig auf dem Denken des „Ich" and „mein."

Da sowohl der Körper als auch dessen Umwelt durch

das Zusammenwirken von verschiedenen Ursachen geschaffen sind, ändern sie sich fortdauernd und werden nie zu einem Stillstand gelangen können.

Der menschliche Geist ist in seinem nie endenden Wandel wie das stets fließende Wasser eines Flusses. Wie ein wildes Tier springt er dauernd umher und hört damit nicht für einen Augenblick auf.

Wenn ein weiser Mann dies sieht, müßte er jegliche Beschäftigung mit dem Körper und dem Geist aufgeben, wollte er je zur Erleuchtung gelangen.

3. Es gibt fünf Tatsachen, an denen nichts zu ändern ist: Man kann nicht aufhören, alt zu werden, wenn man altert; man kann nicht genesen, wenn man unheilbar krank ist; man kann sich dem Tod nicht widersetzen, wenn man stirbt; man kann das Verfall nicht verhindern, da es ihn doch gibt; man kann das Vergehen aller Dinge nicht verleugnen, da ohnehin alles vergägnglich ist.

Für alle Menschen in der Welt treffen diese Tatsachen früher oder später zu, und die meisten Menschen leiden daran, weil sie sich damit nicht abfinden können. Doch jene, welche die Lehren Buddhas erworben haben, leiden nicht, denn sie verstehen, daß diese Tatsachen unvermeidbar sind.

Hinzu kommen vier unabänderliche Wahrheiten: Menschlichen Wahrnehmungen und Empfindungen fehlt die Erleuchtung; Folge aller unreinen Wünsche sind endlose Wechsel, Ungewißheit und Leiden; unabänderliche Tatsachen bringen ebenfalls Wechsel, Ungewißheit und Leiden. Schließlich gibt es nichts, was ein selbständiges Ich genannt werden kann, und nichts auf der Welt kann mit dem Begriff „mein" bezeichnet werden.

Diese Tatsachen, wonach alles leer, vergänglich und unpersönlich ist, haben keinen Einfluß darauf, ob Buddha erscheint oder nicht. Diese Tatsachen und Wahrheiten sind unbestreitbar. Buddha weiß dieses und predigt daher allen Menschen den Dharma.

II

DIE TATSACHE DES „REIN GEISTIGEN"

1. Sowohl die Verblendung als auch die Erleuchtung haben ihren Ursprung im Geist. Und jede Beobachtung entrpringt der Tätigkeit des Geistes, genauso wie die verschiedensten Dinge aus dem Ärmel eines Zauberers hervorkommen.

Die Tätigkeiten des Geistes haben keine Grenze und bilden die Umgebung des Geistes. Ein unreiner Geist umgibt sich mit unreinen Dingen, und ein reiner Geist umgibt sich mit reinen Dingen, daher hat die Umgebung des Geistes keine größeren Grenzen als dessen Tätigkeiten.

Wenn ein Künstler ein Bild malt, dann kommen die Einzelheiten aus seinem Geist, und ein einziges Bild kann eine grenzenlose Vielfalt von Einzelheiten enthalten. Die Umwelt, die Buddha geschaffen hat, ist rein und frei von Begierden, anders als jene, die vom Menschen geschaffen wurde.

So füllt der menschliche Geist den Rahmen des Lebens. Es gibt nichts auf der Welt, was nicht vom Geist geschaffen ist, und wie der menschliche Geist wirkt, so wirkt auch Buddha, und alle anderen Lebewesen handeln so, wie Buddha handelt. So sind bei der großen Aufgabe der Schöpfung der menschliche Geist, Buddha und alle anderen Lebewesen gleichermaßen wirksam.

Buddha versteht alle Dinge, die dem menschlichen Geist entspringen, richtig. Deshalb können jene, die dieses wissen, den wahren Buddha sehen.

2. Aber die vom Geist geschaffene Umgebung hat auch ihre Schattenseiten. Der Geist beklagt die Vergangenheit und die Gegenward und fürchtet die Zukunft, denn die menschliche Umgebung ist entstanden aus Unwissenheit und Begierde.

Die Welt der Verblendung nimmt ihren Anfang in der Unwissenheit und der Begierde, und die gewaltige Gesamtheit aller gemeinsam wirkenden Ursachen und Bedingungen hat im Geist ihren Ort und nirgendwo sonst.

Sowohl die Vorstellung vom Leben als auch vom Tod entsteht aus dem Geist und existiert nur im Geist. Wenn jedoch diese Verblendung von Leben und Tod von unserem Geist abfällt, dann überwinden wir diese falsche Vorstellung von Leben und Tod.

Ein unaufgeklärtes und verwirrtes Leben entsteht aus einem Geist, der verwirrt ist durch die Welt der Verblendung. Wer erkennt, daß es außerhalb des Geistes keine Welt der Verblendung gibt, dessen verwirrter Geist wird klar. Wer aufhört, sich eine unreine Umgebung zu schaffen, gelangt zur Erleuchtung.

So wird die Welt des Lebens und des Todes durch den Geist geschaffen, steht unter der Herrschaft des Geistes, wird vom Geist gesteuert. Der Geist ist Herr über alles, was geschieht. Die Welt des Leidens wird durch den verblendeten Geist verursacht.

3. Deshalb unterstehen alle Dinge ausschließlich der Herrschaft des Geistes und werden durch ihn erzeugt. Wie die Räder dem Ochsen folgen, der den Karren zieht, so folgt das Leiden dem Geist, der sich selbst mit unreinen Gedanken und irdischen Leidenschaften umgibt.

Wenn aber ein Mensch mit einem guten Geist spricht und entsprechend handelt, dann folgt ihm das Glück wie sein Schatten. Jene, die in böser, selbstsüchtiger Weise handeln, leiden nicht nur an den Folgen ihrer Taten, sondern werden auch von ihrem schlechten Gewissen geplagt, und die Erinnerung an die böse Tat wird aufbewahrt im Karma. Dies zieht unvermeidlich später einmal eine entsprechende Vergeltung nach sich. Aber jene, die in edler Absicht handeln, werden durch ihr gutes Gewissen beglückt, und werden noch glücklicher bei dem Gedanken, daß sich ihre gute Tat fortsetzt und Glückseligkeit bringt in dem endlosen Leben, das folgen wird.

Ein unreiner Geist bewirkt, daß die Füße auf einem rauhen und beschwerlichen Weg wanken. Es wird manchen Sturz und viele Schmerzen geben. Bei einem reinen Geist aber wird der Pfad eben sein und die Reise angenehm.

Wer aber den ebenen und angenehmen Pfad genießen will, der muß im Geiste Buddhas leben und das Netz der selbstsüchtigen, unreinen Gedanken und bösen Wünsche zerreißen. Wer einen ruhigen Geist hat, erlangt inneren Frieden und kann so Tag und Nacht seinen Geist mit mehr Fleiß üben.

III
DER WIRKLICHE STAND DER DINGE

1. Da alles auf dieser Welt durch den Wettstreit von Ursachen und Wirkungen verursacht wird, kann es keine grundlegende Unterscheidung zwischen den Dingen geben. Die augenscheinlichen Unterschiede bestehen wegen der absurden und verblendeten Gedanken und Wünsche der Menschen.

Am Himmel gibt es keinen Unterschied zwischen Ost und West. Die Menschen schaffen den Unterschied aus ihrem eigenen Geist und glauben dann, daß er wahr wäre.

Mathematische Zahlen von eins bis unendlich sind jeweils vollständige Zahlen, und jede für sich zeigt keinen Unterschied an Quantität. Die Menschen machen die Unterscheidungen zu ihren eigenen Gunsten, so als ob sie fähig wären, auf sich unterscheidende Beträge hinzuweisen.

In dem umfassenden Schöpfungsprozeß gibt es keine eigenen Unterschiede zwischen dem Prozeß des Lebens und dem Prozeß der Zerstörung. Menschen machen einen Unterschied und nennen das eine Geburt und das andere Tod. Im Handeln gibt es keinen Unterschied zwischen richtig und falsch, aber die Menschen machen eine Unterscheidung für ihre eigene törichte Bequemlichkeit.

Buddha hält sich von diesen Unterscheidungen fern und schaut auf die Welt wie auf eine vorbeiziehende Wolke. Für Buddha ist jedes bestimmte Ding Illusion, etwas, was vom Geist geschaffen wird. Er weiß, daß was auch immer der Geist ergreift und wieder wegwerfen kann, Nichtigkeiten sind. So vermeidet er die Fallen der Vorstellungen und unterscheidenden Gedanken.

2. Die Menschen greifen nach Dingen, die für ihren eigenen eingebildeten Vorteil und ihre Bequemlichkeit bestimmt sind. Sie greifen nach Reichtum, Schatz und Ehren. Sie hängen verzweifelt am Leben.

Sie machen willkürliche Unterschiede zwischen Gut und Böse, Recht und Unrecht. Denn das Leben der Menschen ist eine Aufeinanderfolge von Habsüchtigkeiten und Bindungen, und deshalb müssen sie die Täuschungen des Schmerzes und des Leidens auf sich nehmen.

Es war einmal ein Mann, der auf einer langen Reise an einen Fluß kam. Er sagte zu sich: „Diese Seite des

Flusses ist sehr schwierig und gefährlich zu passieren, und die andere Seite scheint dafür leichter und sicherer zu sein, aber wie soll ich hinüberkommen?" So baute er sich ein Floß aus Zweigen und Schilfrohr und überquerte sicher den Fluß. Dann dachte er bei sich: „Dieses Floß ist mir beim Überqueren des Flusses sehr nützlich gewesen. Ich werde es nicht sich selbst überlassen, damit es am Ufer vermodert, sondern werde es mitnehmen." So nahm er freiwillig eine unnötige Last auf sich. Kann dieser Mann ein weiser Mann genannt werden?

Dieses Gleichnis lehrt, daß selbst eine gute Sache, wenn sie eine unnötige Last wird, weggeworfen werden sollte. Um so eher noch, wenn es eine schlechte Sache ist. Buddha machte es zur Regel seines Lebens, unnütze und unnötige Diskussionen zu vermeiden.

3. Dinge kommen nicht und gehen nicht, noch erscheinen oder verschwinden sie. Deshalb bekommt man weder etwas, noch verliert man etwas.

Buddha lehrt, daß Dinge weder erscheinen noch verschwinden, da sie jenseits von der Bejahung und Verneinung der Existenz liegen, und er lehrte auch, daß es weder Geburt noch Tod gibt. Das heißt, daß alles eine Übereinstimmung und eine Aufeinanderfolge von Ursachen und Wirkungen ist, da ein Ding an sich nicht existiert, so daß man von ihm sagen könnte, es sei nicht existent. Da es aber einen relativen Zusammenhang mit Ursachen und Wirkungen hat, kann man wiederum nicht sagen, daß es nichtexistent sei.

An einem Ding wegen seiner Gestalt festzuhalten, ist der Ursprung der Verblendung. Wenn man diese Gestalt nicht ergreift und nicht an ihr festhält, werden diese falsche Vorstellung und die sinnlose Verblendung nicht auftreten. Erleuchtung bedeutet die Weisheit, diese Wahrheit zu erkennen und so eine törichte Verblendung zu vermeiden.

Die Welt ist in der Tat wie ein Traum, und die Schätze der Welt sind eine verlockende Fata Morgana! Wie die augenscheinlichen Entfernungen auf einem Bild, so haben die Dinge keine Wirklichkeit in sich selbst, sondern sind vielmehr wie vorüberziehende Wolken.

4. Zu glauben, daß Dinge, die von unberechenbaren Reihen von Ursachen geschaffen wurden, ewig dauern könnten, ist ein ernsthafter Fehler und wird die „Theorie der Dauer“ genannt. Aber es ist ein ebenso großer Fehler zu glauben, daß Dinge völlig verschwinden. Dies nennt man die „Theorie der Nichtexistenz.“

Diese Kategorien des ewigdauernden Lebens und des ewigdauernden Todes, und die Bestätigung und die Verneinung von diesen, lassen sich nicht auf das eigentliche Wesen der Dinge anwenden, sondern nur auf ihre Erscheinungen, wie sie vom menschlichen Auge gesehen werden. Aufgrund des menschlichen Verlangens kommen Menschen in Beziehung zu diesen Erscheinungen und werden mit ihnen verbunden, aber was das eigentliche Wesen der Dinge betrifft, so ist dieses frei von allen Unterscheidungen und Verbindungen.

Da alles durch eine Reihe von Ursachen und Wirkungen geschaffen wurde, ändert sich die Erscheinung der Dinge ständig. Das heißt, was sie betrifft, so gibt es keine Beständigkeit, wie es sie bei wirklichen Dingen geben sollte. Wegen dieser ständigen Veränderung der Erscheinungen, vergleichen wir Dinge mit einer Fata Morgana oder einem Traum. Aber trotz dieser ständigen Veränderung in der Erscheinung sind die Dinge ihrem eigentlichen Wesen nach beständig und unveränderlich.

Ein Fluß erscheint einem Menschen wie ein Fluß, aber einem hungrigen Dämonen, der Feuer im Wasser sieht, kann er wie Feuer erscheinen. Deshalb würde es einen gewissen Sinn haben, mit einem Mann über einen existierenden Fluß zu sprechen, aber für dieses legendäre Wesen würden solche Worte keine Bedeutung haben.

In ähnlicher Weise kann man es von allen Dingen sagen: „Dinge sind wie Illusionen, sie existieren und existieren nicht."

Ferner ist es ein Fehler, dieses vergängliche Leben für das unveränderliche Leben der Wahrheit zu halten. Man kann nicht sagen, daß es jenseits dieser Welt der Veränderung und der Erscheinung noch eine Welt der Beständigkeit und der Wahrheit gibt. Dieses veränderliche, vergängliche Leben ist das Leben der Wahrheit; es gibt nur ein wahrhaftes Leben. Es ist ein Fehler anzunehmen, diese Welt sei entweder vorübergehend oder wirklich.

Aber unwissende Menschen dieser Welt, die annehmen, daß dies eine wirkliche Welt ist, fahren fort, nach dieser absurden Annahme zu handeln. Da aber diese Welt nur eine Einbilding ist, führen ihre Taten, die auf Irrtum beruhen, nur zu Schaden und Leiden.

Aber ein weiser Mann handelt nicht so, als wäre diese Welt real, sondern er erkennt, daß sie nichts als Illusion ist, und entgeht somit dem Leiden.

IV
DER WEG DER MITTE

1. Für jene, die den Pfad wählen, der zur Erleuchtung führt, gibt es zwei Extreme, die sorgfältig vermieden werden sollten. Erstens das Extrem der Nachsicht mit den Wünschen des Körpers, den Launen des Geistes und dem Stolz des Lebens, die auf ganz natürliche Weise denjenigen befällt, der der Bemerkung anhängt, daß diese Welt eine wirkliche Welt sei und dieses Leben ein Ende in sich selbst habe. Zweitens gibt es das entgegengesetzte Extrem, das ganz natürlich denjenigen erreicht, der an der Bemerkung festhält, daß eine Welt der Wahrheit die einzige Wahrheit sei. Für den einen wird es leicht sein, diesem Leben zu entsagen, zu dem Extrem der asketischen Disziplin überzugehen und seinen Körper und Geist unmäßig zu foltern.

Der Edle Pfad, der über diese beiden Extreme hinaus und zu Erleuchtung, Weisheit und Frieden des Geistes führt, kann das Leben des goldenen Mannes genannt werden. Dieser Edle Pfad des mittleren Weges, auf den Buddha in der vierfachen Edlen Wahrheit hinweist als den Weg, der zur Auslöschung des Wunsches und deshalb zur Beendigung des Leidens führt, besteht aus acht Etappen: Richtige Meinung, richtige Gedanken, richtige Sprache, richtiges Benehmen, richtige Lebhaftigkeit, richtiges Bemühen, richtige Achtsamkeit und richtige Meditation.

Wie schon erwähnt, erscheinen oder verschwinden alle Dinge aufgrund einer endlosen Reihe von Ursachen. Unwissende Menschen sehen das Leben entweder als Existenz oder als Nichtexistenz, aber weise Menschen sehen sowohl über die Existenz als auch über die Nichtexistenz hinaus auf etwas, das sie beide einschließt. Das ist eine Beobachtung des mittleren Weges.

2. Nehmen wir an, ein Baumstamm treibe in einem Fluß. Wenn der Baumstamm nicht auf den Grund gelangt oder sinkt oder nicht von einem Mann herausgenommen wird oder nicht verfault, so wird er zu guter Letzt das Meer erreichen. Das Leben ist wie dieser Baumstamm, der in der Strömung eines großen Flusses erfaßt wird. Wenn eine Person nicht an ein Leben der Selbstnachsicht gebunden wird, oder, indem sie dem Leben entsagt, an ein Leben der Selbstquälerei gebunden wird; wenn eine Person nicht stolz auf ihre Tugend oder auf ihre bösen Taten wird; wenn sie in ihrer Suche nach Erleuchtung die Verblendung nicht verachtet oder sie fürchtet, dann folgt so jemand dem Weg der Mitte.

Wesentlich auf dem Wege zur Erleuchtung ist, daß man sich nicht in Extremen verfängt; das bedeutet, daß man immer dem Weg der Mitte folgt.

Indem man weiß, daß die Dinge weder existieren noch nicht existieren, indem man sich daran erinnert, daß das traumhafte Wesen von allem, daß sogar seine eigene Ich-Persönlichkeit keine Substanz in sich selbst hat, sollte man es vermeiden, von dem Stolz der Persönlichkeit, oder dem Lobpreis für gute Taten oder von irgendetwas anderem ergriffen und verwickelt zu werden.

Wenn aber jemand es vermeiden sollte, in dem Strom seiner Wünsche gefangen zu werden, muß er gerade am Anfang lernen, nicht nach Dingen zu greifen, damit er sich nicht an sie gewöhnt und sich nicht an sie bindet. Er darf sich weder an die Existenz noch an die Nichtexistenz, an irgendetwas im Innern oder Äußeren, noch an gute oder schlechte Dinge, oder an Richtiges oder Falsches binden.

Wenn er sich an die Dinge bindet, beginnt gerade in diesem Augenblick ganz plötzlich das Leben der Verblendung. Derjenige, der dem Edlen Pfad zur Erleuchtung folgt, wird nicht an Schmerzen festhalten, noch an Erwartungen, sondern mit einem gerechten und friedvollen Geist wird er dem begegnen, was kommt.

3. Erleuchtung hat keine bestimmte Gestalt oder kein bestimmtes Wesen, durch die sie sich selbst offenbaren kann, so gibt es in der Erleuchtung nichts, das erleuchtet werden muß.

Erleuchtung existiert nur wegen der Verblendung und der Unwissenheit. Wenn sie verschwinden, so wird dies auch die Erleuchtung. Und das Gegenteil ist auch wahr: Verblendung und Unwissenheit existieren wegen der Erleuchtung. Wenn die Erleuchtung aufhört, werden auch Verblendung und Unwissenheit aufhören.

Deshalb, hüte man sich vor dem Gedanken, daß die Erleuchtung ein „Ding" ist, nach dem man greifen kann, sonst wird es auch zum Hindernis werden. Wenn der

Geist, der sich in Dunkelheit befand, erleuchtet wird, so wird er sterben, und indem er stirbt, wird auch die Erleuchtung sterben.

Solange Menschen nach der Erleuchtung verlangen und nach ihr greifen, bedeutet das, daß sie noch verblendet sind. Deshalb dürfen jene, die dem Weg der Erleuchtung folgen, nicht danach greifen, und wenn sie zur Erleuchtung gelangen, dürfen sie sich nicht an sie binden.

Wenn Menschen, die Erleuchtung erlangen, aber dennoch fortfahren, sich an dem Begriff der Erleuchtung festzuhalten, bedeutet dies, daß die Erleuchtung selbst eine hindernde Verblendung geworden ist. Deshalb sollten die Menschen dem Pfad der Erleuchtung folgen, bis in ihren Gedanken irdische Leidenschaften und Erleuchtung eins geworden sind.

4. Diese Konzeption der allumfassenden Einheit, die darin besteht, daß Dinge ihrem eigentlichen Wesen nach keine unterscheidenden Merkmale haben, wird „Sunyata" genannt. Sunyata bedeutet Leere, das Ungeborene, bedeutet, kein eigenes Wesen zu haben, keine Dualität. Das ist so, weil die Dinge an sich keine Gestalt oder Wesenzüge haben, von denen wir sagen können, daß sie entstanden wären oder zerstört worden wären. Es gibt nichts über das eigentliche Wesen der Dinge, was man mit Worten der Unterscheidung beschreiben könnte. Deshalb werden Dinge Sunyata genannt.

Wie schon herausgestellt wurde, erscheinen und

verschwinden alle Dinge aufgrund des Zusammenwirkens von Ursachen und Wirkungen. Nichts existiert immer für sich ganz allein. Alles steht zu allem anderen in Beziehung.

Wo immer es Licht gibt, gibt es auch Schatten. Wo immer es Länge gibt, gibt es auch Kürze. Deshalb müssen wir, wo immer wir das Wesen des Selbst erklären, auch Sunyata zulassen. Da das Eigenwesen der Dinge nicht allein existieren kann, muß es die Leere geben.

Aus demselben Grund kann weder die Erleuchtung von der Unwissenheit getrennt existieren, noch die Unwissenheit getrennt von der Erleuchtung. Wenn sich die Dinge in der Essenz ihrer Natur nicht unterscheiden, wie kann es dann Dualität geben?

5. Die Menschen glauben von sich gewöhnlich, daß sie mit Geburt und Tod verbunden sind, aber in Wirklichkeit gibt es solche Konzepte nicht.

Wenn Menschen fähig sind, diese Wahrheit zu verwirklichen, haben sie die Wahrheiten der Nichtdualität und das Sunyata verwirklicht.

Weil die Menschen an dem Gedanken einer Ich-Persönlichkeit festhalten, bleiben sie dem Besitzdenken verhaftet, aber da es so etwas wie ein Ego nicht gibt, kann es auch keinen Besitz geben. Wenn die Menschen fähig sind, diese Wahrheit zu verstehen, so werden sie auch fähig sein, die Wahrheit des Nicht-Selbst zu verwirklichen.

Die Menschen halten an der Unterscheidung von Reinheit und Unreinheit fest, aber in der Natur der Dinge gibt es keine solche Unterscheidung, außer daß sie ihren falschen und absurden Vorstellungen entspringt.

In gleicher Weise treffen die Menschen eine Unterscheidung zwischen Gut und Böse. Aber es gibt kein Gutes oder Böses, das vom anderen getrennt existiert. Menschen, die in eine Welt der sozialen Beziehungen vertieft sind, werden solch eine Unterscheidung treffen, aber jene, die dem Pfad der Erleuchtung folgen, würden eine solche Dualität nicht anerkennen, und es sollte sie dazu führen, weder das Gute zu loben noch das Böse zu verdammen, noch das Gute zu verachten und das Böse zu verzeihen.

Menschen fürchten natürlich das Mißgeschick und streben nach Glück, aber wenn die Unterscheidung sorgfältig geprüft wird, wendet sich Mißgeschick oft zu Glück und Glück zu Mißgeschick. Der weise Mensch lernt, den sich ändernden Lebensbedingungen mit einem gerechten Geist zu begegnen, indem er weder durch seinen Erfolg stolz noch durch sein Versagen niedergeschlagen wird. So verwirklicht man Nicht-Dualität.

Deshalb sollten alle diese Worte, welche die Beziehungen der Dualität ausdrücken – wie Existenz und Nicht-existenz, irdische Leidenschaften und wahres Wissen, Reinheit und Unreinheit, Gut und Böse – all jene Begriffe, die in unserem Denken im Gegensatz zueinander stehen, eifrig vermieden werden, da sie nur Verwirrung stiften. Wenn Menschen sich von solchen Begriffen fernhalten und von den Gefühlen, die durch sie entstehen, dann verwirklichen sie Sunyatas allumfassende Leere.

6. So wie die reine und duftende Lotusblume eher aus dem Schlamm eines Sumpfes sprießt als aus dem reinen Mutterboden eines Feldes im Hochland, so entspringt die reine Erleuchtung aus dem Unrat der irdischen Leidenschaften. Selbst die falschen Sehweisen anderer Schulen und die Verblendungen irdischer Leidenschaften können die Samen der Erleuchtung sein.

Wenn ein Taucher seine Perlen bergen will, muß er in das Meer hinabsteigen und all den Gefahren, wie den gezahnten Korallen und den bösartigen Haifischen, trotzen. So muß der Mensch den Gefahren der irdischen Leidenschaft entgegentreten, wenn er die kostbare Perle der Erleuchtung schützen will. Er muß zuerst das Leiden und die Einsamkeit kennenlernen, bevor er Sympathie und Mitgefühl schätzen wird. Er muß sich zuerst in den bergigen Klippen des Egoismus und der Ichbezogenheit verlieren, bevor in ihm der Wunsch erwachen wird, einen Pfad zu finden, der ihm zur Erleuchtung führt.

Es gibt die Legende eines alten Einsiedlers, der einen solchen Wunsch, den wahren Weg zu finden, hatte, so daß er einen Berg aus Schwertern erklomm und sich in ein Feuer stürzte und dies alles aufgrund seiner Hoffnung durchstand. Er, der gewillt ist, die Gefahren des Weges zu riskieren, wird eine kühle Brise empfinden, die auf den Bergen der Ichbezogenheit, die von Schwertern strotzen, weht, und er wird am Ende in den Flammen des Haßes einsehen, daß die Ichbezogenheit und die irdischen Leidenschaften, gegen die er gekämpft und derentwegen er gelitten hat, die Erleuchtung selbst sind.

7. Buddhas Lehre führt uns vom Konflikt des Duali-

tätsdenkens hinweg zur Einigkeit. Es ist ein Fehler der Menschen, nach etwas zu suchen, das sie für gut und recht halten, und vor etwas anderem zu fliehen, das sie als schlecht und böse erachten.

Wenn Menschen darauf bestehen, daß alle Dinge leer und vergänglich sind, so ist das ein ebenso großer Fehler wie darauf zu bestehen, daß alle Dinge wirklich sind und sich nicht verändern. Wenn eine Person an ihrer Ich-Persönlichkeit festhält, ist dies ein Fehler, da es sie nicht vor Unzufriedenheit und Leiden retten kann. Wenn sie glaubt, daß es kein Ego gibt, ist es auch ein Fehler und es wäre nutzlos für diese Person, den Weg der Wahrheit zu praktizieren. Wenn Menschen behaupten, daß alles Leid sei, ist dies ein Irrtum. Wenn Menschen versichern, daß alles Glück sei, ist dies auch ein Irrtum. Buddha lehrt den Mittleren Weg, wo die Dualität zur Einheit verschmilzt: den Edlen Pfad, der zur Zufriedenheit und zum Frieden führt.

Drittes Kapitel

DAS WESEN BUDDHAS

I

DER MENSCHLICHE GEIST

1. Die Welt ist wie ein Lotosteich, der mit vielen verschiedenen Pflanzenarten bewachsen ist. Es gibt Blüten mit vielen verschiedenen Farbtönen. Einige sind weiß, einige rosa, einige blau, einige gelb; einige wachsen unter dem Wasser, einige breiten ihre Blätter auf dem Wasser aus, und einige heben ihre Blätter übers Wasser empor. Die Menschheit weist noch viel mehr Verschiedenartigkeiten auf. Es gibt Unterschiede im Geschlecht, aber das Geschlecht ist kein wesentlicher Unterschied, denn durch richtiges Training können Frauen die Erleuchtung genauso erreichen wie Männer. Unter den Menschen gibt es viele Arten und Grade der Mentalität: Einige sind weise, einige sind dumm, einige sind gutmütig, einige sind launisch, einige sind leicht zu führen, einige sind schwer zu führen, einige besitzen einen reinen Geist und einige haben einen Geist, der befleckt ist. Aber diese Unterschiede sind unbedeutend, wenn der Geist zur Erleuchtung gelangt.

Um ein Trainer von Elefanten zu sein, muß man fünf Qualifikationen besitzen: Gesundheit, Vertrauen, Fleiß, Aufrichtigkeit im Vorsatz und Weisheit. Um Buddhas

Edlem Pfad zur Erleuchtung zu folgen, muß man dieselben fünf guten Qualitäten haben. Wenn man diese Qualitäten hat, dann ist es, ungeachtet des Geschlechts, möglich, die Erleuchtung zu erlangen. Es braucht nicht lange zu dauern, bis man die Lehre Buddhas verstanden hat, denn alle Menschen besitzen ein Wesen, das eine Affinität zur Erleuchtung hat.

2. In der Praxis sehen die Menschen, die auf dem Pfade zur Erleuchtung wandeln, Buddha mit ihren eigenen Augen und vertrauen auf ihn mit ihren eigenen Sinnen. Die Augen, die Buddha sehen und der Geist, der Buddha vertraut, sind dieselben Augen und derselbe Geist, die bis zu jenem Tage in der Welt des Leidens umhergewandert sind.

Wenn ein König von Banditen belästigt wird, muß er herausfinden, wo ihr Lager ist, bevor er sie angreift. Deshalb sollte ein Mann, wenn er von irdischen Leidenschaften bedrängt wird, sich zuerst ihres Ursprungs vergewissern.

Wenn ein Mensch sich in einem Haus aufhält und seine Augen öffnet, wird er zuerst das Innere des Raumes bemerken und erst später von dem Fenster aus die Aussicht sehen. In gleicher Weise können wir uns nicht Augen vorstellen, die zuerst die Dinge, die draußen sind, bemerken, und erst dann die Dinge im Haus erkennen.

Wenn es einen Geist im Körper gibt, sollte er zuerst die Dinge des Körpers kennen, aber im allgemeinen sind die Menschen an äußerlichen Dingen interessiert und scheinen die Dinge im Körper wenig zu kennen und sich wenig um sie zu kümmern.

Wenn der Geist sich außerhalb des Körpers befände, wie könnte er dann mit den Bedürfnissen des Körpers in Berührung bleiben? Tatsächlich aber fühlt der Körper, was der Geist erkennt, und der Geist weiß, was der Körper fühlt. Deshalb kann man nicht sagen, daß der menschliche Geist sich außerhalb des Körpers befindet oder vom Körper unabhängig ist. Wo existiert nun aber der Geist?

3. Seit unbekannter Vergangenheit sind die Menschen in Unwissenheit umhergewandert, bedingt durch ihre eigenen Taten und verblendet durch zwei grundlegende Mißverständnisse.

Zuerst glaubten sie, daß der kritische Geist, der an der Wurzel dieses Lebens von Geburt und Tode liegt, ihr wirkliches Wesen sei. Zweitens wußten sie nicht, daß sie, verborgen hinter dem unterscheidenden Geist, einen reinen Geist der Erleuchtung besaßen, der ihr wahres Wesen ist.

Wenn ein Mensch seine Faust schließt und seinen Arm hebt, so sieht dies das Auge, und der Geist unterscheidet es, aber der Geist, der es unterscheidet, ist nicht der wahre Geist.

Der unterscheidende Geist dient nur zur Unterscheidung von eingebildeten Unterschieden, die Habgier und andere Launen, welche in Beziehung zum „Selbst" stehen, geschaffen haben. Der unterscheidende Geist ist abhängig von Ursachen und Wirkungen, ist ohne Eigensubstanz, und ändert sich fortdauernd. Aber da die Menschen glauben, daß dieser Geist ihr wirklicher Geist sei, tritt die Verblendung in die Ursachen und Wirkungen ein, welche das Leiden schaffen.

Der Mensch öffnet seine Hand, und der Geist nimmt dies wahr. Aber was bewegt sich? Ist es der Geist, oder ist es die Hand? Oder weder noch? Wenn sich die Hand bewegt, dann bewegt sich der Geist entsprechend, und umgekehrt, aber der sich bewegende Geist ist nur eine oberflächliche Erscheinung des Geistes, es ist nicht der wahre und grundlegende Geist.

4. Im Grunde hat jeder einen reinen und klaren Geist, aber dieser ist gewöhnlich von der Verunreinigung und dem Schmutz der irdischen Wünsche überdeckt, die aus den Umständen entstanden sind. Diese irdischen Wünsche entstehen nicht aus dem Geist unseres Wesens; sie sind etwas Zusätzliches, wie Eindringlinge oder Gäste in einem Haus, aber nicht ihr Gastgeber.

Der Mond ist oft hinter Wolken verborgen, aber seine Reinheit bleibt ungetrübt. Deshalb dürfen die Menschen nicht zu dem Denken verleitet werden, daß diese irdischen Wünsche, die Wünsche ihres eigenen wahren Geistes sind.

Sie müssen sich fortdauernd an diese Tatsache erinnern, indem sie fortwährend den reinen und unveränderlichen, grundlegenden Geist der Erleuchtung in sich wachrufen. Dadurch, daß sie von sich ändernden irdischen Wünschen gefangengenommen und durch ihre eigenen verdrehten Vorstellungen irregeführt werden, irren sie in einer Welt der Verblendung umher.

Die Unruhen und Befleckungen des menschlichen Geistes werden sowohl durch Habgier als auch durch seine Reaktionen auf die sich ändernden Umstände hervorgerufen.

Wenn der Geist nicht nach den Dingen, so wie sie kommen, greift und sich an sie klammert, wird es keinen unruhigen und befleckten Geist geben. Der Geist, der durch die Dinge, die sich gerade ereignen, nicht verwirrt wird, der unter allen Umständen rein und ruhig bleibt, ist der wahre Geist und sollte der Meister sein.

Wir können nicht sagen, daß ein Gasthaus verschwindet, nur weil der Gast außer Sichtweite ist, noch können wir sagen, daß das wahre Ich verschwunden ist, nur weil der unreine Geist, der durch die veränderlichen Lebensumstände erregt wird, verschwunden ist. Der menschliche Geist ist mit seiner Last aus falschen Vorstellungen und seinen Fesseln der Bindung, die sich mit den sich ändernden Bedingungen verändern, nicht die grundlegende und wahre Natur des menschlichen Geistes.

5. Denken wir an einen Hörsaal, der hell ist, während die Sonne scheint, aber dunkel ist, nachdem die Sonne untergegangen ist.

Wir können an das Licht denken, das mit der Sonne verscheidet und an das Dunkel, das mit der Nacht kommt, aber wir können nicht auf die gleiche Weise an den Geist denken, der Helligkeit und Dunkelheit wahrnimmt. Wem gehören Helligkeit und Dunkelheit, daß wir sie wie an ihren Besitzer zurückgeben können? Der Geist, der für Helligkeit und Dunkelheit empfänglich ist, kann niemandem zurückgegeben werden. Er kann nur zu seinem wahren Wesen, das die grundlegende Natur des menschlichen Geistes ist, zurückkehren.

Es ist nur ein vergänglicher Geist, der momentweise Veränderung von Licht und Dunkel wahrnimmt, je nachdem ob die Sonne auf- oder untergeht.

Es ist nur ein vergänglicher Geist, der von Augenblick zu Augenblick, mit den sich ändernden Lebensumständen, verschiedene Gefühle hat; er ist nicht der wirkliche und wahre Geist. Der grundlegende und wahre Geist, der die Helligkeit und die Dunkelheit verwirklicht, ist das allumfassende Wesen des Geistes.

Die vergänglichen Gefühle von Gut und Böse, Liebe und Haß, die durch sich verändernde Umweltbedingungen hervorgerufen werden, sind nur momentane Reaktionen, die ihre Ursache in der Befleckung haben, welche sich durch den menschlichen Geist angesammelt hat.

Hinter den Wünschen und irdischen Leidenschaften, die der Geist unterhält, bleibt, klar und unbefleckt, das grundlegende Wesen des Geistes.

Das Wasser ist in einem runden Behälter eine runde Form, in einem viereckigen eine viereckige, aber Wasser selbst hat keine besondere Form. Die Menschen vergessen oft diese Tatsache.

Die Menschen sehen dieses und jenes, sie mögen dieses und jenes nicht, sie unterscheiden Existenz von Nichtexistenz; und nachdem sie in diese Verwicklungen eingefangen wurden und sich an sie klammern, leiden sie.

Wenn Menschen nur ihre Bindungen an diese eingebildeten und falschen Unterscheidungen aufgeben und die Reinheit ihres grundlegenden Geistes wiederherstellen würden, dann würden sowohl ihr wahrer Geist als auch ihr Körper frei von Leidenschaft und Leiden, und sie würden die Friedfertigkeit kennen, die mit jener Freiheit einhergeht.

II
DAS WESEN BUDDHAS

1. Wir haben von dem reinen und wahren Geist als dem grundlegenden gesprochen; er ist auch der Samen der Erleuchtung.

Man kann Feuer entfachen, indem man eine Linse zwischen die Sonne und eine Moxapflanze hält. Woher kommt das Feuer? Von der Linse bis zur Sonne besteht ein riesiger Abstand. Augenscheinlich gibt es keine Verbindung, aber das Feuer brennt gewiß auf der Moxapflanze. Wenn die Moxapflanze etwas wäre, das sich nicht entzünden ließe, würde es kein Feuer geben.

In gleicher Weise wird, wenn sich das Licht von Buddhas Weisheit im menschlichen Geist konzentriert, sein wahres Wesen, das Erleuchtung ist, entzündet werden, und sein Licht wird den Geist anderer Menschen durch seine Helligkeit erleuchten und Vertrauen auf den Buddha wecken. Aufgrund der Gnade und des Mitleids Buddhas hält er die Linse der Wahrheit vor jeden menschlichen Geist, so daß ihr Vertrauen entzündet werden kann.

2. Oft beachten die Menschen die Verwandtschaft ihres wahren Geistes mit Buddhas erleuchteter Weisheit nicht und werden deshalb von der Verwicklung irdischer Leidenschaften gefangengenommen, klammern sich an die Unterscheidung von Gut und Böse und klagen aufgrund ihrer Knechtschaft und ihres Leidens.

Warum sollten Menschen, die diesen grundlegenden und wahren Geist besitzen, falschen Vorstellungen anhängen, und sich damit verurteilen, in einer Welt der Verblendung und des Leidens umherzuirren, während alles um sie herum vom Licht der Weisheit Buddhas erleuchtet wird?

Eines Tages sah ein Mann auf die Rückseite eines Spiegels und wurde wahnsinnig, weil er sein Gesicht und seinen Kopf nicht sah. Wie unnötig ist es für einen Menschen, wahnsinnig zu werden, nur weil er unbedacht auf die Rückseite eines Spiegels sieht!

Aber es ist genauso dumm und unnötig für jemanden, weiter zu leiden, weil er die Erleuchtung dort nicht erreicht, wo er sie zu finden glaubt. Es gibt kein Scheitern bei der Suche nach Erleuchtung. Das Versagen liegt bei jenen Menschen, die während einer langen Zeit mit ihrem unterscheidenden Geist die Erleuchtung gesucht haben, indem sie sich nicht klarmachten, daß ihr Geist nicht der wahre, sondern der eingebildete Geist ist, der durch die Ansammlung von Begierden und Einbildungen verursacht worden ist, welche ihren wahren Geist überlagert und versteckt.

Wenn die Ansammlung von falschen Vorstellungen weggeräumt ist, wird die Erleuchtung möglich sein. Aber, so seltsam es ist, wenn Menschen die Erleuchtung erlangt haben, werden sie begreifen, daß es ohne falsche Vorstellungen keine Erleuchtung geben kann.

3. Das Wesen Buddhas ist nicht etwas, das zu einem Ende kommt. Obwohl böse Menschen als Tiere oder hungrige Dämonen geboren werden oder in die Hölle fallen sollten, können sie ihr Buddhawesen nicht verlieren.

Sosehr die menschliche Verwandtschaft mit Buddha in der Leidenschaft des Körpers verborgen oder an der Wurzel der irdischen Wünsche vergraben und vergessen sein mag, wird sie doch nie völlig ausgelöscht werden können.

4. Es gibt eine alte Geschichte, die von einem Mann erzählt, der betrunken in den Schlaf fiel. Sein Freund blieb bei ihm so lange er konnte, aber da er gezwungen war, zu gehen und da er dachte, man könne ihn brauchen, versteckte der Freund einen Juwel in dem Gewand des betrunkenen Mannes. Als der Betrunkene sich erholt hatte und nicht wußte, daß sein Freund einen Juwel in seinem Gewand versteckt hatte, wanderte er in Armut und Hunger umher. Lange Zeit später trafen sich die beiden Männer wieder, und der Freund erzählte dem armen Mann von dem Juwel und riet ihm, ihn zu suchen.

Wie der betrunkene Mann irren die Menschen umher

und leiden in diesem Leben der Geburt und des Todes, unbewußt verborgen in ihrem inneren Wesen, rein und makellos, ist der unbezahlbare Schatz des Buddhawesens.

Wie unbewußt den Menschen auch die Tatsache sein mag, daß jeder dieses höchste Wesen in seinem Besitz hat, und wie erniedrigt und unwissend sie auch sein mögen, verliert Buddha nie den Glauben an sie, weil er weiß, daß im ureigensten Wesen von ihnen potentiell alle Tugenden eines Buddhas enthalten sind.

Deshalb predigt ihnen Buddha den Dharma, erweckt Vertrauen in ihnen, führt sie von ihren Hirngespinsten weg und lehrt sie, daß es keinen Unterschied zwischen ihnen und Buddha gibt.

5. Buddha ist einer, der die Erleuchtung erreicht hat, und die Menschen sind die, die fähig sind, die Erleuchtung zu erreichen. Das ist der ganze Unterschied, der zwischen ihnen besteht.

Wenn ein Mensch glaubt, er sei zur Erleuchtung gelangt, so täuscht er sich, denn, obwohl er sich in diese Richtung bewegen mag, hat er die Erleuchtung noch nicht erreicht.

Das Buddhawesen erscheint nicht ohne fleißige und ehrliche Anstrengung, noch ist die Aufgabe beendet, bis Erleuchtung erscheint.

6. Es gab einmal einen König, der sammelte einige Blinde um einen Elefanten und bat sie, ihm zu erzählen, wie ein Elefant aussähe. Der erste Mann berührte einen Stoßzahn und sagte, ein Elefant sähe aus wie eine Riesenkarotte. Ein anderer berührte zufällig dessen Ohr und sagte, er sähe aus wie ein großer Fächer; ein anderer berührte dessen Rüssel und sagte, er sähe aus wie eine Mörserkeule. Noch ein anderer, der zufällig dessen Bein berührte, sagte, der Elefant sähe aus wie ein Mörser. Wieder ein anderer, der nach dessen Schwanz griff, sagte, er sähe aus wie ein Seil. Nicht einer von ihnen konnte dem König die wirkliche Gestalt des Elefanten beschreiben.

In gleicher Weise könnte man hundert Männer bitten, das Wesen des Menschen zu beschreiben, und nicht einer von ihnen wäre fähig, die wahre Natur des menschlichen Wesens aufzuzeigen.

Es gibt nur einen möglichen Weg, durch den das wahre Wesen des Menschen, das Wesen, das nicht durch irdische Wünsche gestört oder durch den Tod zerstört werden kann, verwirklicht werden kann, und das geschieht durch die Begehung des Edlen Pfad Buddhas und durch jene, die ihn ausüben.

III
DAS BUDDHAWESEN UND DIE SELBSTLOSIGKEIT

1. Wir haben von dem Buddhawesen gesprochen, als ob

es etwas sei, das beschrieben werden könnte, als ob es der universalen Seele anderer Lehren ähneln würde, aber dem ist nicht so.

Das Konzept einer Ich-Persönlichkeit ist etwas, das sich ein kluger Geist vorgestellt hat, der zunächst nach dieser Vorstellung gegriffen und sich dann daran festgeklammert hat. Diese Konzeption muß aber aufgegeben werden, wenn man die Erleuchtung verwirklichen will. Im Gegensatz zu dieser Vorstellung ist das Buddhawesen etwas Unbeschreibbares, das zuerst entdeckt werden muß, bevor es verwirklicht werden kann. Mit einem Satz: Es ähnelt einer Ich-Persönlichkeit, ist aber nicht das Ich im Sinne von „Ich bin" und „Mein."

An die Existenz eines Ichs zu glauben, ist ein Irrglaube, der annimmt, daß die Nichtexistenz Existenz ist. Ein universelles Wesen zu verneinen ist falsch, denn dann nimmt man an, daß Existenz Nichtexistenz ist.

Dies kann durch eine Parabel erläutert werden: Eine Mutter brachte ihr krankes Kind zu einem Arzt. Der Arzt gab dem Kind eine Arznei und wies die Mutter an, das Kind so lange nicht zu stillen, bis die Arznei verdaut sei.

Die Mutter hatte nicht das Herz dazu, das Kind zurückzuweisen, wenn es versuchte, an ihrer Brust zu saugen. Deshalb salbte sie ihre Brust mit etwas Bitterem ein, damit sich das Kind aus eigenem Willen von ihr fernhalte. Nachdem die Arznei lange Zeit genug verdaut worden war, reinigte die Mutter ihre Brust und ließ das Kind daran saugen. Aus Herzensgüte wählte die Mutter diese Methode, um ihr Kind, das sie liebte, zu retten.

Wie die Mutter in dieser Parabel, verneint Buddha die Existenz eines Egos, um Mißverständnisse aus dem Weg zu räumen und Bindungen an eine Ich-Persönlichkeit zu lösen. Und wenn diese Mißverständnisse und Bindungen aus dem Wege geräumt sind, dann erklärt er die Wirklichkeit des wahren Geistes, der das Buddhawesen ist.

Die Hingabe an eine Ich-Persönlichkeit führt die Menschen zur Selbsttäuschung, aber der Glaube an ihre Buddha-Natur führt sie zur Erleuchtung.

Es ist wie mit der Frau in einer Geschichte, die eine Truhe geerbt hatte. Da sie nicht wußte, daß die Truhe Gold enthielt, lebte sie weiter in Armut, bis eine andere Person sie öffnete und ihr das Gold zeigte. Genauso öffnet Buddha den Geist der Menschen und zeigt ihnen die Reinheit ihrer Budda-Natur.

2. Wenn jeder dieses Buddhawesen besitzt, warum bereiten sich die Menschen so viele Leiden, indem sie einander betrügen oder töten? Und warum gibt es so viele Standes- und Vermögensunterschiede zwischen Arm und Reich?

Es gibt die Geschichte eines Ringkämpfers, der die Angewohnheit hatte, auf seiner Stirn einen kostbaren Stein als Zierde zu tragen. Einmal drückte sich während eines Ringkampfes der Stein tief in seine Stirn ein. Er dachte, er hätte den Edelstein verloren und ging zu einem

Chirurgen, um sich die Wunde verbinden zu lassen. Als der Chirurg die Wunde verbinden wollte, fand er den Edelstein im Fleisch eingebettet und mit Blut und Schmutz bedeckt. Er hielt einen Spiegel hoch und zeigte dem Ringer den Stein.

Das Buddhawesen ist wie der kostbare Stein in dieser Geschichte: Es wird bedeckt von dem Schmutz und dem Staub anderer Interessen, und die Menschen glauben, sie haben es verloren. Aber nach vielen Jahren bringt ihnen oft ein guter Lehrer dieses Buddhawesen wieder ins Bewußtsein zurück.

Das Buddhawesen existiert in jedem Menschen, unabhängig davon, wie tief es von Habgier, Zorn und Torheit bedeckt, oder durch dessen Taten und ihre Vergeltung begraben sein mag. Aber es kann nicht verloren gehen oder zerstört werden: Wenn alle Unreinheiten entfernt sind, wird das Buddhawesen früher oder später wieder erscheinen.

Wie dem Ringkämpfer in der Geschichte, mit Hilfe eines Spiegels der Edelstein, der in sein Fleisch und Blut vergraben war, gezeigt wurde, so wird den Menschen mit Hilfe der Erleuchtung Buddhas ihr Buddhawesen, das unter ihren irdischen Wünschen und Leidenschaften verborgen ist, vor Augen geführt.

3. Das Buddhawesen ist immer rein und ruhig, gleichgültig, wie verschieden die Temperamente und Umgebung der Menschen auch sein mögen. So wie Milch immer weiß ist, ungeachtet der Hautfarbe, welche die Kuh hat, ist es

unerheblich, wie verschieden die Taten das Leben eines Menschen formen, oder welche unterschiedlichen Wirkungen auf die Taten und Gedanken einer Person folgen mögen. Das Buddhawesen ist immer rein und immer dasselbe.

Es gibt eine indische Legende von einem geheimnisvollen Heilkraut, das im hohen Gras des Himalayas versteckt wuchs. Lange Zeit suchten die Menschen vergeblich danach, aber schließlich machte es ein weiser Mann wegen seiner Süße ausfindig. Solange der Weise lebte, sammelte er diese Arznei in einem Behälter. Aber nach seinem Tode blieb das süße Elixier in einer weit abgelegenen Quelle in den Bergen verborgen, und das Wasser in dem Behälter wurde sauer und schädlich und hatte unterschiedlichen Geschmack für jeden, der es versuchte.

In gleicher Weise liegt das Buddhawesen unter dem wilden Wachstum der irdischen Leidenschaften verborgen und kann kaum entdeckt werden. Aber Buddha fand es und offenbarte es den Menschen, und da sie dieses Wesen ihren verschiedenartigen Fähigkeiten entsprechend erhalten, zeigt es sich jedem anders.

4. Der Diamant ist die härteste unter den bekannten Substanzen. Sand und Steine können zu Pulver gerieben werden, aber Diamanten bleiben ohne einen Kratzer erhalten. Das Buddhawesen ist mit dem Diamanten vergleichbar.

Das menschliche Wesen, sein Körper und sein Geist,

werden sich abnutzen, aber das Wesen des Buddha kann nicht zerstört werden.

Das Buddhawesen ist tatsächlich das vortrefflichste Merkmal der menschlichen Natur. Buddha lehrt, daß es keine Unterschiede im Buddhawesen gibt, obgleich es unendlich viele Arten von menschlichen Weisen gibt wie z.B. Männer und Frauen.

Reines Gold wird hergestellt, indem Erz geschmolzen und alle unreinen Substanzen entfernt werden. Wenn die Menschen das Erz ihres Geistes schmelzen und alle Unreinheiten der irdischen Leidenschaft und des Egoismus entfernen, werden sie alle dasselbe reine Buddhawesen wiedererlangen.

Viertes Kapitel

IRDISCHE LEIDENSCHAFTEN

I
DIE MENSCHLICHE NATUR

1. Es gibt zwei Arten von irdischen Leidenschaften, welche die Reinheit des Buddhawesens beflecken und bedecken.

Die erste ist die Leidenschaft der Analyse und Diskussion, durch die die Menschen in ihrem Urteil verwirrt werden. Sie kann die Verblendung des Wertens genannt werden. Die zweite ist die Leidenschaft für emotionale Erfahrung, durch die die Werte der Menschen verwirrt werden. Dies kann die Verblendung der Lebenserfahrung genannt werden.

Sowohl die Verblendung des Urteilens als auch die Verblendung der Lebenserfahrung erscheinen zunächst als fundamental, aber in Wirklichkeit gibt es zwei andere irdische Leidenschaften, die grundlegender sind. Die erste ist die Unwissenheit, die zweite ist die Begierde.

Die Verblendung des Urteilens basiert auf Unwissenheit, und die Verblendung der Lebenserfahrung basiert auf der Begierde, so daß die beiden Paare irdischer Leidenschaften in Wirklichkeit nur ein Paar sind, das den Ursprung allen Unglücks bildet.

Wenn Leute unwissend sind, können sie nicht genau

und sicher urteilen. Sobald die Menschen einem Wunsch nachgeben, werden unvermeidlich Habsüchtigkeit, Anhänglichkeit und Bindung folgen. Es ist das beständige Greifen nach jedem angenehmen Ding, das man sieht und hört und das die Menschen in die Verblendungen der Gewohnheit führt. Manche Menschen geben sogar dem Wunsch nach dem Tod des Körpers nach.

In diesen primären Quellen haben all die irdischen Leidenschaften wie Habgier, Zorn, Torheit, Mißverstehen und die Betörungen des Egoismus, des Stolzes, des Betrugs, der Eifersucht, der Schmeichelei, der Verachtung, der Trunkenheit und der Ichbezogenheit ihren Ursprung und ihre Erscheinung.

2. Die Habgier entsteht aus falschen Vorstellungen von wahrer Zufriedenheit. Der Zorn entsteht aus falschen Vorstellungen, was den unbefriedigenden Stand der eigenen Angelegenheiten und Umgebung betrifft. Die Torheit entsteht aus falschen Vorstellungen von dem, was korrektes Benehmen ist, Mißverständnisse entstehen aus falschen Vorstellungen, die falschen Lehren folgen.

Diese drei Übel – Habgier, Haß und Verblendung – werden die drei Feuer der Welt genannt. Das Feuer der Habgier verschluckt jene, die ihren wahren Geist durch die Habgier verloren haben. Das Feuer des Zorns verschluckt jene, die ihren wahren Geist durch den Zorn verloren haben. Das Feuer der Torheit verschluckt jene, die ihren wahren Geist durch das Versagen, die Lehren Buddhas zu hören und zu beachten, verloren haben.

In der Tat wird diese Welt in ihren zahlreichen und mannigfaltigen Flammen verbrennen. Es gibt Flammen der Habgier, Flammen des Zorns, Flammen der Torheit, Flammen der Mißverständnisse, Flammen der Betörung und des Egoismus. Flammen der Altersschwäche, Krankheit und des Todes, Flammen der Sorge, der Wehklage, des Leidens und der Qual. Überall wüten diese Feuer. Diese Feuer der irdischen Leidenschaften verbrennen nicht nur das Ich, sondern sie verursachen auch, daß andere leiden und zu falschen Taten verleitet werden, die der Körper, die Lippen und der Geist dann ausführen. Aus diesen Wunden, die durch diese Feuer verursacht werden, fließt Eiter, der diejenigen ansteckt, vergiftet und auf böse Pfade führt, die ihn berühren.

3. Die Habgier entsteht angesichts der Zufriedenheit. Zorn entsteht angesichts der Unzufriedenheit, und die Torheit entsteht aus unreinen Gedanken. Das Böse der Habgier hat wenig Unreinheit, aber man kann es kaum wegschaffen. Das Böse des Zorns hat mehr Unreinheit, ist aber leicht wegzuschaffen. Das Böse der Torheit hat viel Unreinheit und ist sehr schwer zu überwinden.

Deshalb sollten die Menschen diese Feuer löschen, wann immer und wo immer sie auch erscheinen, indem sie richtig beurteilen im Hinblick auf das, was wahre Zufriedenheit schaffen kann, indem sie streng den Geist kontrollieren, angesichts der unbefriedigenden Dinge des Lebens, und indem sie sich immer Buddhas Lehren des guten Willens und der Freundlichkeit ins Gedächtnis rufen. Wenn der Geist mit weisen, reinen und selbstlosen Gedanken angefüllt ist, wird es keinen Platz geben für irdische Leidenschaften, die Wurzel schlagen könnte.

4. Habgier, Haß und Verblendung sind wie ein Fieber.

Wenn ein Mensch von diesem Fieber befallen wird, wird er leiden und von Schlaflosigkeit gequält werden, auch wenn er in einem komfortablen Zimmer liegt.

Jene, die nicht unter diesem Fieber leiden, können, selbst in einer kalten Winternacht nur mit einer dünnen Blätterschicht bedeckt oder in einer heißen Sommernacht in einem kleinen, geschlossenen Raum ganz friedlich schlafen.

Diese drei Übel – Habgier, Haß und Verblendung – sind deshalb die Quellen jeden menschlichen Leidens. Um diese Quellen des Leidens zum Versiegen zu bringen, muß man die Sittenregeln beachten. Man muß die Konzentration des Geistes üben und Weisheit besitzen. Die Beachtung der moralischen Regeln wird die Unreinheiten der Habgier entfernen, die richtige Konzentration des Geistes wird die Unreinheiten des Zorns entfernen. Und die Weisheit wird die Unreinheiten der Torheit ertfernen.

5. Menschliches Verlangen ist endlos. Es ist mit dem Durst eines Mannes vergleichbar, der Salzwasser trinkt. Er findet keine Befriedigung und sein Durst wird nur noch größer.

So ist es mit einem Mann, der seine Wünsche zu befriedigen sucht; er bekommt nur zunehmende Unzufriedenheit und seine Leiden vermehren sich.

Befriedigung von Verlangen führt niemals zu echter Zufriedenheit des Menschen. Sie hinterläßt bei ihm immer Unruhe und Erbitterung, die nie gestillt werden können und wenn die Befriedigung seiner Wünsche vereitelt wird, treibt ihn das oft in den Wahnsinn.

Menschen streiten und kämpfen gegeneinander, um ihre Aggression zu stillen; König gegen König, Vasall gegen Vasall, Eltern gegen ihre Kinder, Bruder gegen Bruder, Schwester gegen Schwester, Freund gegen Freund – sie kämpfen und töten sich sogar gegenseitig, um ihre Wünsche zu befriedigen.

Menschen ruinieren oft ihr Leben bei dem Versuch, ihr Verlangen zu stillen. Sie stehlen, betrügen und begehen Ehebruch, und dann, wenn sie überführt werden, leiden sie unter der Schande und der Strafe.

Sie sündigen gegen ihren eigenen Körper, wobei ihnen bewußt ist, daß die Befriedigung sie schädigen wird. Sie sündigen gegen ihren eigenen Geist, wobei sie ganz genau wissen, daß die Befriedigung ihnen letzten Endes Unglück und Leiden bringen wird. So gebieterisch ist ihr Wunsch. Und es gibt ein Karma: das Leiden in den folgenden Leben und die Todesängste vor dieser anderen Welt.

6. Von allen irdischen Leidenschaften ist die Begierde die stärkste. Alle anderen irdischen Leidenschaften scheinen ihr nachzustehen.

Die Begierde scheint den Boden zu nähren, in dem andere Leidenschaften blühen. Die Begierde ist wie ein weiblicher Dämon, der alle guten Taten der Welt auffrißt. Die Begierde ist eine Viper, die in einem Blumengarten versteckt ist. Sie vergiftet jene, die kommen, um die Schönheit zu suchen. Die Begierde ist eine Weinranke, die einen Baum hochklettert und sich über die Äste ausbreitet, bis sie den Baum erwürgt hat. Die Begierde bringt ihre Fangarme unbemerkt in die menschliche Emotion hinein und saugt den guten Sinn des Geistes weg, bis der Geist verdorrt ist. Die Begierde ist ein Köder, der von der Versuchung ausgeworfen wurde, damit unwissende Menschen danach schnappen und von ihm in die Tiefen der bösen Welt hinuntergezogen werden.

Wenn ein trockener Knochen mit Blut beschmiert ist, wird ein Hund daran nagen, bis er müde und frustriert ist. Die Begierde ist für einen Menschen das, was dieser Knochen für einen Hund bedeutet; es wird ihn danach gelüsten bis er erschöpft ist.

Wenn ein einziges Stück Aas zwei Raubtieren vorgeworfen wird, werden sie darum kämpfen und sich gegenseitig verwunden. Ein Mann, der törichterweise eine Fackel gegen den Wind trägt, wird sich sicherlich selbst daran verbrennen. Wie diese zwei Raubtiere und dieser törichte Mann, verletzen und verbrennen sich die Menschen ihrer irdischen Verlangen wegen.

7. Es ist leicht, den äußeren Körper vor vergifteten Pfeilen zu schützen, aber es ist unmöglich, den Geist vor vergifteten Wurfspießen zu schützen, die in ihm selbst entstehen. Gier, Haß, Verblendung und die Betörungen des Egoismus – diese vier vergifteten Wurfspieße entstehen im Geiste selbst und stecken ihn mit tödlichem Gift an.

Wenn Menschen von diesen Giften erkrankt sind,

werden sie lügen, betrügen, schmeicheln und mißbrauchen, und sie werden ihre Worte in die Tat umsetzen, indem sie töten, stehlen und Ehebruch begehen.

Die drei üblen Geisteszustände, die vier üblen Worte und die drei üblen Taten ergeben, zusammengenommen, die zehn großen Übel.

Wenn Menschen die Gewohnheit angenommen haben zu lügen, werden sie unbewußt alle möglichen falschen Taten begehen. Bevor sie böse handeln können, müssen sie lügen, und wenn sie einmal begonnen haben zu lügen, werden sie unbekümmert böse handeln.

Aber da diese zehn Übel alle im Geist entstehen, ist die Unwissenheit die stärkste der irdischen Leidenschaften. Solange die Unwissenheit den Geist ansteckt, wird der Geist unbekümmert fortfahren, seine üblen Zustände in bösen Taten zu offenbaren. Habgier, Wollust, Furcht, Zorn, Egoismus, Mißgeschick, Unglückseligkeit, alle haben ihren Ursprung in der Unwissenheit. So ist die Unwissenheit das größte Gift.

8. Auf das Verlangen folgt die Tat. Auf die Tat folgt das Leiden. Verlangen, Tat und Leiden sind wie ein Rad, das sich endlos dreht.

Das Rollen dieses Rades hat keinen Anfang und kein Ende; wie können die Menschen der Wiedergeburt entrinnen? Gemäß des karmischen Kreislaufs jedes Wesens folgt ein Leben dem anderen in endloser Wiederkehr.

Wenn man die Asche und die Knochen aller eigenen Wiederverkörperungen in diesem karmischen Zyklus aufhäufen müßte, würde der Haufen berghoch sein. Wenn man die Milch der Mütter, die ihre Babies gesäugt haben, sammeln müßte, wäre sie tiefer als das Meer.

Obwohl das Buddhawesen allen Menschen eigen ist, ist es so tief in der Befleckung der irdischen Leidenschaft vergraben, daß es lange unentdeckt bleibt. Das ist der Grund, warum das Leiden so allumfassend ist und warum es diese endlose Wiederkehr von Geburt und Tod gibt.

Aber ebenso wie sich schlechte Taten anhäufen, wenn man sich von Gier, Haß und Verblendung leiten läßt, und Wiedergeburt die notwendige Folge davon ist, genauso wird die Befleckung durch das Karma sichtbar werden und die Wiedergeburt in der Welt des Leidens beendet sein, sobald man der Lehre Buddhas folgt.

II
DAS WESEN DES MENSCHEN

1. Das Wesen des Menschen ist wie ein dichtes Dickicht, das keinen Eingang hat und schwer zu durchdringen ist. Im Vergleich dazu ist das Wesen eines Tieres viel leichter zu verstehen. Im allgemeinen läßt sich das Wesen eines Menschen nach vier herausragenden Merkmalen klassifizieren.

Erstens gibt es Menschen, die wegen falscher Lehren Strenge walten lassen und sich selbst Leiden zufügen. Zweitens gibt es diejenigen, die anderen Menschen Grausamkeiten antun, sie bestehlen, töten oder auf andere Weise schlecht behandeln und so anderen Leid verursachen. Drittens gibt es Menschen, die andere in ihr eigenes Leiden mit hineinziehen. Viertens gibt es diejenigen, die zwar selbst nicht leiden, aber andere vom Leiden erretten. Weil diese Menschen der letzten Kategorie Buddhas Lehren folgen, geben sie nicht der Gier, Habgier, dem Haß oder der Verblendung nach, sondern leben friedlich, und ihr Leben ist erfüllt von Freundlichkeit und Weisheit, ohne daß sie töten oder stehlen müssen.

2. Es gibt drei Arten von Menschen auf der Welt. Zu der ersten gehören jene Menschen, die wie Buchstaben in Felsen gemeißelt sind: Sie werden leicht zornig und bewahren lange Zeit ihre bösen Gedanken. Zu der zweiten Art gehören jene, die wie Buchstaben in Sand geschrieben sind: Auch sie werden zornig, aber ihre bösen Gedanken verlassen sie auch bald wieder. Zu der dritten Art gehören die Menschen, die wie Buchstaben in fließendes Wasser geschrieben sind. Sie bewahren nicht ihre flüchtigen Gedanken, lassen Beschimpfungen und unangenehme Gerüchte unbemerkt an sich vorüberziehen, wobei ihr Geist immer rein und ungestört ist.

Es gibt noch drei andere Arten von Menschen. Erstens diejenigen, die, unbesonnen handeln, stolz und niemals zufrieden sind; ihr Wesen ist leicht durchschaubar. Zweitens diejenigen, die höflich sind und immer überlegt handeln, ihr Wesen ist schwer verständlich. Drittens gibt es Menschen, die das Verlangen völlig überwunden haben; sie zu verstehen ist unmöglich.

So können die Menschen nach vielen verschiedenen Arten klassifiziert werden, aber ihr Wesen wird kaum verständlich. Nur Buddha kann sie verstehen und sie mit Hilfe seiner Weisheit durch verschiedene Lehren führen.

III
DAS LEBEN DES MENSCHEN

1. Es gibt ein Gleichnis, welches das menschliche Leben beschreibt. Es war einmal ein Mann, der ruderte in einem Boot einen Fluß hinunter. Jemand am Ufer warnte ihn: „Hör auf, so fröhlich mit dieser schnellen Strömung zu rudern. Es gibt dort vorn Stromschnellen und einen gefährlichen Strudel, und es liegen Krokodile und Dämonen in felsigen Höhlen auf der Lauer. Du wirst zugrunde gehen, wenn du weiterruderst."

In diesem Gleichnis ist die „schnelle Strömung" mit einem Leben voller Wollust zu vergleichen; „fröhlich rudern" bedeutet, daß man seiner Leidenschaft die Zügel schießen läßt; die „Stromschnellen" stehen für die darauf folgenden Leiden und Schmerzen; „Strudel" ist im Sinne von Vergnügen zu interpretieren und „Krokodile und Dämonen" verweisen auf den Verfall und den Tod, die einem Leben der Begierde und der Zügellosigkeit folgen. „Jemand am Ufer", der die Warnung zuruft, ist Buddha.

Es gibt noch ein anderes Gleichnis. Ein Mann, der ein Verbrechen begangen hat, flüchtet. Als Wachen ihm folgen, versucht er, sich zu verstecken, indem er in einen Brunnen an einigen Weinranken hinabsteigt, die an den Seiten herunterhängen. Während er hinabsteigt, sieht er auf dem Grunde des Brunnens Nattern, deshalb entschließt er sich, sich zur Sicherheit an den Weinranken festzuklammern. Nach einiger Zeit als seine Arme erlahmen, bemerkt er zwei Mäuse, die eine weiß, die andere schwarz, wie sie an dem Weinstock nagen.

Sollte der Weinstock zusammenbrechen, wird er zu den Nattern hinunterfallen und zugrunde gehen. Als er hinaufsieht, bemerkt er plötzlich direkt über seinem Gesicht einen Bienenstock, von dem gelegentlich ein Tropfen Honig herabfällt. Der Mann vergißt nun seine ganze Gefahr und kostet entzückt den Honig.

„Ein Mann" bedeutet jene, die geboren werden, um zu leiden und einsam zu sterben. „Wachen" und „Nattern" verweisen auf den Körper mit all seinen Wünschen. Die „Weinranken" stehen für die Fortdauer des menschlichen Lebens. „Zwei Mäuse, die eine weiß, die andere schwarz" verweisen auf die Dauer der Zeit, Tag und Nacht, und auf die vorübergehenden Jahre. „Honig" dient als Symbol für die Freunden des Daseins, die über das Leiden der vorübergehenden Jahre hinwegtäuschen.

2. Es folgt noch ein weiteres Gleichnis: Ein König setzt vier Nattern in eine Schachtel und gibt sie einem Diener zur Verwahrung. Er befiehlt dem Diener, gut auf die Schlangen aufzupassen und warnt ihn, daß, wenn er auch nur eine von ihnen ärgern würde, er mit dem Tode bestraft werden würde. Aus Furcht entschließt der Diener aber, die Schachtel wegzuwerfen und zu fliehen.

Der König schickt fünf Wächter aus, um den Diener einzufangen. Zuerst nähern sie sich dem Diener auf eine freundliche Weise, in der Absicht, ihn sicher zurückzubringen, aber der traut ihrer Freundlichkeit nicht und flieht in ein anderes Dorf.

Plötzlich spricht in einer Vision eine Stimme zu ihm, daß in dieses Dorf keine sichere Zuflucht sei und es sechs Banditen gäbe, die ihn angreifen würden. Daraufhin läuft der Diener aus Furcht fort, bis er an einen reißenden Fluß kommt, der ihm den Weg versperrt. Angesichts der Gefahren, die auf ihn lauern, baut er sich ein Floß, und es gelingt ihm, die ungestüme Strömung zu überqueren. An anderen Ufer des Flusses findet er schließlich Sicherheit und Frieden.

Die „vier Nattern in einer Schachtel“ sind die vier Elemente – Erde, Wasser, Feuer und Luft – aus denen sich unser Körper zusammensetzt. Der Körper wird dem Gewahrsam der Lust ausgeliefert, und ist damit ein Feind des Geistes. So versucht der Geist, dem Körper zu entfliehen.

Die „fünf Wächter, die sich in freundlicher Weise nähern“ sind die fünf Aggregate – Objekt, Wahrnehmung, Vorstellung, Wille und Bewußtsein – , die zusammen den Körper und den Geist bilden.

„Der sichere Schutz“ sind die sechs Sinne, die letztlich gar keinen sicheren Schutz bilden, und „die sechs Banditen“ sind die sechs Wunschobjekte des mit den sechs Sinnen ausgestalteten Geistes. So läuft der Diener, als er die Gefahren in den sechs Sinnen erkennt, abermals fort und kommt an die wilde Strömung der irdischen Begierden.

Dann baut er sich aus den guten Lehren Buddhas ein Floß und überquert sicher die wilde Strömung.

3. Es gibt drei Situationen voller Gefahren, wo ein Sohn seiner Mutter nicht helfen kann und eine Mutter nicht ihrem Sohn: Eine Feuersbrunst, eine Flut und ein Einbruch. Dennoch besteht selbst bei diesen gefährlichen und traurigen Anlässen noch die Möglichkeit, sich gegenseitig zu helfen.

Aber es gibt noch drei weitere Anlässe, wo es für eine Mutter unmöglich ist, ihren Sohn zu retten, und es für einen Sohn unmöglich ist, seine Mutter zu retten. Diese drei Gelegenheiten sind die Zeit der Krankheit, die Zeit des Alterns und die Stunde des Todes.

Wie kann ein Sohn den Platz seiner Mutter einnehmen, wenn sie alt wird? Wie kann eine Mutter den Platz ihres Sohnes einnehmen, wenn er krank ist? Wie kann einer dem anderen helfen, wenn die Stunde des Todes naht? Es ist unerheblich, wie sehr sie einander lieben mögen oder wie vertraut sie gewesen sind, keiner kann in solchen Situationen dem anderen helfen.

4. Einmal fragte Yama, der legendäre König der Hölle, einen Mann, der wegen seines schlechten Lebenswandels in die Hölle gekommen war, ob er im Laufe seines Lebens jemals die drei himmlischen Boten getroffen habe. Der Mann erwiderte: „Nein, mein Herr, ich habe nie so jemanden getroffen."

Yama fragte ihn, ob er je eine alte Person getroffen habe, die unter dem Alter gebeugt gewesen und an einem Stock gegangen sei. Der Mann erwiderte: „Ja, mein Herr, ich habe solche Leute häufig getroffen." Dann sprach

Yama zu ihm: „Du erleidest jetzt diese Strafe, weil du in jenem alten Mann nicht einen himmlischen Boten erkannt hast, der gesandt war, um dich zu ermahnen, schnell deine Lebensweise zu ändern, bevor du selbst ein alter Mann geworden bist."

Yama fragte ihn noch einmal, ob er je einen armen und kranken Mann ohne Freunde gesehen habe. Der Mann erwiderte: „Ja, mein Herr, ich habe viele solche Männer gesehen." Dann sprach Yama zu ihm: „Du bist an diesen Ort gekommen, weil es dir mißlang, in diesen kranken Menschen die Gesandten des Himmels zu sehen, die gesandt waren, um dich vor deiner eigenen Krankheit zu warnen."

Yama fragte ihn erneut, ob er je einen toten Mann gesehen habe. Der Mann erwiderte: „Ja, mein Herr, ich bin viele Male Augenzeuge des Todes gewesen." Yama sprach zu ihm: „Es ist so, weil du in diesen Menschen nicht die himmlischen Gesandten erkannt hast, die geschickt waren, um dich davor zu warnen, daß du hierher gebracht werden würdest. Wenn du diese Gesandten erkannt und ihre Warnungen angenommen hättest, würdest du deine Lebenseinstellung geändert haben, und würdest nicht an diesen Ort des Leidens gekommen sein."

5. Es war einmal eine junge Frau namens Kisagotami, die Gattin eines wohlhabenden Mannes, die wegen des Todes ihres Kindes ihren Verstand verlor. Sie nahm das tote Kind in ihre Arme, ging von Haus zu Haus und bat die Leute, ihr Kind zu heilen.

Natürlich konnten sie nichts für sie tun – aber schließlich riet ihr ein Jünger Buddhas, den Erhabenen aufzusuchen, der sich damals bei Jetavana aufhielt, und so brachte sie das tote Kind zu Buddha.

Der Erwachte sah voller Mitleid auf sie und sagte: „Um das Kind zu heilen, brauche ich einige Mohnsamen. Geh' und bitte in irgendeinem Haus, in das der Tod noch nie eingekehrt ist, um vier order fünf Mohnsamen."

So ging die wahnsinnige Frau hinaus und suchte ein Haus, in das der Tod noch nie eingekehrt war. Es war jedoch vergeblich. Schließlich mußte sie zu Buddha zurückkehren. In seiner ruhigen Gegenwart hellte sich ihr Geist auf, und sie verstand die Bedeutung seiner Worte. Die Frau trug den Leichnam weg, begrub ihn und kehrte dann zu Buddha zurück und wurde eine seiner Anhängerinnen.

IV
DIE WIRKLICHKEIT DES MENSCHLICHEN LEBENS

1. Die Menschen in dieser Welt neigen dazu, selbstsüchtig und ohne Mitgefühl zu sein. Sie wissen nicht, wie sie einander lieben und respektieren sollen. Nur zu ihrem eigenen Schaden und Leid erörtern und streiten sie sich über unbedeutende Dinge, und das Leben wird zu einem düsteren Kreislauf von Unglück.

Ungeachtet dessen, ob sie reich oder arm sind,

sorgen sich die Menschen ums Geld. Sie leiden an Armut, und sie leiden an Reichtum. Weil ihr Leben durch Habgier bestimmt wird, sind sie niemals zufrieden.

Ein wohlhabender Mann sorgt sich um sein Gut, wenn er eines hat, er sorgt sich um sein Haus und all seine anderen Besitztümer, er sorgt sich um seine Gesundheit und sein Wohlergehen, er sorgt sich um seine Schätze und ihre Sicherheit. Er macht sich Sorgen, daß ihm ein bestimmtes Unheil widerfahren könne: sein Haus abbrennen, Räuber einbrechen, Banditen ihn entführen könnten. Dann sorgt er sich um den Tod und um die Verfügung über seinen Reichtum. In Wirklichkeit ist sein Leben trostlos, und nach seinem Tod scheint seine Zukunft noch trostloser zu werden.

Ein armer Mann leidet immer an Unzulänglichheit, und das genügt, um endlose Wünsche nach Land, Haus, Reichtum, Muße und Luxus in ihm zu wecken. Indem er vor Habgier glüht, nutzt er sowohl seinen Körper als auch seinen Geist ab und wird mitten in seinem Leben vom Tod heimgesucht.

Die ganze Welt scheint ihm nicht gut gesinnt zu sein, und auch der Weg nach dem Tode erscheint ihm einsam, als ob er eine lange Reise zu machen habe und keine Freunde besäße, die ihm dabei Gesellschaft leisten können.

2. Es gibt fünf Übel in der Welt. An erster Stelle steht die Grausamkeit. Jedes Geschöpf, selbst Insekten, kämpfen gegeneinander. Der Starke greift den Schwachen an, der Schwache betrügt den Starken. Überall gibt es Kämpfe und Grausamkeit.

Zweitens gibt es keine Abgrenzung zwischen den Rechten eines Vaters und denen eines Sohnes, zwischen einem älteren Bruder und einem jüngeren, zwischen einem Ehemann und einer Ehefrau, zwischen einem älteren Verwandten und einem jüngeren. Bei jeder Gelegenheit wünscht sich jeder, der Größte zu sein und von dem anderen zu profitieren. Sie betrügen einander, und das führt zu Täuschung und Mangel an Aufrichtigkeit.

Drittens gibt es keine Abgrenzung, was das Verhalten zwischen Männern und Frauen betrifft. Jeder hat zu bestimmten Zeiten unreine und lüsterne Gedanken und Wünsche, welche die Menschen zu fragwürdigen Taten und oft zu Auseinandersetzungen, zu Kämpfen, zu Ungerechtigkeit und Boshaftigkeit führen.

Viertens gibt es unter den Menschen die Tendenz, die Rechte der anderen zu mißachten, ihre eigene Bedeutung auf Kosten anderer zu überschätzen, bezüglich des Benehmens schlechte Beispiele abzugeben und, indem sie in ihren Reden ungerecht sind, andere zu betrügen, zu verleumden und zu mißbrauchen.

Fünftens findet man unter den Menschen solche, die ihre Pflichten anderen gegenüber vernachlässigen. Sie denken zu sehr an ihr eigenes Wohlergehen und an ihre eigenen Wünsche. Sie vergessen die Vorteile, die sie erhalten haben und rufen bei den anderen Ärger hervor, was oft in große Ungerechtigkeit ausartet.

3. Weil dies eine Welt des Leidens ist, sollten die Menschen mehr Mitgefühl füreinander haben. Sie sollten einander aufgrund ihrer guten Charakterzüge achten und in ihren Schwierigkeiten helfen. Aber stattdessen sind sie

selbstsüchtig und hartherzig; sie verachten einander wegen ihrer Schwächen und mögen andere nicht ihrer Vorteile wegen. Diese Abneigungen werden im allgemeinen mit der Zeit immer schlimmer und bald darauf unerträglich.

Glücklicherweise enden diese Gefühle der Abneigung nicht oft in Gewalttätigkeiten; dennoch vergiften sie das Leben mit Haß und Zorn, die so tief in den Geist einschneiden, daß die Menschen die Narben in den Reinkarnationzyklus mit einbringen.

Wahrhaftig, in dieser Welt der Lust wird der Mensch allein geboren und allein sterben, und es gibt niemanden, der seine Strafe in dem Leben nach dem Tod mit ihm teilt.

Das Gesetz von Ursache und Wirkung ist allumfassend. Jeder Mensch muß seine eigene Last des Karmas tragen und allein seine Vergeltung empfangen. Aber glücklicherweise kontrolliert dasselbe Gesetz die guten Taten. Ein Leben voller Mitgefühl und Freundlichkeit wird in Glück und Freude enden.

4. Im Laufe der Jahre sehen die Menschen, wie stark sie durch die Habgier, die Gewohnheit und das Leiden eingeschränkt werden, und sie werden darüber sehr traurig und entmutigt. Oft streiten sie in ihrer Entmutigung mit anderen und sinken noch tiefer in die karmische Verwicklung herab und geben es dann auf, besser zu sein. Oft geht ihr Leben gerade mitten in ihrer Boshaftigkeit vorzeitig zu Ende und sie müssen für immer leiden.

Dieser Sturz in die Entmutigung, aufgrund von Unglücksfällen und Leiden ist unnatürlich und steht im Gegensatz zum Gesetz des Himmels und der Erde, und die Menschen leiden sowohl im Diesseits als auch im Jenseits.

Es ist wahr, daß alles in diesem Leben vergänglich und mit Unsicherheit angefüllt ist, aber es ist beklagenswert, daß jeder diese Tatsache übersieht und weiter versucht, das Vergnügen und die Befriedigung seiner Wünsche zu suchen.

5. Da es in dieser Welt des Leidens für die Menschen natürlich ist, selbstsüchtig und egoistisch zu denken und zu handeln, so ist es auch ebenso natürlich, daß Leiden und Unglück folgen.

Es ist den Menschen eigen, sich zu begünstigen und andere zu vernachlässigen. Es ist ganz selbstverständlich für sie, daß ihre eigenen Wünsche in Habgier, Wollust und allen Arten von Übel ausarten. Deshalb müssen sie endlos leiden.

Die Zeiten des Luxus dauern nicht lange an, sondern vergehen sehr schnell Nichts auf dieser Welt kann man lange genießen.

6. Deshalb sollten die Menschen, solange sie jung und gesund sind, sich ihrer ganzen Habgier und ihrer Bindung an irdische Reichtümer und Dinge entledigen und stattdessen ernsthaft nach der wahren Erleuchtung streben, denn außer der Erleuchtung kann es kein andauerndes

Glück geben.

Jedoch zweifeln die meisten Menschen an diesem Gesetz von Ursache und Wirkung oder kennen es nicht. Sie fahren in ihren Gewohnheiten der Habgier und der Ichbezogenheit fort und vergessen dabei die Tatsache, daß eine gute Tat Glück und eine böse Tat Unglück bringt. Auch glauben sie nicht wirklich daran, daß ihre Handlungen in diesem Leben die folgenden Leben bedingen und Vergeltungen und Strafen für ihre leidvollen Handlungen zur Folge haben werden.

Die Menschen beklagen und beschweren sich über ihre eigenen Leiden, da sie die Bedeutung, die ihre augenblicklichen Taten für ihre folgenden Leben haben, und die Beziehung, die ihre Leiden zu den Taten ihrer früheren Leben haben, nicht verstehen. Sie denken nur an den gegenwärtigen Wunsch und an das gegenwärtige Leiden.

Nichts auf der Welt ist beständig oder dauerhaft. Alles ist veränderlich, vorübergehend und unvorhersehbar. Aber die Menschen sind unwissend und selbstsüchtig und befassen sich nur mit den Wünschen und Leiden des vorübergehenden Augenblicks. Weder hören sie auf die guten Lehren, noch versuchen sie, diese zu verstehen. Sie geben sich einfach dem gegenwärtigen Interesse hin, und weil sie nicht die Erleuchtung suchen, gibt es kein Ende für ihr Leiden oder für das Leiden anderer.

7. Seit unendlichen Zeiten sind unzählige Menschen in diese Welt der Verblendung und des Leidens hineinge-

boren worden und werden immer noch geboren. Glücklicherweise besitzt jedoch die Welt die Lehren des Buddha, so daß die Menschen auf sie vertrauen können und ihnen auf diese Weise geholfen werden kann.

Deshalb sollten die Menschen gründlich nachdenken, ihren Geist rein und ihren Körper gesund halten, sollten sich fernhalten von Habgier und Übel und das Gute suchen.

Wir haben glücklicherweise von Buddhas Lehren Kenntnis erhalten. Wir sollten danach streben, auf sie zu bauen und wünschen, in Buddhas Reinem Land wiedergeboren zu werden. Da wir Buddhas Lehren kennen, sollten wir anderen nicht auf habgierigen und leidvollen Wegen folgen, noch sollten wir die Lehren Buddhas für uns behalten, sondern sie verwirklichen und an andere weitergeben.

Fünftes Kapitel

DIE HILFE, DIE VON BUDDHA ANGEBOTEN WIRD

I
DIE RETTUNG DURCH BUDDHA

1. Wie bereits erklärt wurde, haben die Menschen seit Ewigkeit ihren irdischen Leidenschaften nachgegeben, Untat um Untat wiederholt, und die Lasten unerträglicher Taten getragen, wobei sie nicht fähig waren, mit Hilfe ihrer eigenen Weisheit oder ihrer eigenen Stärke mit diesen Gewohnheiten der Habgier und der sich selbst gegenüber bestehenden Nachsicht zu brechen. Wenn sie nicht fähig sind, irdische Leidenschaften zu überwinden und abzulegen, wie können sie erwarten, ihre wahre Buddhanatur zu verwirklichen?

Buddha, der das menschliche Wesen ganz genau erfaßt, hatte große Sympathie für die Menschen und legte deshalb ein Gelübde ab, alles Mögliche zu tun, selbst auf Kosten eigener großer Mühsal, um sie von ihren Ängsten und Leiden zu befreien. Um diese Hilfe zu bewirken, offenbarte er sich selbst vor unvordenklicher Zeit als ein Bodhisattva und legte die folgenden Gelübde ab:

(a) „Wenn ich auch zum Buddha werde, so will ich doch den Stand der vollkommenen Erleuchtung nicht annehmen, bis nicht jeder in meinem Land über die Gewißheit verfügt, die Buddhaschaft selbst zu erreichen und Erleuchtung zu erlangen."

(b) „Wenn ich auch zum Buddha werde, so will ich

doch den Stand der vollkommenen Erleuchtung nicht annehmen, falls nicht meine erleuchtende Kraft über die ganze Welt reicht."

(c) „Wenn ich auch zum Buddha werde, so will ich doch den Stand der vollkommenen Erleuchtung nicht annehmen, bis nicht meine lebenspendende Kraft die Zeiten hindurch andauert und unzählige Menschen errettet."

(d) „Wenn ich auch zum Buddha werde, so will ich doch den Stand der vollkommenen Erleuchtung nicht annehmen, falls nicht alle Buddhas in den zehn Himmelsrichtungen gemeinsam meinen Namen preisen."

(e) „Wenn ich auch zum Buddha werde, so will ich doch den Stand der vollkommenen Erleuchtung nicht annehmen, falls die Menschen, die mit reinen Herzens vertrauen und in mein Land hineingeboren zu werden wünschen und mindestens zehn Mal meinen Namen aussprechen, nicht in mein Land wiedergeboren werden."

(f) „Wenn ich auch zum Buddha werde, so will ich doch den Stand der vollkommenen Erleuchtung nicht annehmen, bis nicht die Menschen auf der ganzen Welt sich entschließen, die Erleuchtung zu erreichen, die Tugenden auszuüben, und sich aufrichtig wünschen, in meinem Land wiedergeboren zu werden. Jenen, die dies tun, werde ich in der Stunde ihres Todes in Begleitung von Bodhisattvas erscheinen, um sie in meinem Reinen Land willkommen zu heißen."

(g) „Wenn ich auch zum Buddha werde, so will ich doch den Stand der vollkommenen Erleuchtung nicht annehmen, falls nicht die Menschen auf der ganzen Welt, sobald sie meinen Namen hören, an mein Land denken und wünschen, dort wiedergeboren zu werden, und zu diesem Zweck mit Aufrichtigkeit Samen der Tugend säen und auf diese Weise in der Lage sein werden, alles nach ihren Herzenswünschen zu vollbringen."

(h) „Wenn ich auch zum Buddha werde, so will ich doch den Stand der vollkommenen Erleuchtung nicht annehmen, bis nicht all jene, die in meinem Reinen Land wiedergeboren werden, sicher sind, die Buddhaschaft zu erlangen, so daß sie viele Menschen zur Erleuchtung und zur Ausübung großen Mitleids veranlassen können."

(i) „Wenn ich auch zum Buddha werde, so will ich doch den Stand der vollkommenen Erleuchtung nicht annehmen, falls nicht die Menschen in der ganzen Welt von meinem Geist des liebenden Mitgefühls beeinflußt werden, der ihren Geist und ihren Körper reinigen und sie über die Dinge der Welt emporheben wird."

(j) „Wenn ich auch zum Buddha werde, so will ich doch den Stand der vollkommenen Erleuchtung nicht annehmen, bis nicht die Menschen überall auf der Welt, sobald sie meinen Namen hören, richtige Vorstellungen vom Leben und Tod gewinnen und auch jene vollkommene Weisheit erhalten, die ihren Geist mitten in der Habgier und dem Leiden der Welt rein und ruhig erhält."

„So lege ich diese Gelübde ab: Möge ich die Buddhaschaft nicht erlangen, bis meine Gelübde erfüllt sind. Möge ich zur Quelle des Unbegrenzten Lichts werden, indem ich die Schätze der Weisheit und Tugend hebe und verteile, alle Länder erleuchte und alle leidenden Menschen befreie."

2. Indem der Buddha unzählige Tugenden viele Äonen hindurch ansammelte, wurde aus ihm Amida oder der Buddha des Unendlichen Lichts und des Unendlichen Lebens. Er vervollkommnete sein eigenes Buddhaland der Reinheit, in dem er sich noch immer aufhält wie in einer Welt des Friedens und erleuchtet alle Menschen.

Dieses Reine Land, in dem kein Leiden existiert, ist in der Tat äußerst friedlich und glücklich. Kleidung, Essen und alle schönen Sachen erscheinen, sobald jene, die dort leben, sie sich wünschen. Wenn eine milde Brise durch die mit Juwelen beladenen Bäume weht, erfüllt die Musik der heiligen Lehren die Luft und reinigt den Geist aller, die ihr lauschen.

In diesem Reinen Land befinden sich viele duftende Lotusblumen; jede Blume hat viele kostbare Blumenblätter, und jedes Blumenblatt wirkt geschmeidig in unaussprechlicher Schönheit. Die Strahlen dieser Lotusblumen erhellen den Pfad der Weisheit, und jene, die der Musik der heiligen Lehre lauschen, werden auf diesem Pfad zu vollkommenen Frieden geführt.

3. Nun loben alle Buddhas in den zehn Himmelsrichtungen, jeder in seinem eigenen Buddhaland, die Tugenden dieses Buddhas des Ungehinderten Lichts und des Unendlichen Lebens.

Wer auch immer in diesen vielen Buddhaländern den Namen Buddhas hört, verherrlicht ihn und nimmt ihn mit Freude auf. Sein Geist wird eins mit dem Geiste Buddhas, und er wird in Buddhas wunderbarem Land der Reinheit wiedergeboren werden.

Jene, die in dieses Reine Land hingeboren werden, haben teil an Buddhas Unendichem Leben. Ihre Herzen sind sofort voller Sympathie für alle Leidenden, und sie äußern unverzüglich ihre eigenen Gelübde und sind bereit, Buddhas Lehre der Rettung zu offenbaren.

Im Geiste dieser Gelübde werfen sie alle irdischen Bindungen ab und erkennen die Unbeständigkeit dieser Welt. Sie opfern ihre Verdienste der Befreiung von jeglichem empfindenden Leben; sie ordnen ihr eigenes Leben in das Leben aller anderen ein, indem sie mit ihnen ihre Illusionen und Leiden teilen, aber zur gleichen Zeit ihre Freiheit von den Fesseln und Bindungen des irdischen Lebens verwirklichen.

Sie kennen sowohl die Hindernisse und Schwierigkeiten des irdischen Lebens als auch die grenzenlosen Möglichkeiten des Mitleides Buddhas. Es steht ihnen frei, zu gehen oder zu kommen, vorwärtszugehen oder anzuhalten, so wie sie sich es gerade wünschen, aber sie ziehen es vor, bei jenen zu bleiben, mit denen Buddha Mitleid hat.

Deshalb soll jeder, der den Namen dieses Buddhas des Ungehinderten Lichts hört und ermutigt ist, jenen Namen hingebungsvollen Vertrauens auszusprechen, an dem Mitleid Buddhas teilhaben. So sollten alle Menschen die Lehre Buddhas in sich aufnehmen und ihr folgen, selbst wenn es scheint, daß sie wieder durch die Flammen, die diese Welt des Lebens und Todes umhüllen, geführt werden.

Wenn die Menschen ehrlich und ernsthaft die Erleuchtung erlangen wollen, müssen sie sich auf die Kraft Buddhas verlassen. Es ist für einen gewöhnlichen Menschen unmöglich, sein höchstes Buddhawesen ohne die Hilfe Buddhas zu verwirklichen.

4. Amida Buddha ist von niemandem weit entfernt. Sein Land der Reinheit wird beschrieben, als sei es fern, in westlicher Himmelsrichtung, aber es befindet sich auch in dem Geist jener, die sich ernsthaft wünschen, dort hingeboren zu werden.

Wenn manche Menschen sich in ihrem Geist die in goldenem Glanz erscheinende Gestalt Buddhas ausmalen, teilt sich diese in vierundachzigtausend Figuren: Jede Gestalt sendet vierundachzigtausend Lichtstrahlen aus, und jeder einzelne Lichtstrahl wiederum erleuchtet eine Welt. Niemals wird auch nur ein einziger, der den Namen Buddhas ausspricht, in Dunkelheit zurückgelassen. So hilft Buddha den Menschen aus dem Heil, das er ihnen anbietet, Nutzen zu ziehen.

Indem man das Bild Buddhas sieht, ist man befähigt, den Geist Buddhas zu erkennen. Der Geist Buddhas beinhaltet ein großes Mitgefühl, das alle einschließt, selbst jene, die von seinem Mitgefühl nichts wissen oder es vergessen haben, und noch mehr jene, die sich im Vertrauen daran erinnern.

Jenen, die Vertrauen haben, gibt er die Möglichkeit, mit ihm eins zu werden. Buddha ist die allumfassende

Substanz der Gleichheit. Wer auch immer an Buddha denkt, Buddha denkt auch an ihn und zieht freimütig in dessen Geist ein.

Das bedeutet, daß wenn jemand an Buddha denkt, Buddhas Geist in all seiner reinen, glücklichen und friedvollen Vollkommenheit in ihn eingeht. Mit anderen Worten: sein Geist wird Buddhas Geist.

Deshalb sollte jeder Mensch in der Reinheit und Aufrichtigkeit des Vertrauens sich seinen Geist als mit Buddhas Geist identisch vorstellen.

5. Buddha besitzt viele Formen der Verwandlung und Verkörperung und kann sich in vielfältiger Weise offenbaren, der jeweiligen Fähigkeit jedes Menschen entsprechend.

Manchmal zeigt er sich in unendlicher Größe, bedeckt dabei den ganzen Himmel und erstreckt sich über die grenzenlosen Hemisphären hinweg. Manchmal offenbart er sich in den Winzigkeiten der Natur, manchmal in Gestalten, in Energie, in Äußerungen des Geistes und ein anderes Mal als Persönlichkeit.

Aber in der einen oder anderen Weise wird Buddha sicherlich jenen erscheinen, die den Namen Buddhas vertrauensvoll verkünden. Für jene erscheint er immer begleitet von zwei Bodhisattvas: Avalokitesvara, dem Bodhisattva des Mitleids und Mahasthama-prapta, dem

Bodhisattva der Weisheit. Seine Manifestationen erfüllen die ganze Welt, so daß jeder sie sieht, aber nur jene, die über Vertrauen verfügen, können sie wahrnehmen.

Jene, deren Vertrauen durch ihr Gelübde erweckt und belebt worden ist, sind fähig, seine zeitlichen Offenbarungen, die ihnen bleibende Zufriedenheit und Glück bringen, zu sehen, ferner können jene, deren Karma und Vertrauen sie befähigt, den wirklichen Buddha zu sehen, unzählbare Glücksmomente der Freude und des Friedens erfahren.

6. Da der Geist Buddhas mit all seinen grenzenlosen Möglichkeiten der Liebe und der Weisheit das Mitleid selbst ist, kann Buddha jeden erretten.

Selbst die unreinsten Menschen können grettet werden: jene, die unglaubliche Verbrechen begehen, jene, deren Geist mit Habgier, Zorn und Verblendung erfüllt ist; jene, die lügen, schwatzen, mißbrauchen und betrügen; jene, die töten, stehlen und wollüstig handeln; jene, die nach Jahren böser Taten dem Ende ihres Lebens nahe sind; und selbst jene, denen lange Zeiten der Bestrafung bevorstehen.

Ein guter Freund kommt zu ihnen und setzt sich für sie ein, indem er sagt: „Du siehst nun dem Tode ins Angesicht und kannst dein boshaftes Leben nicht mehr auslöschen, aber du kannst Zuflucht nehmen zum Mitleid des Buddha des Ungehinderten Lichts, indem du seinen Namen aussprichst."

In seinem Leiden kann der unwissende Mensch nicht alles über Buddha verstehen, aber er kann die Worte ‚Namu-Amida-Butsu' („Ich nehme meine Zuflucht zu dem Buddha des Ungehinderten Lichts und des Unendlichen Lebens") verstehen. Und sobald er den tugendhaften Namen Amida Buddhas mit aufrichtigem Geiste anruft, werden alle Sünden, die ihn in verwirrende Verblendung geführt haben, vernichtet sein.

Wenn man allein durch das Wiederholen des tugendhaften Namens dies vollbringen kann, um wieviel eher vermag man es zu erreichen, wenn man fähig ist, über Buddha nachzudenken oder seinen Geist auf ihn zu lenken.

Jene, die den tugendhaften Namen anzurufen vermögen, werden, wenn ihr Lebensende naht, Amida Buddha und den Bodhisattvas des Mitleids und der Weisheit begegnen und von ihnen in Buddhas Land geführt werden, wo sie in der ganzen Reinheit der weißen Lotusblume wiedergeboren werden.

Deshalb sollte jeder die Worte „Ich nehme meine Zuflucht zum Buddha des Ungehinderten Lichts und des Unendlichen Lebens" im Gedächtnis bewahren.

II
AMIDA BUDDHAS LAND DER REINHEIT

1. Der Buddha des Ungehinderten Lichts und des Unendlichen Lebens lebt noch immer und strahlt fortwährend seine Weisheit aus. In seinem Reinen Land gibt es kein Leiden und keine Dunkelheit, und jede Stunde wird in Freude verbracht. Deshalb wird es das Land der Glückseligkeit genannt.

Mitten in diesem Land gibt es einen See mit reinem

Wasser, frisch und sprudelnd, dessen Wellen sanft plätschernd an die Ufer der goldenen Sandbänke schlagen. Da und dort wachsen riesige Lotusblumen, so groß wie Wagenräder und von vielen verschiedenen Tönungen und Farben – die blauen haben bläulichen, die gelben gelblichen, die roten rötlichen und die weißen weißlichen Glanz – von deren Wohlgeruch die Luft erfüllt ist.

An verschiedenen Stellen am Seeufer stehen Pavillons, verziert mit Gold und Silber, Lasurstein und Kristall, deren Marmorstufen bis an das Wasser hinunterführen.

An anderen Stellen gibt es Galerien und Balustraden, die über das Wasser reichen und mit Vorhängen und Geflechten kostbarer Juwelen eingefaßt sind. Dazwischen stehen Haine von Gewürzsträuchern und blühenden Büschen.

Die Erde erstrahlt von Schönheit, und die Luft vibriert von himmlischen Klängen. Sechsmal bei Tag und bei Nacht fallen zart getönte Blumenblätter vom Himmel. Die Menschen lesen sie auf und tragen sie in Blumenvasen in all die anderen Buddhaländer, um sie den unzähligen Buddhas als Gabe darzubringen.

2. In diesem wunderbaren Land leben viele Vögel. Es gibt schneeweiße Störche und Schwäne, farbenfrohe Pfaue und tropische Paradiesvögel sowie Schwärme kleiner, sanft singender Vögel. In Buddhas Reinem Land erheben diese melodisch singenden Vögel ihre Stimmen für Buddhas Lehren und loben seine Tugenden.

Wer auch immer die Musik dieser Stimmen hört und

ihr lauscht, lauscht der Stimme Buddhas und wird sich des gefestigten Vertrauens bewußt, und Freude, Frieden und Brüderlichkeit herrschen überall in der Gemeinschaft.

Sanfte Westwinde wehen durch die Bäume dieses Reinen Landes und bewegen die wohlriechenden Vorhänge der Pavillons, die sich in wohlklingenden musikalischen Rhythmen fortbewegen.

Menschen, welche die schwachen Echos dieser himmlischen Musik hören, denken sogleich an Buddha, den Dharma und den Samgha. Alle diese Vorzüglichkeiten sind nur die Widerspiegelungen der gewöhnlichen Dinge des Reinen Landes.

3. Warum wird Buddha in diesem Land ‚Amida' genannt, was auf den Buddha des Ungehinderten Lichts und des Unendlichen Lebens hinweist? Weil der Glanz seiner Wahrheit unaufhaltsam bis in die äußersten und innersten Grenzen des Buddha-Landes strahlt; weil die sein lebendiges Mitleid durch all die unzähligen Leben und Äonen nie schwindet.

Weil die Zahl derer, die in seinem Reinen Land hineingeboren und vollkommen erleuchtet werden, unzählbar groß ist, und sie nie wieder in die Welt des Irrglaubens und des Todes zurückkehren müssen.

Weil die Zahl derer, die durch sein Licht der Weisheit zu neuem Leben erwacht sind, unzählbar ist.

Deshalb sollten alle Menschen ihren Geist auf seinen Namen konzentrieren und, sobald sie an das Lebensziel kommen, Amida Buddhas Namen in hingebungsvollem Vertrauen aussprechen. Wenn sie dies mit aufrichtigem Herzen tun, werden sie in Buddhas Land der Reinheit wiedergeboren werden, hingeführt von Amida Buddha und vielen anderen Erwachten, die in diesem letzten Augenblick erscheinen werden.

Wenn irgendein Mensch Buddhas Namen hört, wird sein Vertrauen an dessen Lehren erwachen, und er wird unübertroffene, vollkommene Erleuchtung erlangen können.

DER WEG DER ÜBUNG

Erstes Kapitel

DER WEG DER LÄUTERUNG

I

DIE LÄUTERUNG DES GEISTES

1. Die Menschen besitzen irdische Leidenschaften, durch die sie zu Irrglauben und Leiden gelangen. Es gibt fünf Wege, wie sie sich von den Fesseln der irdischen Leidenschaften befreien können.

Erstens sollten die Menschen richtige Vorstellungen von den Dingen entwickeln – Vorstellungen, die auf sorgfältiger Beobachtung beruhen und durch welche die Ursachen und Wirkungen sowie deren Bedeutung richtig verstanden werden können. Die Ursache des Leidens wurzelt in den Begierden und Neigungen des Geistes, und Begierde und Neigung beruhen auf der falschen Beobachtung eines Ich, welche die Bedeutung des Gesetzes von Ursache und Wirkung vernachlässigt. Da beide von dieser falschen Beobachtung herrühren, kann nur Friede sein, wenn der Geist sich von diesen irdischen Leidenschaften befreit.

Zweitens können die Menschen diese falsche Beobachtung und die daraus folgenden irdischen Leidenschaften durch sorgfältige und geduldige Geisteskontrolle überwinden. Auf diese Weise können sie die Begierden vermeiden, die durch die Erregung der Augen, Ohren, Nase, Zunge, Haut und die darauffolgenden geistigen

Prozesse entstehen. Sobald sie dies tun, wird die Wurzel aller irdischen Leidenschaften abgeschnitten werden.

Drittens sollten sie korrekte Vorstellungen über den richtigen Gebrauch aller Dinge entwickeln. Das heißt, was die Lebensmittel und Kleidung betrifft, so sollten sie dabei nicht an Bequemlichkeit und Vergnügen denken, sondern allein an die Bedürfnisse des Körpers. Kleidung ist notwendig, um den Körper gegen äußerste Wärme und Kälte zu schützen, das Schamgefühl zu schützen. Nahrung ist für die Erhaltung des Körpers notwendig, während dieser der Erleuchtung und Erlangung der Buddhaschaft dient. Irdische Leidenschaften können durch solch eine richtige Denkweise nicht entstehen.

Viertens sollten die Menschen Erdulden lernen; sie sollten lernen, Unbequemlichkeiten wie Hitze und Kälte, Hunger und Durst zu erdulden; sie sollten lernen, es geduldig zu ertragen, wenn sie gekränkt und verachtet werden, denn sich im Erdulden zu üben, löscht das Feuer der irdischen Leidenschaften aus, das ihre Körper verbrennt.

Fünftens sollten die Menschen lernen, jede Gefahr zu erkennen und zu vermeiden. Genauso wie sich ein weiser Mensch von wilden Pferden oder tobenden Hunden zurückhält, so sollte man sich nicht mit bösen Menschen anfreunden, noch sollte man Orte aufsuchen, die von weisen Menschen gemieden werden. Ist man vorsichtig und vernünftig, wird das Feuer der irdischen Leidenschaften, das in den Organen brennt, erlöschen.

2. Es gibt fünf Arten von Begierden in der Welt.

Begierden, die durch die Formen, welche die Augen wahrnehmen, hervorgerufen werden; Begierden, die durch die Geräusche, welche die Ohren hören, hervorgerufen werden; Begierden, die durch die Wohlgerüche, welche die Nase riecht, hervorgerufen werden; Begierden, die durch den Geschmack, der angenehm für die Zunge ist, hervorgerufen werden; Begierden, die für den Tastsinn angenehm sind. Von diesen fünf Türen zur Begierde stammt die Vorliebe des Körpers zur Bequemlichkeit.

Die meisten Menschen, die durch die Vorliebe ihres Körpers zur Bequemlichkeit beeinflußt werden, bemerken nicht die karmischen Verwicklungen, die der Bequemlichkeit folgen. Sie sind in der Falle des Übels gefangen wie das Wild im Wald in der Falle des Jägers gefangen ist. In der Tat sind diese fünf Türen der Begierden, die durch die Sinne hervorgerufen werden, die gefährlichsten Fallen. Menschen, die in sie hineingeraten, sind in irdische Leidenschaften und Leiden verwickelt. Deshalb sollten sie den Weg erkennen, auf dem man diese Fallen vermeiden kann.

3. Es gibt viele Wege, sich aus der Falle der weltlichen Leidenschaften zu befreien. Angenommen, sie fangen eine Schlange, ein Krokodil, einen Vogel, einen Hund, einen Fuchs und einen Affen, sechs Geschöpfe von sehr unterschiedlicher Natur, binden sie mit einem starken Seil zusammen und lassen sie dann gehen. Jedes dieser sechs Geschöpfe wird versuchen, auf seine eigene Art und Weise in sein eigenes Lager zurückzukehren: Die Schlange wird den Schutz des Grases suchen, das Krokodil wird das Wasser suchen, der Vogel wird in die Luft fliegen wollen, der Hund wird ein Dorf suchen, der Fuchs wird ein einsames Lager suchen, und der Affe wird die Bäume

eines Waldes suchen. Bei dem Versuch eines jeden Tieres, seinen eigenen Weg zu gehen, wird ein Kampf entstehen, aber da sie durch ein Seil zusammengebunden sind, wird der Stärkste die anderen zu jeder Zeit mitschleifen.

Wie die Geschöpfe in dieser Parabel, so unterliegt der Mensch auf verschiedene Weise der Versuchung, bedingt durch die Begierden seiner sechs Sinne – Augen, Ohren, Nase, Zunge, Tastsinn und Verstand – und wird durch die jeweils vorherrschende Begierde kontrolliert.

Wenn die sechs Geschöpfe alle an einen Pfosten gebunden worden wären, würden sie versuchen, sich zu befreien bis sie müde sind und dann würden sie sich am Pfosten niederlegen. Genauso werden die anderen fünf Sinne keine weiteren Schwierigkeiten mehr machen, wenn die Menschen die Sinne trainieren und kontrollieren würden. Wenn die Sinne unter Kontrolle stehen, werden die Menschen sowohl jetzt als auch zukünftig glücklich sein.

4. Die Menschen lieben ihre egoistische Bequemlichkeit, die Sucht nach Ehre und Ruhm. Aber Ehre und Ruhm sind wie Weihrauch, der sich selbst aufbraucht und bald verraucht. Wenn die Menschen Ehren und öffentlichem Beifall nachjagen und den Weg der Wahrheit verlassen, gelangen sie in ernsthafte Gefahr und werden bald Grund zur Reue haben.

Ein Mensch, der Ruhm, Reichtum und Liebesaffären nachjagt, ist wie ein Kind, das Honig von der Klinge eines Messers leckt. Während er die Süße des Honigs schmeckt, muß er riskieren, seine Zunge zu verletzen. Er ist wie ein Mensch, der eine Fackel gegen einen starken Wind trägt;

die Flamme wird sicher seine Hände und sein Gesicht verbrennen.

Man darf nicht seinem eigenen Geist trauen, der voller Begierde, Zorn und Unersättlichkeit ist. Man darf seinen Geist nicht frei laufen lassen, sondern muß ihn unter strenger Kontrolle behalten.

5. Vollkommene Geisteskontrolle zu erlangen, ist eine äußerst schwierige Aufgabe. Jene, die Erleuchtung suchen, müssen zuerst das Feuer aller Begierden löschen. Die Begierde ist ein wütendes Feuer, und wer Erleuchtung sucht, muß das Feuer der Begierde meiden so wie ein Mann, der ein Bündel Heu trägt, Funken vermeidet.

Aber es wäre töricht von einem Menschen, wenn er seine Augen herausreißen würde, aus Furcht, durch schöne Gestalten in Versuchung zu geraten. Der Geist ist der Herr, und steht er unter Kontrolle, werden die niedrigen Begierden verschwinden.

Es ist schwierig, dem Weg zur Erleuchtung zu folgen, aber es ist noch schwieriger, solch einen Weg zu suchen, wenn Menschen keinen Sinn dafür haben. Ohne die Erleuchtung herrscht endloses Leiden in dieser Welt des Lebens und des Todes.

Wenn ein Mensch den Weg zur Erleuchtung sucht, so ist das mit einem Ochsen vergleichbar, der eine schwere Last durch ein Feld voller Schlamm trägt. Wenn der Ochse sein Bestes tut, ohne auf andere Dinge zu achten, kann er den Schlamm überwinden und sich ausruhen. Ebenso ist es, wenn der Geist unter Kontrolle gerät, und auf dem richtigen Pfad gehalten wird. So wird es keinen Morast aus Habgier geben, der ihn behindert, und all sein

Leiden wird verschwinden.

6. Jene, die den Pfad der Erleuchtung suchen, müssen zuerst jeden egoistischen Stolz ablegen und bescheiden sein, das Licht der Lehren Buddhas anzunehmen. Alle Schätze der Erde, all das Gold, Silber und die Ehren, sind nichts im Vergleich zur Weisheit und Tugend.

Um die Gesundheit zu erhalten, um seiner Familie wahres Glück zu bringen, um allen Menschen Frieden zu bringen, muß man zuerst seinen eigenen Geist disziplinieren und kontrollieren. Wenn ein Mensch seinen Geist kontrollieren kann, kann er den Weg zur Erleuchtung finden und alle Weisheit und Tugend auf natürliche Weise erlangen.

So wie Schätze aus der Erde freigelegt werden, so bringen gute Taten die Tugend zutage, und Weisheit kommt von einem reinen und friedlichen Geist. Um sicher durch den Irrgarten des menschlichen Lebens zu gehen, benötigt man das Licht der Weisheit und die Führung der Tugend.

Die Lehre Buddhas, die den Menschen darauf hinweist, wie man Habgier, Zorn und Unersättlichkeit überwindet, ist eine gute Lehre, und jene, die ihr folgen, erlangen die Glückseligkeit eines guten Lebens.

7. Menschliche Wesen neigen dazu, sich in die Richtung ihrer Gedanken zu bewegen. Wenn sie habgierige Gedanken hegen, werden sie habgieriger. Wenn sie zornige Gedanken haben, werden sie zorniger. Wenn sie an Gedanken der Rache festhalten, werden ihre Füße sich in diese Richtung bewegen.

Zur Erntezeit halten die Bauern ihre Viehherden eingesperrt, damit diese nicht die Zäune niederrennen, auf die Felder laufen und somit Anlaß zur Beschwerde geben oder gar getötet werden; die Menschen müssen ihren Geist vor Unredlichkeit und Mißgeschick streng hüten. Sie müssen Gedanken auslöschen, die Habgier, Zorn und Unersättlichkeit erregen, aber Gedanken fördern, die zur Nächstenliebe und Freundlichkeit anregen.

Wenn der Frühling kommt, und die Weiden voll grünen Grases sind, treiben die Bauern ihr Vieh auf die Weiden, aber selbst dann passen sie gut auf es auf. So verhält es sich auch mit dem Geist der Menschen: Selbst unter den besten Bedingungen wird es der Geist ertragen müssen, beobachtet zu werden.

8. Einmal hielt sich der Shakyamuni Buddha in der Stadt Kausambi auf. In dieser Stadt lebte jemand, der den Buddha nicht mochte und schlechte Menschen dazu anstiftete, falsche Geschichten über ihn in Umlauf zu bringen. Unter diesen Umständen war es schwierig für Buddhas Schüler, durch ihr Betteln ausreichend Nahrung zu bekommen, und es gab viele Schmähungen in dieser Stadt.

Ananda sprach daraufhin zu Shakyamuni: „Wir täten besser daran, nicht in einer Stadt wie dieser zu bleiben. Es gibt andere und bessere Städte, in die man gehen kann. Wir sollten diese Stadt lieber verlassen."

Der Gesegnete aber erwiderte: „Nehmen wir an, die nächste Stadt ist wie diese, was sollen wir dann machen?"

„Dann werden wir in eine andere ziehen."

Der Gesegnete sprach: „Nein, Ananda, so wird das kein Ende nehmen. Wir sollten lieber hier bleiben und die Schmähung geduldig ertragen, bis sie aufhört, und erst dann werden wir an einen anderen Ort ziehen. Es gibt Gewinn und Verlust, Ehre und Verleumdung, Lobpreis und Schmähung, Vergnügen und Leiden in dieser Welt. Der Erleuchtete wird durch diese äußeren Dinge nicht beeinflußt; sie werden so schnell verschwinden wie sie gekommen sind."

II

DER WEG DES RICHTIGEN VERHALTENS

1. Jene, die den Weg der Erleuchtung suchen, müssen immer an die Notwendigkeit denken, fortwährend ihren Körper, ihre Reden und ihr Denken rein zu halten. Um den Körper rein zu halten, darf man kein Lebewesen töten, nicht stehlen oder Ehebruch begehen. Um die Rede rein zu halten, darf man nicht lügen, verschmähen, täuschen oder in leerem Geschwätze schwelgen. Um das Denken rein zu halten, muß man jede Habgier, Zorn und falsches Urteil tilgen.

Wenn der Geist unrein wird, dann werden auch unsere Taten sicher unrein sein; sind die Taten unrein, wird es Leid geben. Deshalb ist es von größter Bedeutung, den Geist und Körper reinzuhalten.

2. Es war einmal eine reiche Witwe, die ihrer Freundlichkeit, Bescheidenheit und Höflichkeit wegen bekannt war. Sie hatte eine Hausmagd, die weise und fleißig war.

Eines Tages dachte die Magd: „Meine Herrin hat einen sehr guten Ruf. Ich möchte gern wissen, ob sie von Natur aus gut ist oder allein aufgrund ihrer Umgebung. Ich will sie prüfen und es herausfinden.“

Am folgenden Morgen erschien die Magd erst kurz vor Mittag vor ihrer Herrin. Die Herrin war verärgert und schalt sie ungeduldig. Die Magd erwiderte: „Wenn ich nur einen oder zwei Tage lang faul bin, sollten Sie nicht gleich ungeduldig werden.“ Da wurde die Herrin zornig.

Am nächsten Tag stand die Magd wieder zu spät auf. Das machte die Herrin sehr zornig, und sie schlug die Magd mit einem Stock. Dieser Zwischenfall wurde weit und breit bekannt, und die reiche Witwe verlor ihren guten Ruf.

3. Viele Menschen sind wie diese Frau. Solange ihre Umgebung zufrieden mit ihnen ist, sind sie freundlich, bescheiden und ruhig, aber es ist fraglich, ob sie sich genauso verhalten, wenn sich die Lebensbedingungen verändern und für sie unbefriedigend werden.

Nur wenn eine Person sich einen reinen und friedfertigen Geist bewahrt und fortfährt, mit Güte zu handeln, wenn unangenehme Worte an ihr Ohr dringen, andere ihr gegenüber Feindseligkeit zeigen oder es ihr an ausreichender Nahrung, Kleidern und Unterkunft mangelt, darf sie ‚gut' genannt werden.

Deshalb sind jene, die nur gute Taten begehen und einen friedfertigen Geist bewahren, wenn ihr Leben zufriedenstellend ist, keine wirklich guten Menschen. Nur diejenigen, die den Lehren Buddhas folgen und ihre Sinne und Körper durch jene Lehren trainiert haben, können wahrhaftig gute, bescheidene und friedfertige Menschen genannt werden.

4. Was die Eignung der Worte, die benutzt werden sollen, betrifft, so gibt es fünf Paare von Antonymen: Worte, die zu ihren Anlässen passen und solche, die nicht dafür geeignet sind; Worte, die zu den Tatsachen passen und solche, die nicht dazu passen; Worte, die angenehm klingen und solche, die hart klingen; Worte, die vorteilhaft sind und solche, die schädlich sind; sowie Worte, die mitfühlend sind und solche, die haßerfüllt sind.

Welche Worte wir auch immer äußern, sie sollten mit Sorgfalt gewählt werden, denn die Menschen werden sie hören und dadurch zum Guten oder Bösen beeinflußt werden. Wenn unsere Sinne von Sympathie und Erbarmen erfüllt sind, werden sie den bösen Worten, die wir hören, widerstehen. Wir dürfen keine ungestümen Worte über unsere Lippen bringen, da sie Gefühle des Zorns und des Hasses hervorrufen. Die Worte, die wir aussprechen, sollten immer Worte der Zuneigung und der Weisheit sein.

Nehmen wir an, es gibt einen Menschen, der den ganzen Schmutz vom Boden entfernen möchte. Er benutzt dafür einen Spaten und eine Wanne und arbeitet beharrlich, indem er den Schmutz überall verstreut: aber dies ist eine unbrauchbare Arbeit. Wie diese törichte Person können wir nicht hoffen, alle gesprochenen Worte auszulöschen. Wir müssen unsere Sinne trainieren und sie mit Sympathie füllen, so daß sie durch die Worte, die von anderen gesprochen werden, unberührt bleiben.

Man könnte versuchen, ein Bild mit Wasserfarben auf den blauen Himmel zu malen, aber das ist unmöglich. Und es ist genauso unmöglich, einen großen Fluß durch die Hitze einer Fackel aus Heu auszutrocknen, oder durch das Aneinanderreiben zweier gut gegerbter Lederstücke ein knisterndes Geräusch zu verursachen. Wie diese Beispiele zeigen, sollten Menschen ihre Sinne trainieren, so daß diese nicht durch die Worte, welche sie auch immer hören mögen, getrübt werden können.

Sie sollten ihre Sinne trainieren und sie so offen halten wie die Erde, so unbegrenzt wie der Himmel, so tief wie ein großer Fluß und so weich wie ein gut gegerbtes Leder.

Wenn Dein Feind Dich fängt und quält, empfindest Du Haß, dann folgst Du nicht den Lehren Buddhas. Unter allen Umständen solltest Du lernen zu denken: „Mein Geist ist unerschütterlich. Worte des Hasses und des Zorns sollen nicht über meine Lippen kommen. Ich werde meinen Feind mit Gedanken der Zuneigung und des Mitleids umgeben, die aus einem Geist strömen, der von Mitgefühl für das ganze empfindende Leben erfüllt ist.“

5. Es existiert eine Fabel über einen Mann, der einen Ameisenhügel fand, welcher zur Tageszeit brannte und nachts rauchte. Er ging zu einem weisen Mann und bat ihn um Rat, was er tun sollte. Der weise Mann sagte ihm, er solle mit einem Schwert hineinstoßen. Dies tat der Mann. Er fand nacheinander ein Türschloß, einige Wasserblasen, eine Mistgabel, eine Schachtel, eine Schildkröte, ein Metzgermesser, ein Stück Fleisch, und schließlich kam ein Drachen heraus. Der Mann berichtete dem Weisen, was er gefunden hatte. Der weise Mann erklärte dessen Bedeutung und sprach: „Wirf alles weg außer dem Drachen. Laß den Drachen in Ruhe und störe ihn nicht."

Dies ist eine Fabel, in der „Ameisenhügel" den menschlichen Körper darstellt. „Brannte zur Tageszeit" stellt die Tatsache dar, daß die Menschen am Tage die Dinge in Taten umsetzen, über die sie in der vorhergehenden Nacht nachgedacht haben. „Rauchte nachts" weist darauf hin, daß sich die Menschen in der Nacht mit Vergnügen oder Bedauern die Dinge ins Gedächtnis zurückrufen, die sie am vorhergehenden Tage taten.

In derselben Fabel bedeutet „ein Mann" eine Person, die Erleuchtung sucht. „Ein weiser Mann" steht für Buddha. „Ein Schwert" bedeutet reine Weisheit. „Eindringen" verweist auf die Anstrengung, die der Mensch aufbringen muß, um Erleuchtung zu erlangen.

Weiterhin stellt „Türschloß“ in der Fabel die Unwissenheit dar. „Blasen“ sind Rauchwölkchen des Leidens und des Zorns. „Mistgabel“ spielt auf Unschlüssigkeit und Unsicherheit an. „Schachtel“ weist auf die Speicherung von Habgier, Zorn, Faulheit, Wankelmut, Zerknirschung und Irrglauben hin. „Schildkröte“ bedeutet Geist. „Metzgermesser“ bedeutet die Synthese der fünf sinnlichen Begierden, und „ein Stück Fleisch“ steht für das daraus resultierende Verlangen, das einen Menschen dazu veranlaßt, nach Befriedigung zu trachten. Diese Dinge sind für einen Menschen alle schädlich, und deshalb sprach Buddha: „Wirf alles weg.“

Weiterhin weist „Drachen“ auf einen Geisteszustand hin, der alle irdischen Leidenschaften ausgelöscht hat. Wenn ein Mensch mit dem Schwert der Weisheit in die Dinge um sich herum sticht, wird er schließlich zu seinem Drachen gelangen. „Laß den Drachen in Ruhe und störe ihn nicht“ bedeutet, danach zu streben und seinen Geist von den irdischen Leidenschaften freizugraben.

6. Pindola, ein Jünger Buddhas, kehrte, nachdem er Erleuchtung erlangt hatte, an seinen Geburtsort Kausambi zurück, um die Leute dort für die Freundlichkeit, die sie ihm gegenüber gezeigt hatten, zu belohnen. Damit bereitete er das Feld für den Buddha-Samen vor.

In der näheren Umgebung von Kausambi gibt es einen kleinen Park, der am Ufer des Ganges entlang verläuft und von endlosen Reihen Kokosnußbäumen überschattet ist, und wo fortwährend ein kühler Wind weht.

An einem heißen Sommertag saß Pindola meditierend im kühlen Schatten eines Baumes, als Lord Udyana mit seinen Gefährten zur Erholung in diesen Park kam. Nach der Musik und dem Vergnügen machte dieser ein Nickerchen im Schatten eines anderen Baumes.

Während ihr Herr schlief, machten seine Frauen und diensttuenden Hofdamen einen Spaziergang und stießen plötzlich auf Pindola, der dasaß und meditierte. Sie erkannten ihn als einen heiligen Mann und baten ihn, sie zu lehren, und sie lauschten seiner Predigt.

Als der Herr aus seinem Schlaf erwachte, machte er sich auf die Suche nach seinen Damen und fand sie, wie sie um diesen Mann herumsaßen und seiner Lehre lauschten. Da der Herr eifersüchtigen und wollüstigen Sinnes war, wurde er zornig und verschmähte Pindola, indem er zu diesem sprach: „Es ist unentschuldbar, daß du, ein heiliger Mann, mitten unter Frauen sitzt und dich des eitlen Geschwätzes mit ihnen erfreust." Pindola schloß ruhig seine Augen und schwieg.

Der zornige Herr zog sein Schwert und bedrohte Pindola, aber der heilige Mann blieb ruhig und so standhaft wie ein Felsen. Dies machte den Herrn noch zorniger. Er brach einen Ameisenhaufen auf und warf etwas von der mit Ameisen gefüllten Erde auf Pindola, aber dieser blieb immer noch meditierend sitzen und erduldete ruhig die Beleidigung und den Schmerz.

Daraufhin schämte sich der Herr über sein grausames Verhalten und bat Pindola um Verzeihung. Als Ergebnis dieses Zwischenfalls hielt die Lehre Buddhas ihren Einzug in das Schloß des Herrn, und von dort verbreitete sie sich über das ganze Land.

7. Einige Tage später besuchte Lord Udyana Pindola in der Abgeschiedenheit des Waldes und fragte ihn: „Verehrter Lehrer, wie kommt es, daß die Schüler Buddhas ihren Körper und ihren Geist reinhalten und von der sinnlichen Begierde nicht in Versuchung geführt werden können, obwohl sie meist junge Männer sind?“

Pindola erwiderte: „Edler Herr, Buddha hat uns gelehrt, alle Frauen zu achten. Er hat uns gelehrt, alle alten Frauen als unsere Mütter zu betrachten, jene, die in unserem Alter sind, als unsere Schwestern, und die jüngeren als unsere Töchter. Wegen dieser Lehren können die Jünger Buddhas ihren Körper und ihren Geist reinhalten und werden von der sinnlichen Begierde nicht in Versuchung geführt, obwohl sie noch so jugendlich sind.“

„Aber, Verehrter Lehrer, man kann auch unreine Gedanken über eine Frau haben, die im Alter einer Mutter, einer Schwester oder einer Tochter ist. Wie kontrollieren Buddhas Jünger ihre Begierden?“

„Edler Herr, der Erwachte lehrte uns, an unseren Körper als etwas zu denken, das Unreinheiten aller Art - wie Blut, Eiter, Schweiß und Öle - absondert; indem wir daran denken, können wir, obwohl wir jung sind, unseren Geist rein halten."

„Ehrenwerter Lehrer," drängte der Lord. „Es mag für Euch leicht sein, dies zu tun, denn Ihr habt Euren Körper und Euren Geist geschult und Eure Weisheit verfeinert, aber es wäre schwierig für jene, die noch keine solche Schulung gehabt haben. Sie mögen versuchen, sich an die Unreinheiten zu erinnern, aber ihre Augen werden schönen Gestalten folgen. Sie mögen versuchen, die Häßlichkeit zu sehen, aber sie werden durch die schönen Gestalten dennoch in Versuchung geführt werden. Es muß einen anderen Grund dafür geben, daß die jungen Männer unter den Jüngern Buddhas ihre Handlungen rein halten können."

„Edler Herr," erwiderte Pindola, „der Erwachte lehrte uns, die Türen der fünf Sinne zu bewachen. Wenn wir schöne Gestalten und Farben mit unseren Augen sehen, wenn wir angenehme Klänge mit unserren Ohren hören, wenn wir Wohlgeruch mit unserer Nase riechen, wenn wir süße Dinge mit unserer Zunge schmecken oder weiche Dinge mit unseren Händen berühren, dürfen wir weder von diesen Dingen angezogen noch von unattraktiven Dingen abgestoßen werden. Der Erwachte lehrte uns, die Türen dieser fünf Sinne sorgfältig zu bewachen. Durch diese Lehre des Erwachten können sogar junge Schüler ihren Geist und ihren Körper rein halten."

„Die Lehre Buddhas ist wahrlich wunderbar. Aus eigener Erfahrung weiß ich, daß, wenn ich irgend etwas Schönem oder Angenehmem gegenüberstehe, ohne auf der Hut zu sein, ich durch die Sinneseindrücke verwirrt werde. Es ist von großer Bedeutung, daß wir an den

Türen zu den fünf Sinnen auf der Hut sind und jederzeit unsere Taten rein halten."

8. Wenn immer eine Person ihre Gedanken durch die Tat zum Ausdruck bringt, folgt stets eine Reaktion. Wenn jemand Dich verschmäht, so besteht die Verlockung, freundlich zu antworten oder sich zu rächen. Man sollte vor dieser natürlichen Reaktion auf der Hut sein. Es ist, als ob man Staub gegen den Wind fegt: man wird ihn nicht los, sondern beschmutzt sich selbst. Unglück macht immer die Schritte desjenigen zunichte, der dem Verlangen nach Rache nachgibt.

9. Es ist eine sehr gute Tat, sich der Habgier zu entledigen und einen Geist der Barmherzigkeit zu hegen. Es ist noch besser, seinen Geist darauf zu lenken, den Edlen Pfad zu beachten.

Man sollte sich von einem selbstsüchtigen Geist befreien und ihn durch einen Geist ersetzen, der ernsthaft darauf bedacht ist, anderen zu helfen. Eine Tat, die einen anderen glücklich macht, regt diesen an, wieder einen anderen glücklich zu machen, und so entsteht Glück durch solch eine Tat.

Tausende von Kerzen können von einer einzigen Kerze angezündet werden, und das Leben der Kerze wird dabei nicht verkürzt. Glück nimmt nie ab, wenn man es teilt.

Diejenigen, die Erleuchtung suchen, müssen bei ihren ersten Schritten vorsichtig sein. Ganz gleich wie stark die

Sehnsucht danach auch sein mag, man muß sie Schritt für Schritt erwerben. Die Schritte auf dem Pfad zur Erleuchtung müssen in unserem täglichen Leben gemacht werden, heute, morgen, übermorgen und alle Tage.

10. Gerade am Anfang des Pfades zur Erleuchtung gibt es zwanzig Schwierigkeiten für uns, die wir in dieser Welt überwinden müssen, und das sind folgende: 1. Es ist schwer für einen armen Menschen, großzügig zu sein. 2. Es ist schwer für einen hochmütigen Menschen, den Weg der Erleuchtung zu verstehen. 3. Es ist schwer, Erleuchtung durch Selbstaufopferung zu suchen. 4. Es ist schwer, geboren zu werden, solange Buddha auf der Welt ist. 5. Es ist schwer, Buddhas Lehre anzuhören. 6. Es ist schwer, den Geist von den Trieben des Körpers rein zu halten. 7. Es ist schwer, sich nicht nach Dingen zu sehnen, die schön und anziehend sind. 8. Es ist für einen starken Menschen schwer, nicht seine Stärke zu gebrauchen, um seine Bedürfnisse zu befriedigen. 9. Es ist schwer, nicht zornig zu werden, wenn man beleidigt wird. 10. Es ist schwer, unschuldig zu bleiben, wenn man durch plötzliche Umstände in Versuchung gerät. 11. Es ist schwer, sich einem umfassenden und gründlichen Studium zu widmen. 12. Es ist schwer, einen Anfänger nicht geringzuschätzen. 13. Es ist schwer, bescheiden zu bleiben. 14. Es ist schwer, gute Freunde zu finden. 15. Es ist schwer, die Zucht zu ertragen, die zur Erleuchtung führt. 16. Es ist schwer, nicht durch äußere Bedingungen und Umstände beeinträchtigt zu werden. 17. Es ist schwer, andere zu lehren, wenn man ihre Fähigkeiten kennt.

18. Es ist schwer, einen friedfertigen Geist zu bewahren. 19. Es ist schwer, nicht über das Richtige und Falsche zu disputieren. 20. Es ist schwer, eine gute Methode zu finden und zu erlernen.

11. Gute und böse Menschen unterscheiden sich voneinander in ihrem Wesen. Böse Menschen erkennen eine üble Tat nicht als übel an. Auch wenn man sie auf ihre Leidenschaftlichkeit aufmerksam macht, hören sie nicht auf, solche Taten zu begehen, und sie möchten nicht, daß irgend jemand auf ihre üblen Taten hinweist. Weise Menschen sind sensibel dafür, was richtig und was falsch ist. Sie sind jedem dankbar, der ihre Aufmerksamkeit auf solche falschen Taten lenkt.

So unterscheiden sich gute und böse Menschen grundlegend voneinander. Böse Menschen achten nie die Freundlichkeit, die ihnen erwiesen wird, aber weise Menschen achten sie und sind dankbar. Weise Menschen versuchen, ihre Achtung und Dankbarkeit dadurch auszudrücken, daß sie Freundlichkeit erwidern, und zwar nicht nur ihrem Wohltäter, sondern allen Menschen gegenüber.

III
DIE LEHRE IN ALTEN FABELN

1. Es war einmal ein Land, das die eigenartige Angewohnheiten hatte, ihre alten Menschen auf abgeschiedenen und unerreichbaren Bergen auszusetzen.

Einem gewissen Staatsminister machte es Schwierigkeiten, im Falle seines eigenen alten Vaters dieser Sitte zu folgen. Deshalb baute er heimlich eine unterirdische Höhle, in der er seinen Vater versteckte und für ihn sorgte.

Eines Tages erschien vor dem König dieses Landes ein Gott, gab ihm ein Rätsel auf und sagte, daß wenn er es nicht zufriedenstellend lösen könne, sein Land zerstört würde. Das Rätsel lautete: „Hier sind zwei Schlangen. Nenne mir von beiden das Geschlecht."

Da weder der König noch sonst jemand im Palast das Rätsel lösen konnte, bot der König jedem in seinem Königreich eine große Belohnung an, der es lösen könne.

Der Minister ging zu dem Versteck seines Vaters und fragte ihn nach der Antwort dieses Rätsels. Der alte Mann sprach: „Es gibt eine leichte Lösung. Setze die zwei Schlangen auf einen weichen Teppich; diejenige, die umherkriecht, ist das Männchen, und die andere, die sich ruhig verhält, ist das Weibchen." Der Minister brachte dem König die Antwort, und das Rätsel war erfolgreich gelöst.

Dann stellte der Gott andere schwierige Fragen, die der König und seine Gefolgsleute nicht beantworten konnten, die aber der Minister, nachdem er seinen alten Vater stets um Rat gebeten hatte, immer lösen konnte.

Hier sind einige Fragen und ihre Antworten. „Wer ist derjenige, der, obwohl er schläft, der Auferweckte und, obwohl er wach ist, der Schlafende genannt wird?" Die Antwort lautet: „Das ist derjenige, der sich im Training für die Erleuchtung befindet. Er ist wach, verglichen mit jenen, die an der Erleuchtung nicht interessiert sind. Er schläft aber, verglichen mit jenen, die schon zur Erleuchtung gelangt sind."

„Wie kann man einen riesigen Elefanten wiegen?" „Lade ihn auf ein Boot und zeichne einen Strich, um zu kennzeichnen, wie tief das Boot in das Wasser sinkt. Nimm dann den Elefanten heraus und belade das Boot mit Steinen, bis es zur selben Tiefe hinabsinkt, und wiege die Steine."

Welche Bedeutung hat die Redewendung: „Eine Tasse voll Wasser ist mehr als das Wasser eines Ozeans?" Die Antwort lautet: „Eine Tasse voll Wasser, die man in einem reinen und mitfühlenden Geiste seinen Eltern oder einem kranken Menschen reicht, hat einen ewigen Wert, aber das Wasser eines Ozeans wird eines Tages zu Ende gehen."

Der Gott ließ wiederum einen Mann, der bis auf die Haut und Knochen abgemagert war, sich beklagen: „Gibt es jemanden auf dieser Welt, der hungriger ist als ich?" „Der Mensch, der selbstsüchtig und habgierig ist, der nicht an die drei Werte – Buddha, Dharma und Samgha – glaubt, und der seinen Eltern und Lehrern keine Geschenke macht, ist nicht nur hungriger, sondern wird in die Welt der hungrigen Dämone hinabfallen, und dort für immer an Hunger leiden."

„Hier ist ein Brett aus Candanaholz. Welches Ende war der unterste Teil des Baumes?" „Laß das Brett im Wasser schwimmen; das Ende, das ein wenig tiefer sinkt, war das Ende, welches der Wurzel am nächsten wuchs."

„Hier sind zwei Pferde, offensichtlich von derselben Größe und Gestalt. Wie kann man die Mutter vom Sohn unterscheiden?" „Füttere sie mit etwas Heu. Die Pferdemutter wird das Heu ihrem Sohn zuschieben."

Jede Antwort auf diese schwierigen Fragen gefiel sowohl dem Gott als auch dem König. Der König war dankbar, als er erfuhr, daß die Antworten von dem alten Vater stammten, den der Sohn in der Höhle versteckt hatte. Er widerrief das Gesetz, nach dem alte Menschen in den Bergen ausgesetzt worden waren, und befahl, sie fortan freundlich zu behandeln.

2. Königin Videha von Indien träumte einmal von einem Elefanten, der sechs Stoßzähne aus Elfenbein besaß. Sie begehrte die Stoßzähne und flehte den König an, diese für sie zu holen. Obwohl dies eine unlösbare Aufgabe zu sein schien, versprach der König, der die Königin sehr liebte, jedem Jäger eine Belohnung, der ihm einen solchen Elefanten melden würde.

Zufälligerweise hielt sich gerade ein solcher Elefant mit sechs Stoßzähnen, der sich für den Buddhismus schulte, in den Gebirgen des Himalaya auf. Er hatte einst in den Tiefen der Gebirge das Leben eines Jägers in einer Notsituation gerettet, und dieser konnte sicher in sein Land zurückkehren. Der Jäger jedoch, der von der großen Belohnung geblendet war und die Güte, die der Elefant ihm erwiesen, vergessen hatte, kehrte in die Berge zurück, um den Elefanten zu töten.

Da der Jäger wußte, daß der Elefant nach dem Buddhismus strebte, verkleidete er sich als buddhistischer Mönch und verletzte mit einem vergifteten Pfeil den Elefanten, der nicht auf seiner Hut war, tödlich.

Der Elefant, wissend, daß sein Ende nahe und der Jäger durch das irdische Begehren nach der Belohnung überwältigt worden war, hatte Mitleid mit ihm und bot ihm zwischen seinen Gliedern Zuflucht, um ihn vor dem Zorn der anderen, racheerfüllten Elefanten zu schützen. Dann fragte der Elefant den Jäger, warum er etwas so Törichtes getan hatte. Der Jäger erzählte von der Belohnung und gestand, daß er die sechs Stoßzähne begehrte. Der Elefant brach diese sofort ab, indem er sie gegen einen Baum schlug, gab sie dem Jäger und sprach: „Durch dieses Geschenk habe ich meine Schulung für den Buddhismus vollendet und werde im Reinen Land wiedergeboren werden. Sobald ich ein Buddha sein werde, werde ich dir helfen, die drei giftigen Pfeile der Habgier, des Zorns und der Verblendung loszuwerden.

3. In einem Dickicht am Fuße des Himalayagebirges lebte einmal ein Papagei zusammen mit vielen anderen Tieren und Vögeln. Eines Tages entstand bei einem starken Wind durch die Reibung der Bambusstöcke ein Feuer im Dickicht, und unter den Vögeln und Tieren brach eine schreckliche Panik aus. Der Papagei, der für ihr Entsetzen und Leiden Mitleid empfand, und der die Freundlichkeit erwidern wollte, die er in dem Bambusdickicht, in dem er sich schützen konnte, empfangen hatte, versuchte alles, um sie zu retten. Er tauchte, in einem nahegelegenen Teich unter, flog über das Feuer und schüttelte die Wassertropfen ab, um es zu löschen. Er wiederholte dies unentwegt mit einem Herzen voller Mitleid, aus Dankbarkeit dem Dickicht gegenüber.

Dieser Geist voller Güte und Selbstaufopferung wurde von einem himmlichen Gott bemerkt, der vom Himmel herunterschwebte und zum Papageien sprach: „Du hast eine edelmütige Gesinnung, aber was sollen deiner Meinung nach ein paar Tropfen Wasser gegen dieses große Feuer ausrichten?" Der Papagei antwortete: „Es gibt nichts, was nicht durch den Geist der Dankbarkeit und der Selbstaufopferung ausgeführt werden kann. Ich werde es immer wieder versuchen und im nächsten Leben nochmals." Der große Gott war von der Gesinnung des Papageis beeindruckt, und sie löschten daraufhin gemeinsam das Feuer.

4. Es lebte einmal im Himalaya ein Vogel mit einem Körper und zwei Köpfen. Einmal bemerkte einer der Köpfe, wie der andere eine bestimmte süße Frucht aß, so daß er neidisch wurde und sich sagte: „Dann werde ich

eine giftige Frucht essen." So aß er Gift, und der Vogel starb.

5. Einmal zankten sich der Schwanz und der Kopf einer Schlange, welcher von beiden denn der vordere Teil sei. Der Schwanz sagte zum Kopf: „Du führst immer an; das is nicht gerecht, du solltest mich manchmal führen lassen." Der Kopf antwortete: „Nach dem Gesetz unserer Natur soll ich der Kopf sein. Ich kann meinen Platz nicht mit dir tauschen."

Aber der Streit ging weiter, und eines Tages befestigte sich der Schwanz an einem Baum und hinderte so den Kopf daran, sich fortzubewegen. Als der Kopf des Kampfes überdrüssig wurde, ging der Schwanz seinen eigenen Weg, mit dem Ergebnis, daß die Schlange in ein Feuerloch fiel und zugrunde ging.

In der Welt der Natur herrscht immer eine zweckmäßige Ordnung, und alles hat seine vorherbestimmte Funktion. Wenn diese Ordnung gestört wird, wird der Arbeitsablauf unterbrochen und somit die ganze Ordnung zerstört.

6. Es war einmal ein Mann, der dazu neigte, leicht zornig zu werden. Eines Tages redeten zwei Männer über diesen Mann vor dessen Haus. Der eine sagte zum anderen: „Er ist ein netter Mann, aber sehr ungeduldig. Er hat ein hitziges Temperament und wird schnell zornig." Der Mann hörte diese Bemerkung, rannte aus dem Haus und griff die beiden Männer an, wobei er sie schlug, trat und verwundete.

Wenn ein weiser Mensch auf seine Fehler aufmerksam gemacht wird, wird er über sie nachdenken und sein Verhalten bessern. Wenn ein törichter Mann auf sein Fehlverhalten hingewiesen wird, wird er den Rat nicht nur mißachten, sondern denselben Fehler eher wiederholen.

7. Es gab einmal einen wohlhabenden aber törichten Mann. Als er das schöne dreistöckige Haus eines anderen Mannes sah, beneidete er ihn darum und entschloß sich, sich genauso eines bauen zu lassen, da er glaubte, er sei ebenso reich. Er bestellte einen Zimmermann und gab ihm den Auftrag, ein Hans zu bauen. Der Zimmermann willigte ein und begann sofort mit dem Bau des Fundaments, des ersten Stockwerks, des zweiten Stockwerks und schließlich des dritten Stockwerks. Der wohlhabende Mann bemerkte dies mit Verärgerung und sagte: „Ich möchte kein Fundament, auch kein erstes oder zweites Stockwerk. Ich möchte nur das schöne dritte Stockwerk. Baue es schnell."

Ein törichter Mensch denkt immer nur an die Ergebnisse, und ist ungeduldig, ohne dabei die Anstrengungen auf sich nehmen zu wollen, die nötig sind, um gute Ergebnisse zu erzielen. Es kann nichts Gutes erreicht werden ohne angemessenes Bemühen, genauso wie es kein drittes Stockwerk geben kann ohne das Fundment und den ersten und zweiten Stock.

8. Ein törichter Mann kochte einmal Honig. Da sein Freund unerwartet erschien, wollte der törichte Mann

ihm etwas Honig anbieten, aber er war zu heiß; ohne den Honig vom Feuer zu nehmen, blies er ihn, um ihn zu kühlen. In ähnlicher Weise ist es unmöglich, den Honig der kühlen Weisheit zu erhalten, ohne zuerst das Feuer der irdischen Leidenschaften ausgelöscht zu haben.

9. Es waren einmal zwei Dämonen, die einen ganzen Tag damit zubrachten, sich um eine Schachtel, einen Stock und ein Paar Schuhe zu streiten und zu zanken. Ein Mann, der vorbeikam, fragte: „Warum streitet ihr euch um diese Dinge? Welch magische Kraft haben sie, daß ihr euch darum streiten müßt, sie zu besitzen?"

Die Dämonen erklärten ihm, daß sie von der Schachtel alles bekommen könnten, was sie wollten – Nahrung, Kleider oder Schmuck; mit dem Stock könnten sie alle ihre Feinde bezwingen; und mit dem Paar Schuhe könnten sie durch die Luft fliegen.

Nachdem er dies erfahren hatte, sagte der Mann „Wozu streiten? Wenn ihr für ein paar Minuten weggehen wollt, kann ich über eine gerechte Verteilung der Dinge unter euch nachdenken." So zogen sich die zwei Dämonen zurück, und sobald sie gegangen waren, zog der Mann die Schuhe an, ergriff die Schachtel und den Stock und verschwand durch die Luft.

Die „Dämonen" stellen Männer heidnischen Glaubens dar. „Eine Schachtel" steht für Geschenke, die aus Nächstenliebe entstehen. Die Menschen erkennen nicht, wie viele Reichtümer durch Nächstenliebe geschaffen werden können. „Ein Stock" bedeutet die Konzentrationsübung des Geistes. Die Menschen merken nicht, daß sie durch die Schulung der geistigen Konzentration der Seele alle irdischen Wünsche bezwingen können. „Ein Paar Schuhe“ weist auf die reinen Lehren bezüglich des Denkens und Verhaltens hin, welche die Menschen jenseits aller Wünsche und Auseinandersetzungen führen wird. Wenn sie dies nicht wissen, streiten und zanken sie sich um eine Schachtel, einen Stock und ein Paar Schuhe.

10. Es war einmal ein Mann, der allein umherreiste. Er kam gegen Abend an ein unbewohntes Haus und beschloß, die Nacht dort zu verbringen. Um Mitternacht brachte ein Dämon eine Leiche herein und ließ sie in der Diele liegen. Kurz darauf erschien ein weiterer Dämon und beanspruchte den Leichman für sich allein, und so stritten sie sich beide um ihn.

Dann sagte der erste Dämon, daß es nutzlos sei, sich weiterhin zu streiten und schlug deshalb vor, es einem Richter zu überlassen, über den Besitzer zu entscheiden. Der andere Dämon willigte ein, und als er den Mann in der Ecke kauern sah, bat er ihn, über das Eigentumsrecht zu entscheiden. Der Mann hatte schreckliche Angst, denn er wußte wohl, daß, welche Entscheidung er auch treffen würde, sie den Dämon erzürnen würde, der verloren hatte, und daß dieser sich rächen und ihn töten würde. Er entschloß sich aber, wahrheitsgemäß das zu erzählen, was er gesehen hatte.

Wie er angenommen hatte, erzürnte dies den zweiten Dämon, der daraufhin den einen Arm des Mannes packte und ihn herausriß. Aber der erste Dämon ersetzte den

Arm sofort durch einen anderen, den er vom Leichnam abgetrennt hatte. Der zornige Dämon riß den anderen Arm des Mannes heraus, aber der erste Dämon ersetzte jenen sofort mit dem anderen Arm des Leichnams. Und so ging es weiter, bis beide Arme, beide Beine, der Kopf und der Körper nacheinander abgerissen und mit den entsprechenden Teilen des Leichnams ersetzt worden waren. Dann lasen die zwei Dämonen, als sie die Teile des Mannes verstreut auf dem Boden liegen sahen, diese auf, verschlangen sie und gingen glucksend fort.

Der arme Mann, der in dem verlassenen Haus Zuflucht gesucht hatte, war durch sein Unglück völlig außer Fassung geraten. Die Teile seines Körpers, die die Dämonen gegessen hatten, waren die Körperteile, die ihm seine Eltern gegeben hatten, und die Teile, die er nun hatte, gehörten zum Leichnam. Wie dem auch sei, wer war er nun? Nachdem ihm all die Tatsachen bewußt geworden waren, konnte er sie nicht fassen, sondern wurde wahnsinnig und ging aus dem Haus. Als er zu einem Tempel kam, ging er hinein und erzählte den Mönchen seine Sorgen. Die Menschen konnten in seiner Geschichte die wahre Bedeutung der Selbstlosigkeit erkennen und erlangten auf diese Wiese unschätzbare Dankbarkeit.

11. Einmal besuchte eine schöne und hübschgekleidete Frau ein Haus. Der Hausherr fragte sie, wer sie sei, und sie erwiderte, sie sei die Göttin des Reichtums. Der Hausherr war entzückt und behandelte sie daher zuvorkommend.

Bald danach erschien eine andere Frau, die häßlich aussah und ärmlich gekleidet war. Der Hausherr fragte sie, wer sie sei, und die Frau erwiderte, sie sei die Göttin der Armut. Der Herr war entsetzt und versuchte, sie aus dem Hause zu treiben, aber die Frau weigerte sich, fortzugehen und sprach: „Die Göttin des Reichtums ist meine Schwester. Es gibt ein Übereinkommen zwischen uns, daß wir nie getrennt leben dürfen: wenn du mich hinausjagst, muß sie mit mir gehen." In der Tat, sobald die häßliche Frau hinausgegangen war, verschwand auch die andere.

Geburt geht mit dem Tod einher und Glück mit Unglück. Schlechte Dinge folgen den guten Dingen. Die Menschen sollten dies erkennen. Törichte Menschen fürchten das Unglück und streben nach Glück, aber jene, die Erleuchtung suchen, müssen über beides erhaben und frei von irdischen Bindungen sein.

12. Es lebte einmal ein armer Künstler, der seine Heimat und seine Frau verließ, um sein Glück zu suchen. Nach drei Jahren schwerer Kämpfe hatte er dreihundert Goldstücke gespart und beschloß, in seine Heimat zurückzukehren. Auf seinem Weg kam er an einem großen Tempel vorbei, in dem eine große Opferungszeremonie stattfand. Er war davon stark beeindruckt und dachte bei sich: „Bisher habe ich nur an die Gegenwart gedacht, ich habe aber nie mein zukünftiges Glück berücksichtigt. Es gehört zu meinem großen Glück, daß ich an diesen Ort

gekommen bin. Ich muß es ausnutzen, um Samen des Verdienstes zu säen." Wie er so überlegte, schenkte er dankbar alle seine Ersparnisse dem Tempel und kehrte ohne einen Pfennig in seine Heimat zurück.

Als er die Heimat erreichte, warf seine Frau ihm vor, keinen Pfennig für ihren Unterhalt mitgebracht zu haben. Der arme Künstler erwiderte, daß er zwar etwas Geld verdient hätte, aber es dort gelassen hätte, wo es sicher aufgehoben sein würde. Als seine Frau ihn drängte, ihr zu erzählen, wo er es versteckt habe, gestand er, daß er es den Mönchen in einem bestimmten Tempel gegeben habe.

Dies machte die Frau zornig, und sie schalt ihren Mann und brachte die Angelegenheit vor dem Richter am Ort. Als der Richter den Künstler um seine Verteidigung bat, sagte der Künstler, daß er nicht töricht gehandelt habe, denn er habe das Geld während langer und harter Kämpfe verdient und wollte es als Samen für künftiges Glück verwenden. Als er an den Tempel kam, schien ihm, daß dies das Feld sei, wo er sein Gold als Samen für sein Glück pflanzen sollte. Dann fügte er hinzu: „Als ich den Mönchen das Geld gab, schien es, als hätte ich Habgier und Geiz vollständig aus meinem Geist verbannt. Und ich habe erkannt, daß wirklicher Reichtum nicht Gold, sondern Geist ist."

Der Richter lobte die Gesinnung des Künstlers, und jene, die davon hörten, zeigten ihre Zustimmung, indem sie ihm auf verschiedene Art und Weise halfen. So wurde dem Künstler und seiner Frau dauerhaftes Glück zuteil.

13. Ein Mann, der in der Nähe eines Friedhofes wohnte, hörte eines Nachts aus einem Grab eine Stimme rufen. Er war zu ängstlich, um selbst danach zu forschen. Am nächsten Tag erwähnte er dieses Ereignis einem tapferen Freund gegenüber, der sich sofort entschloß, die Stelle aufzuspüren, von der die Stimme herkam.

Während der ängstliche Mann vor Furcht zitterte, ging sein Freund zum Friedhof und tatsächlich konnte man die Stimme aus einem Grab kommen hören. Der Freund fragte, wer sie sei und was sie wolle. Die Stimme unter der Erde erwiderte: „Ich bin ein verborgener Schatz, der beschlossen hat, sich jemandem zu schenken. Ich machte letzte Nacht einem Mann das Angebot, aber der war zu ängstlich, um danach zu schauen, deshalb werde ich es dir machen, der es wert ist. Morgen früh werde ich mit meinen sieben Gefolgsleuten in dein Haus kommen."

Der Freund sagte: „Ich werde auf euch warten, aber sag mir bitte, wie ich euch behandeln soll." Die Stimme erwiderte: „Wir werden in den Gewändern von Mönchen kommen. Halte ein Zimmer mit Wasser für uns bereit; wasche deinen Körper, reinige das Zimmer und halte Sitzplätze und acht Schüsseln Reisbrei für uns bereit. Nach dem Mahl mußt du uns, einer nach dem anderen, in ein verschlossenes Zimmer führen, in dem wir uns in Goldgefäße verwandeln werden."

Am nächsten Morgen wusch dieser Mann seinen Körper und reinigte sein Zimmer, genauso wie es ihm gesagt worden war und wartete darauf, daß die Mönche erscheinen würden. Sie erschienen zur rechten Zeit, und er empfing sie höflich. Nachdem die Mönche die Nahrung zu sich genommen hatten, führte er sie, einer nach dem anderen, in das verschlossene Zimmer, wo ein jeder Mönch sich in ein Gefäß voller Gold verwandelte.

Im selben Dorf gab es einen sehr habgierigen Mann, der von dem Ereignis erfuhr und die Goldgefäße haben wollte. Er lud acht Mönche in sein Haus ein. Nach ihrem Mahl führte er sie in ein verschlossenes Zimmer, aber anstatt sie sich in Goldgefäße zu verwandelten, wurden sie böse und zornig und meldeten den Mann der Polizei, die ihn schließlich festnahm.

Was den ängstlichen Mann anbetrifft, so ging dieser, nachdem er erfuhr, daß die Stimme aus dem Grab dem tapferen Mann Reichtum gebracht hatte, in das Haus des Mannes, verlangte habgierig nach dem Gold und bestand darauf, daß es seines wäre, weil die Stimme sich zuerst an ihn gerichtet hätte. Als der ängstliche Mann versuchte, die Gefäße wegzunehmen, fand er in ihnen eine Menge Schlangen, die ihre Köpfe erhoben, bereit, ihn anzugreifen.

Der König hörte davon und bestimmte, daß die Gefäße dem tapferen Mann gehören sollten, und er äußerte die folgende Beobachtung: „Alles auf der Welt hat diesen Lauf. Törichte Menschen sind nur nach guten Ergebnissen gierig, sie sind aber zu ängstlich, ihnen nachzugehen, und deshalb scheitern sie fortwährend. Sie haben weder das Vertrauen noch den Mut, den inneren Kämpfen der Seele gegenüberzutreten, durch die allein wahrer Friede und Harmonie erreicht werden kann."

ZWEITES KAPITEL

DER WEG ZUR PRAKTISCHEN ERKENNTNIS

I

DIE SUCHE NACH WAHRHEIT

1. Auf der Suche nach Wahrheit gibt es gewisse Fragen, die für sie unerheblich sind. Aus welchem Material besteht das Weltall? Ist das Weltall unendlich? Gibt es für das Weltall Grenzen oder nicht? Wie setzt sich die menschliche Gesellschaft zusammen? Welche Organisationsform ist für die menschliche Gesellschaft ideal? Müßte ein Mensch sein Suchen und sein Training für die Erleuchtung aufschieben, bis solche Fragen gelöst wären, so würde er sterben, bevor er den Weg zur Wahrheit gefunden hätte.

Nehmen wir an, ein Mensch wäre von einem giftigen Pfeil durchbohrt, und seine Verwandten und Freunde kämen zusammen, um einen Chirurgen zu holen, der den Pfeil herausziehen und die Wunde behandeln sollte.

Wenn der verwundete Mann protestieren und sagen würde: „Warte ein bißchen! Bevor du ihn herausziehst, möchte ich wissen, wer diesen Pfeil schoß. War es ein Mann oder eine Frau? War es jemand von edler Herkunft, oder war es ein Bauer? Woraus bestand der Bogen? War es ein großer oder ein kleiner Bogen, der den Pfeil schoß? Bestand er aus Holz oder aus Bambus? Woraus bestand die Bogensehne? War sie aus einem Faserstoff oder aus Darm? War der Pfeil aus Rohr oder aus Schilfrohr? Was für Federn wurden verwendet? Bevor du diesen Pfeil herausziehst, möchte ich alles über diese Dinge wissen!" Was wird dann passieren?

Bevor alle diese Informationen beschafft werden können, wird das Gift zweifellos Zeit gehabt haben, durch das ganze Blutsystem zu kreisen, und der Mann stirbt wahrscheinlich. Deshalb besteht die erste Aufgabe darin, den Pfeil zu entfernen und zu verhindern, daß sich sein Gift ausbreitet.

Wenn das Feuer der Leidenschaft die Welt gefährdet, so ist die Zusammensetzung des Weltalls von geringer Bedeutung. Es ist auch nicht so wichtig, sich mit der idealen Form für die menschliche Gemeinschaft zu befassen.

Die Frage, ob das Weltall Grenzen hat oder unendlich ist, kann unbeantwortet bleiben, bis irgendein Weg gefunden ist, um das Feuer der Geburt, des Alters, der Krankheit und des Todes zu löschen. In Gegenwart von Klage, Kummer, Leid und Schmerz sollte man zuerst nach einem Weg suchen, um diese Probleme zu lösen, und sich der Ausübung dieses Weges hingeben.

Die Lehre Buddhas lehrt, was wichtig ist, zu wissen und nicht was unwichtig ist. Das heißt, sie lehrt die

Menschen zu lernen, was sie lernen sollten; zu entfernen, was sie entfernen sollten; zu trainieren, wodurch sie erleuchtet werden.

Deshalb sollten die Menschen zuerst erkennen, was für sie von größter Bedeutung ist, welches Problem zuerst gelöst werden sollte, welches das Kernproblem für sie ist. Um all dies zu tun, müssen sie zuerst ihren Geist trainieren, das heißt, sie müssen zuerst die Kontrolle über ihren Geist erlangen.

2. Nehmen wir einmal an, ein Mann geht in den Wald, um etwas Mark aus dem Inneren eines Baumes zu holen, kehrt aber mit einer Ladung von Zweigen und Blättern zurück und glaubt nun, daß er das, wonach er suchte, gefunden hat. Wäre er nicht töricht, wenn er mit der Rinde, der Schutzschicht oder dem Holz zufrieden sein würde anstelle des Marks, nach dem er suchte? Aber genau das ist es, was viele Menschen tun.

Eine Person sucht einen Weg, der sie wegführt von Geburt, Alter, Krankheit und Tod oder von Wehklagen, Kummer, Leid und Schmerz. Und dennoch, folgt sie dem Pfad ein kleines Stück und bemerkt dabei einen kleinen Fortschritt, so wird sie sofort stolz, eitel und herrisch. Sie ist dann wie der Mann, der Mark suchte und mit einem Bündel Zweigen und Blätter zufrienden wegging.

Ein anderer Mann, der mit dem Fortschritt zufrieden war, den er durch geringe Anstrengung erlangt hatte, läßt in seinen Anstrengungen nach und wird stolz und eitel: Er trägt nur ein Bündel Zweige weg anstatt das Mark, das er suchte.

Noch ein anderer Mann läßt, sobald er bemerkt, daß sein Geist ruhiger und seine Gedanken klarer geworden sind, auch in seinen Anstrengungen nach und wird stolz und eitel: Er hat eine Ladung mit Rinde anstelle des Marks, das er suchte.

Wiederum ein anderer Mann wird stolz und eitel, weil er feststellt, daß er ein gewisses Maß an intuitiver Einsicht erlangt hat. Er besitzt ein Bündel holziger Faser vom Baum anstatt des Marks. Alle diese Sucher, die durch ihre ungenügende Anstrengung leicht zufriedengestellt und stolz und herrisch werden, lassen in ihren Anstrengungen nach und verfallen leicht in Trägheit. Alle diese Menschen werden dem Leiden unweigerlich wieder ins Auge sehen müssen.

Jene, die den wahren Weg der Erleuchtung suchen, dürfen keine leichte Aufgabe erwarten oder eine, die durch Angebote an Achtung, Ehre und Ergebenheit angenehm gemacht wird. Ferner dürfen sie nicht mit nur leichter Anstrengung nach einem geringfügigen Fortschritt in der Ruhe, im Wissen oder in der Einsicht streben.

Zu allererst sollte man die grundlegende und wesentliche Natur dieser Welt des Lebens und des Todes sich klar vor Augen führen.

3. Die Welt hat keine eigene Substanz. Es existiert nur ein breiter Zusammenhang zwischen Ursachen und Wirkungen, die ihren Ursprung einzig und allein in den Aktivitäten des Geistes haben, welcher durch Unwissen, falsche Vorstellungen, Bedürfnisse und blinde Leidenschaft angeregt wurde. Dieser kommt nicht von außen, wodurch der Geist falsche Vorstellungen entwickelt; es existiert überhaupt nichts Äußeres . Es sind allein die Prozesse des Geistes, die seine eigenen Irrtümer aufzeigen und sie in Erscheinung treten lassen. Sie sind gegründet und aufgebaut aus den Bedürfnissen des Geistes, aus seinen Leiden und Kämpfen, die mit dem Schmerz verbunden sind, der durch seine eigene Habgier, Zorn und Verblendung hervorgerufen wurde. Menschen, die den Weg zur Erleuchtung suchen, sollten bereit sein, einen solchen Geist zu bekämpfen, um ihr Ziel zu erreichen.

4. Oh, mein Geist! Warum schwebst du so ruhelos über den sich ändernden Lebensumständen? Warum verwirrst du mich so und machst mich so ruhelos? Warum drängst du mich, so viele Dinge anzuhäufen? Du bist wie ein Pflug, der in Stücke zerfällt, bevor er zu pflügen beginnt; du bist wie ein Steuerruder, das abmontiert wird, gerade in dem Augenblick, wo du dich auf das Meer des Lebens und des Todes wagst. Was nützen viele Wiedergeburten, wenn wir keinen guten Gebrauch von diesem Leben machen?

Oh, mein Geist! Einmal läßt du mich als König auf die Welt kommen und ein andermal als Ausgestoßener, der um seine Nahrung bettelt. Manchmal läßt du mich in himmlischen Villen von Göttern auf die Welt kommen und in Luxus und Freundentaumel schwelgen, dann stürzt du mich in die Flammen der Hölle.

Oh, mein törichter, törichter Geist! So hast du mich die verschiedensten Wege entlang geführt, und ich bin dir gefügig und gehorsam gefolgt. Aber jetzt, wo ich von der Lehre Buddhas gehört habe, störe mich nicht mehr und füge mir keine weiteren Leiden zu, sondern laß uns stattdessen zusammen, bescheiden und geduldig, die Erleuchtung suchen.

Oh, mein Geist! Wenn du nur lernen könntest, daß alles unwesentlich und vergänglich ist. Wenn du nur lernen könntest, nicht nach Dingen zu heischen, keine Dinge herbeizusehnen, nicht der Habgier, dem Zorn und der Torheit nachzugeben, dann könnten wir in Ruhe reisen. Dann könnten wir, indem wir die Fessel der Bedürfnisse mit dem Schwert der Weisheit durchschneiden, von den sich ändernden Umständen, von Vorteil oder Nachteil, Gut oder Böse, Verlust oder Gewinn, Lob oder Verachtung nicht gestört werden und in Frieden leben.

Oh, mein lieber Geist! Du warst es, der zuerst Vertrauen in uns erweckte; du warst es, der uns nahelegte, nach Erleuchtung zu suchen. Warum gibst du der Habgier, der Liebe zur Bequemlichkeit und angenehmen Reizen wieder nach?

Oh, mein Geist! Warum eilst du hin und her, ohne endgültiges Ziel? Laß uns dieses wilde Meer des Irrglaubens überqueren. Bisher habe ich nach deinem Willen gehandelt, aber jetzt mußt du nach meinem Willen handeln, und zusammen mit mir Buddhas Lehre folgen.

Oh, mein lieber Geist! Diese Berge, Flüsse und Seen sind veränderlich und schmerzerzeugend. Wo sollen wir in dieser Welt der Irreführungen Ruhe suchen? Laß uns der Lehre Buddhas folgen und auf das andere Ufer der Erleuchtung zugehen.

5. Diejenigen, die den Weg zur Erleuchtung wirklich suchen, stellen dem Geist Bedingungen. Dann kommen sie mit starker Zielstrebigkeit vorwärts. Obwohl sie von einigen verschmäht und von anderen verspottet werden, gehen sie mit einem ungetrübten Geist vorwärts. Sie werden nicht zornig, wenn sie mit Fäusten geschlagen oder mit Steinen beworfen werden, oder wenn ihnen mit Schwertern klaffende Wunden zugefügt werden.

Selbst wenn Feinde den Kopf vom Rumpf abtrennen, darf der Geist doch nicht getrübt werden. Wenn die Menschen ihren Geist durch die Dinge, die sie erleiden, trüben lassen, folgen sie nicht der Lehre Buddhas. Sie müssen entschlossen sein, standhafte und unbeirrbare Gedanken, die beständig Nächstenliebe und Wohlwollen ausstrahlen, zu bewahren, ganz gleich, was ihnen auch zustoßen mag. Die Verschämung und das Unglück sollen nur kommen, und dennoch sollte man fest entschlossen sein, im von der Lehre Buddhas erfüllten Geiste unberührt und ruhig zu bleiben.

Um der Erleuchtung willen werde ich versuchen, das

Unmögliche zu vollbringen und das Unerträgliche zu ertragen. Ich werde bis zum letzten Stück von dem geben, was ich habe. Wenn mir gesagt wird, daß ich, um zur Erleuchtung zu gelangen, meine Nahrung auf ein einziges Reiskorn am Tag beschränken muß, so werde ich nur das essen. Auch wenn der Weg zur Erleuchtung mich durchs Feuer führt, werde ich vorwärts gehen.

Aber man darf diese Dinge nicht tun, um irgendein Ziel im Jenseits erreichen zu wollen. Man sollte sie tun, weil sie weise und richtig sind. Man sollte sie aus einem Geist der Nächstenliebe heraus tun, wie eine Mutter Dinge für ihr kleines oder krankes Kind tut, ohne an die eigene Kraft oder das Wohlergehen zu denken.

6. Es war einmal ein König, der sein Volk und sein Land liebte und es mit Weisheit und Güte regierte, so daß sein Land wohlhabend und friedlich war. Er suchte beständig nach größerer Weisheit und Erleuchtung. Er bot sogar jedem, der ihn die wertvollen Lehren vermitteln konnte, Belohnungen an.

Auf seine Hingabe und Weisheit wurden schießlich die Götter aufmerksam, und sie beschlossen, ihn zu testen. Ein Gott erschien vor den Toren des königlichen Palastes, verkleidet als Dämon, und bat, vor den König gebracht zu werden, da er eine tugendhafte Lehre für ihn hätte.

Der König, erfreut die Botschaft zu hören, empfing ihn freundlich und bat um Belehrung. Der Dämon nahm eine entsetzliche Gestalt an, verlangte nach Nahrung und sagte, daß er ihn nicht lehren könne, bis er die Nahrung zu sich genommen hätte, die er verlangte. Auserlesenes Essen wurde dem Dämon abgeboten, aber dieser bestand darauf, warmes menschliches Fleisch und Blut zu bekommen. Der Kronprinz und auch die Königin opferten ihren Körper, aber der Dämon war immer noch unzufrieden und verlangte deshalb den Körper des Königs.

Der König erklärte sich bereit, ihm seinen Körper zu opfen, bat aber darum, zuerst die Lehre hören zu dürfen.

Der Gott trug folgende weise Lehre vor: „Klagen entstehen durch die Begierde, und Furcht entsteht durch die Begierde. Diejenigen, die sich von Begierden befreien, klagen nicht und fürchten sich nicht.“ Plötzlich nahm der Gott seine wahre Gestalt wieder an, und sowohl der Prinz als auch die Königin erschienen mit ihrem eigenen Körper.

7. Es existierte einmal ein Mann, der im Himalaya nach dem Wahren Pfad suchte. Er kümmerte sich weder um all die Schätze der Welt noch um all die Freuden des Himmels, sondern suchte nach der Lehre, die alle geistigen Irrtümer beseitigen würde.

Die Götter waren von dem Eifer und der Aufrichtigkeit dieses Mannes beeindruckt und beschlossen deshalb, seine Gesinnung zu prüfen. So verkleidete sich einer der Götter als Dämon, erschien im Himalayagebirge und sang: „Alles verändert sich, alles kommt und geht."

Der nach der Erleuchtung Suchende hörte dieses Lied, das ihm sehr gut gefiel. Er war so erfreut, als hätte er eine Quelle kühlen Wassers für seinen Durst gefunden, oder als ob ein Sklave unerwartet freigesetzt worden wäre. Er sagte sich: „Endlich habe ich die wahre Lehre gefunden, nach der ich so lange gesucht habe." Er folgte der Stimme und stieß schließlich auf den schrecklichen Dämon. Er näherte sich dem Dämon mit Unbehagen und sagte: „Warst du es, der das wahre Lied sang, das ich gerade gehört habe? Wenn du es warst, sing mir bitte weiter davon vor."

Der Dämon erwiderte: „Ja, es war mein Lied, aber ich kann nicht mehr singen, bevor ich nicht etwas gegessen habe, denn ich bin hungrig."

Der Mann bat ihn sehr eindringlich, weiter zu singen, und sagte: „Es hat eine tugendhafte Bedeutung für mich und ich habe seit langer Zeit nach dieser Lehre gesucht. Ich habe nur einen Teil von diesem Lied gehört. Laß mich bitte mehr hören."

Der Dämon sprach abermals: „Ich bin hungrig, aber wenn ich das warme Fleisch und Blut eines Menschen schmecken kann, werde ich das Lied zu Ende singen."

Der Mann, der so darauf erpicht war, die Lehre zu hören, versprach dem Dämon, daß er seinen Körper erhalten könne, nachdem er die Lehre vernommen hätte. Dann sang der Dämon das Lied.

„Alles ändert sich,
Alles kommt und geht,
Es herrscht vollkommene Ruhe,
Wenn man sowohl über das Leben wie über das Sterben erhaben ist."

Als der Mann das gehört, und das Gedicht auf die Felsen und Bäume ringherum geschrieben hatte, kletterte er ruhig auf einen Baum und ließ sich dem Dämon zu Füßen fallen. Der Dämon aber war verschwunden, und stattdessen empfing ein strahlender Gott den Körper des unverletzten Mannes.

8. Es lebte einmal ein nach dem wahren Pfad ernsthaft Suchender namens Sadaprarudita. Er wies jede Versuchung nach Gewinn oder Ehre von sich und suchte den Pfad unter Einsatz seines Lebens. Eines Tages sprach eine Stimme vom Himmel zu ihm: „Sadaprarudita! Gehe geradewegs gen Osten. Denke weder an die Hitze noch an die Kälte, achte nicht auf irdisches Lob oder Verachtung, mach dir nichts aus den Benachteiligungen von Gutem oder Bösen, sondern gehe weiter nach Osten. Dort wirst du einen wahren Lehrer finden und zur Erleuchtung gelangen."

Sadaprarudita war hoch erfreut, diese genaue Anweisung erhalten zu haben und trat sofort seine Reise nach Osten an. Manchmal drängte es ihn zu schlafen, wenn in einem einsamen Feld oder in den wilden Gebirgen die Nacht über ihn hereinbrach. Da er ein

Fremder in fremden Ländern war, hatte er unter vielen Demütigungen zu leiden. Einmal verkaufte er sich in die Sklaverei, indem er aus Hunger sein eigenes Fleisch verkaufte, aber schließlich fand er den wahren Lehrer und bat ihn um seine Unterweisung.

Es gibt ein Sprichwort: „Gute Dinge sind teuer", und Sadaprarudita fand, daß es in seinem Fall zutraf, denn er hatte während seiner Reise auf der Suche nach dem Pfade viele Schwierigkeiten. Er hatte kein Geld, um einige Blumen und Weihrauch zu kaufen, die er dem Lehrer hätte schenken können. Er versuchte deshalb, seine Dienste zu verkaufen, aber er konnte niemanden finden, der ihn anstellte. Es schien ein böser Geist zu existieren, der ihm immer im Weg stand, wie auch immer er sich wenden mochte. Der Weg zur Erleuchtung ist ein schwerer, und er kann einem Menschen sogar das Leben kosten.

Schließlich gelangte Sadaprarudita in die Gegenwart des Lehrers selbst, und selbst dann mußte er eine neue Schwierigkeit überwinden. Er besaß kein Papier, auf dem er sich hätte Notizen machen können und keinen Pinsel und Tinte, womit er schreiben konnte. So stach er in sein Handgelenk und machte sich mit seinem eigenen Blut Notizen. Auf diese Weise stellte er die kostbare Wahrheit sicher.

9. Es war einmal ein Junge namens Sudhana, der sich auch nach Erleuchtung sehnte und eifrig nach dem Weg dahin suchte. Von einem Fischer erfuhr er die Kunde des Meeres. Von einem Arzt lernte er das Mitleid mit kranken Menschen und ihrem Leiden. Von einem wohlhabenden

Mann erfuhr er, daß das Sparen von Pfenningen das Geheimnis seines Vermögens sei, und er dachte daran, wie nötig es sei, jede Kleinigkeit, die man auf dem Wege zur Erleuchtung erwarb, aufzubewahren..

Von einem meditierenden Mönch erfuhr er, daß dem reinen und friedfertigen Geist eine wunderbare Kraft innewohnt, welche die anderen Seelen reinigen und beruhigen würde. Er traf einmal eine Frau, die eine außergewöhnliche Persönlichkeit war, und war von ihrer mildtätigen Gesinnung stark beeindruckt, von ihr lernte er die Lektion, daß Mildtätigkeit die Frucht der Weisheit ist. Einmal traf er einen alten Wanderer, der ihm sagte, um einen bestimmten Ort zu erreichen, müsse er einen Berg aus Schwertern erklimmen und durch ein Tal aus Feuer hindurchgehen müsse. So lernte Sudhana aufgrund seiner Erfahrungen, daß man über alles, was man sah oder hörte, eine wahre Lehre erhalten konnte.

Er lernte Geduld von einer armen, physisch schwachen Frau. Er lernte eine Lektion über das einfache Glück, indem er Kinder beobachtete, die auf der Straße spielten. Von einigen liebenswürdigen und bescheidenen Menschen, die nie daran dachten, irgendetwas zu wollen, was ein anderer wollte, lernte er das Geheimnis, mit der ganzen Welt in Frieden zu leben.

Er lernte eine Lektion der Eintracht, indem er beobachtete, wie sich die Elemente des Weihrauchs miteinander vermischten und eine Lektion der Danksagung durch die Zusammenstellung der Blumen. Eines Tages, als er durch einen Wald ging, ruhte er sich unter einem edlen Baum aus und bemerkte in der Nähe einen winzigen Keimling, der aus einem gestürzten und abgestorbenen Baum herauswuchs. Dadurch lernte er die Lektion von der Ungewissheit des Lebens.

Das Sonnenlicht am Tage und das Funkeln der Sterne in der Nacht erfrischten ständig seinen Geist. So profitierte Sudhana von den Erlebnissen seiner langen Reise.

In der Tat müssen diejenigen, die nach Erleuchtung suchen, an ihre Seelen denken als seien sie Schlösser und sie schmücken. Sie müssen die Schloßeingänge ihrer Seelen weit öffnen für Buddha, und ihn respektvoll und bescheiden einladen, in die innerste Festung einzukehren, um ihm dort den wohlriechenden Weihrauch des Vertrauens und die Blumen der Dankbarkeit und der Freude als Gaben darzubieten.

II
DIE WEGE DER ÜBUNG

1. Für diejenigen, die Erleuchtung suchen, gibt es drei Arten des Übens, die verstanden und befolgt werden müssen. Zuerst die Disziplinen für praktisches Benehmen, zweitens, die richtige Konzentration des Geistes und drittens, Weisheit.

Was sind Disziplinen? Jeder Mensch, ob er ein gewöhnlicher Mensch ist oder einer, der auf der Suche nach dem Weg ist, sollte die Gebote für gutes Benehmen befolgen. Er sollte sowohl seinen Geist als auch seinen Körper kontrollieren und die Tore zu seinen fünf Sinnen bewachen. Er sollte selbst vor einem geringen Übel Angst haben und sollte, von Augenblick zu Augenblick, danach streben, nur gute Taten zu vollbringen.

Was ist mit der Konzentration des Geistes gemeint? Es bedeutet, daß man schnell von habgierigen und schlechten Wünschen abkommt, sobald sie aufkommen, und daß man den Geist rein und ruhig hält.

Was ist Weisheit? Es ist die Weisheit, die Vierfache Edle Wahrheit vollkommen zu verstehen und geduldig zu akzeptieren, um die Tatsache des Leidens und sein Wesen zu erkennen, um zu wissen, was das Ende des Leidens ausmacht; um den Edlen Pfad zu kennen, der zum Ende des Leidens führt.

Diejenigen, die ernsthaft diesen drei Wegen der Übung folgen, können wirklich als Jünger Buddhas bezeichnet werden.

Nehmen wir an, ein Esel, der keine schöne Gestalt hat, keine Stimme und keine Hörner wie die, welche eine Kuh hat, würde einer Herde Kühe folgen und ausrufen: „Seht, ich bin auch eine Kuh!“ Würde irgendjemand ihm glauben? Es ist genauso töricht, wenn ein Mensch den drei Wegen der Übung nicht folgt, sondern damit prahlt, daß er ein Suchender oder ein Jünger Buddhas sei.

Bevor ein Bauer im Herbst die Ernte einfährt, muß er zuerst den Acker pflügen, den Samen säen, ihn bewässern und das Unkraut, das im Frühjahr aufsprießt, jäten. Ähnlich muß derjenige, der die Erleuchtung sucht, den drei Wegen der Übung folgen. Ein Bauer kann nicht erwarten, heute die Knospen zu sehen, morgen die Pflanzen und am darauffolgenden Tage die Ernte einzuholen. So kann ein Mensch, der die Erleuchtung sucht, nicht erwarten, daß er heute alle irdischen Wünsche fallenläßt, sich morgen von den Neigungen und üblen Wünschen befreit und dann am nächsten Tage erleuchtet sein wird.

Genauso wie Pflanzen die geduldige Pflege des Bauern erhalten, nachdem die Saat gesät worden ist, während der Klimaänderungen und des Wachstums von der Pflanze bis zur Frucht; so muß derjenige, der nach der Erleuchtung sucht, geduldig und beständig den Boden der Erleuchtung pflegen, indem er den drei Wegen der Übung folgt.

2. Es ist schwierig, auf dem Pfade, der zur Erleuchtung führt, fortzuschreiten, solange man nach Wohltaten und Luxusgütern gierig Ausschau hält, und der Geist durch die Wünsche der Sinne getrübt ist. Es gibt einen großen Unterschied zwischen dem Genuß des Lebens und dem Genuß des Wahren Pfades.

Wie schon erwähnt, ist der Geist die Quelle aller Dinge. Wenn sich der Geist irdischer Dinge erfreut, werden Illusionen und Leiden unweigerlich folgen. Aber wenn der Geist sich des Wahren Pfades erfreut, werden Glück, Zufriedenheit und Erleuchtung genauso sicher folgen.

Deshalb sollten diejenigen, die Erleuchtung suchen, ihren Geist reinhalten und geduldig auf den drei Wegen bleiben und sie üben. Wenn sie die Gebote einhalten, werden sie selbstverständlich die Konzentration des Geistes erwerben. Wenn sie die Konzentration des Geistes erworben haben, wird es für sie genauso natürlich sein, nach der Weisheit zu streben, und diese wird sie zur Erleuchtung führen.

In der Tat sind diese drei Wege (nämlich die Gebote einhalten, die Konzentration des Geistes trainieren und beständig weise handeln) der Wahre Weg zur Erleuchtung. Dadurch, daß die Menschen ihnen nicht gefolgt sind, haben sie eine ganze Zeit lang geistige Irrtümer angehäuft. Sie dürfen sich nicht mit irdischen Menschen auseinandersetzen, sondern müssen geduldig in dieser inneren Welt aus reinem Geist meditieren, um zur Erleuchtung zu gelangen.

3. Sobald die drei Wege der Übung analysiert worden sind, werden sie den Vierfachen Edlen Pfad enthüllen, die Vier Gesichtspunkte, die beachter werden müssen, die Vier Richtigen Verhaltensweisen, die Fünf Fähigkeiten der Kraft, die angewendet werden müssen und die Vollendung der Sechs Praktiken.

Der Achtfache Edle Pfad verweist auf Vollkommene Erkenntnis, Vollkommene Gesinnung, Vollkommene Rede, Vollkommenes Tun, Vollkommenen Lebensunterhalt, Vollkommene Anstrengung, Vollkommene Achtsamkeit und Vollkommene Sammlung.

Die Vollkommene Erkenntnis beinhaltet das grundlegende Verständnis von der Vierfachen Wahrheit, das

Akzeptieren des Gesetzes von Ursache und Wirkung, sowie sich nicht durch das Äußere und die Wünsche trügen zu lassen.

Die Vollkommene Gesinnung bedeutet den Entschluß, keine Bedürfnisse zu hegen, nicht habgierig zu sein, und keine Tat zu vollbringen, durch die jemand geschädigt werden kann.

Unter der Vollkommenen Rede ist die Vermeidung von Lügen, eitlen und verachtenden Worten sowie Doppelzüngigkeit zu verstehen.

Das Vollkommene Tun bedeutet, kein Leben zu zerstören, nicht zu stehlen und keinen Ehebruch zu begehen.

Der Vollkommene Lebensunterhalt betrifft die Vermeidung einer Lebensführung, durch die einem Menschen Schaden zugefügt werden könnte.

Die Vollkommene Anstrengung beinhaltet den Versuch, fleißig sein Bestes in die richtige Richtung zu tun.

Die Vollkommene Achtsamkeit bedeutet, einen reinen und besinnlichen Geist zu bewahren.

Die Vollkommene Sammlung bedeutet, den Geist ruhig und in rechter Weise für die Konzentration zu halten, indem man versucht, das wahre Wesen des Geistes zu verwirklichen.

4. Die Vier zu berücksichtigenden Gesichtspunkte sind: Erstens, in Betracht zu ziehen, daß der Körper unrein ist

und danach zu trachten, alle Bindungen an ihn fernzuhalten. Zweitens, die Sinne als eine Quelle des Leidens zu betrachten, wie auch immer ihre Gefühle von Schmerz oder Freude sein mögen. Drittens, den Geist als etwas zu betrachten, das dauernder Veränderung ausgesetzt ist. Viertens, alles auf der Welt als eine Folge von Ursachen und Bedingungen anzusehen und zu verstehen, daß nichts für immer unverändert bleibt.

5. Die Vier Richtigen Verhaltensweisen sind: Erstens, jedes Übel am Auftreten zu hindern. Zweitens, jedes Übel zu beseitigen, sobald es beginnt. Drittens, zu veranlassen, daß gute Taten vollbracht werden. Viertens, den Wachstum und das Fortdauern der guten Taten, die schon begonnen wurden, zu fördern. Man muß sich bemühen, diese Vier Verhaltensweisen beizubehalten.

6. Die Fünf Fähigkeiten der Kraft sind: Erstens das Vertrauen zu stärken. Zweitens der Wille, sich anzustrengen. Drittens die Fähigkeit der zuverlässigen Erinnerung. Viertens die Fähigkeit, seinen Geist zu konzentrieren. Fünftens die Fähigkeit, tiefe Weisheit zu bewahren. Diese Fünf Fähigkeiten sind notwendige Kräfte, um die Erleuchtung zu erlangen.

7. Die Vollendung der Sechs Praktiken, um die andere Küste der Erleuchtung zu erreichen, sind: Der Weg des Schenkens, der Weg, Gebote einzuhalten, der Weg der Ausdauer, der Weg des Bemühens, der Weg der Konzentration des Geistes und der Weg der Weisheit. Indem

man diesen Pfaden folgt, ist es möglich, von der Küste des Irrglaubens sicher zur Küste der Erleuchtung hinüberzugelangen.

Durch die Praxis des Schenkens wird die Selbstsucht beseitigt. Die Ausübung der Gebote trägt dazu bei, immer an die Rechte und das Wohlbefinden anderer zu denken. Die Praxis des Erduldens hilft, einen ängstlichen oder zornigen Geist unter Kontrolle zu halten; die Praxis des Bemühens hilft, fleißig und aufrichtig zu sein; die Praxis der Konzentration hilft, einen umherirrenden und oberflächlichen Geist zu kontrollieren; und die Praxis der Weisheit verhilft einem dunklen und verwirrten Geist zu klarer und scharfsinniger Einsicht.

Das Geben und das Einhalten von Geboten sind das Fundament, das nötig ist, um darauf ein großes Schloß zu bauen. Erdulden und Bemühung sind die Mauern dieses Schlosses, die es gegen äußere Feinde schützt. Konzentration und Weisheit sind die persönlichen Waffen, die vor den Angriffen des Lebens und des Todes schützen.

Macht man ein Geschenk nur, wenn es zweckdienlich ist, oder weil es leichter ist, zu geben als nicht zu geben, so ist dies natürlich ein Schenken, aber es ist keine echte Gabe. Wahres Schenken kommt von einem mitfühlenden Herzen, bevor irgendeine Bitte ausgesprochen wurde, und das Wahre Geschenk ist dasjenige, welches nicht nur gelegentlich, sondern ständig gegeben wird.

Es handelt sich auch dann um kein Wahres Geschenk, wenn nach der Tat Gefühle des Bedauerns oder des Eigenlobes entstehen. Ein Wahres Geschenk ist jenes, welches mit Freude gemacht wird, indem man sich als den Schenkenden, den anderen als den Beschenkten und das Geschenk selbst vergißt.

Das Wahre Schenken entspringt spontan dem reinen, mitfühlenden Herzen, ohne Gedanken an irgendeine Rückgabe, und mit dem Wunsch, gemeinsam in ein Leben der Erleuchtung einzutreten.

Es gibt sieben Arten von Opfern, die sogar von jenen Menschen gebracht werden können, die nicht wohlhabend sind.

1. Das physische Opfer. Es bedeutet, daß man seine Dienste mit seiner Hände Arbeit anbieten soll. Die höchste Stufe dieser Opferweise ist dann erreicht, wenn man ein eigenes Leben, wie in der folgenden Geschichte gezeigt wird, hingibt.
2. Das geistige Opfer, d.h., daß man ein mitfühlendes Herz für andere Menschen haben soll.
3. Das Opfer, das man mit den Augen bringt, d.h., daß man anderen Menschen einen warmen Blick schenken soll, der sie beruhigt.
4. Das Opfer, das man mit dem Gesichtsausdruck bringt, d.h., daß man andere Menschen mit einem milden Gesichtsausdruck und einem Lächeln betrachten soll.
5. Das mündliche Opfer, d.h. man soll freundliche und warme Worte an andere Menschen richten.
6. Das Opfern seines Platzes. Man soll anderen seinen Platz anbieten.
7. Das Opfer, Obdach zu gewähren. Man soll Menschen in seinem Hause übernachten lassen.

Diese Opfer können von jedem Menschen in täglichen

Leben gebracht werden.

8. Es war einmal ein Prinz namens Sattva. Eines Tages gingen er und seine beiden älteren Brüder in einen Wald um zu spielen. Dort sahen sie eine halb verhungerte Tigermutter, die offensichtlich den Versuch unternahm, ihre eigenen sieben Jungen zu verschlingen, um ihren Hunger zu stillen.

Die älteren Brüder rannten vor Furcht weg, aber Sattva kletterte auf eine Felsenklippe und warf sich über die Tigermutter, um das Leben der Tigerbabies zu retten.

Prinz Sattva vollbrachte spontan diese Tat der Nächstenliebe, aber in seiner Seele dachte er: „Dieser Körper ändert sich und ist nicht von Dauer. Ich habe diesen Körper geliebt, ohne daran zu denken, ihn wegzuwerfen, aber nun werde ich ihn dieser Tigermutter schenken, um zur Erleuchtung zu gelangen."

9. Es existieren Vier Unbegrenzte Geisteszustände, welche der nach Erleuchtung Suchende hegen sollte: Mitgefühl, Güte, Freude und Gleichmut. Man kann die Habgier beseitigen, indem man das Mitgefühl hegt. Man kann den Zorn abschaffen durch Güte. Man kann das Leiden durch Freude und die Gewohnheit, Feinde und Freunde geringzuschätzen, dadurch aufheben, daß man einen gleichmütigen Geist pflegt.

Es zeugt von großem Mitgefühl, Menschen glücklich und zufrieden zu machen. Es zeugt von großer Güte, alles, was Menschen nicht glücklich und zufrieden macht, zu entfernen. Es ist eine große Freude, jedermann glücklich und zufrieden und mit fröhlichem Sinn zu erleben. Es herrscht eine große Friedlichkeit, wenn jeder glücklich und zufrieden ist, und man dann gegenüber einem jeden gleiche Gefühle empfinden kann.

Nur mit Sorgfalt kann man diese Vier Unbegrenzten Geisteszustände pflegen und Habgier, Zorn, Leiden und die Gesinnung der Haßliebe loswerden. Dies ist aber keine leichte Angelegenheit. Einen üblen Geisteszustand wird man so schwer los wie einen Wachhund, einen guten verliert man degegen so leicht, wie einen Hirsch in einem Wald. Oder ein übler Geisteszustand ist so schwer zu beseitigen wie Buchstaben, die in einen Stein geritzt sind, und ein guter ist dagegen so leicht zu verlieren wie Worte, die in Wasser geschrieben sind. In der Tat ist es wohl das Schwierigste im Leben, für die Erleuchtung zu üben.

10. Es war einmal ein junger Mann namens Srona, der in einer wohlhabenden Familie hineingeboren aber von schwacher Gesundheit war. Er war sehr bestrebt, die Erleuchtung zu gewinnen und wurde deshalb ein Jünger des Erhabenen. Er übte so hart, daß schließlich seine Füße bluteten.

Der Erhabene bemitleidete ihn und sprach: „Srona, mein Junge, hast du zuhause jemals auf der Harfe geübt? Du weißt, daß eine Harfe keine Musik von sich gibt, wenn die Saiten zu fest oder zu locker gespannt sind, sondern nur, wenn diese richtig gespannt sind.

„Die Übung für die Erleuchtung entspricht dem Spannen der Harfensaiten. Man kann die Erleuchtung nicht erwerben, wenn man die Saiten des Geistes zu locker oder zu fest anzieht. Man muß umsichtig sein und weise handeln.“ Srona fand diese Worte sehr nützlich und erwarb schließlich, wonach er suchte.

11. Es war einmal ein Prinz, der in der Anwendung der fünf Waffen sehr geübt war. Eines Tages kehrte er von seiner Übung nach Hause und traf ein Monster, dessen Haut unverletzlich war.

Das Monster ging auf ihn los, aber nichts schüchterte den Prinzen ein. Er schoß einen Pfeil auf ihn, der, ohne ihn verletzt zu haben, herunterfiel. Dann warf er seinen Speer, dem es jedoch nicht gelang, die dicke Haut zu durchdringen. Dann warf er eine Stange und einen Wurfspieß, aber es mißlang ihnen, das Monster zu verletzen. Dann benutzte er sein Schwert, aber dieses zerbrach. Der Prinz griff das Monster mit seinen Fäusten und Füßen an, aber es war zwecklos, dann das Monster umklammerte ihn mit seinen riesigen Armen und hielt ihn fest. Dann versuchte der Prinz, seinen Kopf als Waffe zu benutzen, aber es war vergebens.

Das Monster sagte: „Es ist zwecklos für dich, dich zu widersetzen. Ich werde dich verschlingen.“ Der Prinz antwortete: „Du magst glauben, daß ich alle meine Waffen benutzt habe und hilflos bin, aber ich habe noch eine Waffe. Wenn du mich verschlingst, werde ich dich aus deinem Mageninneren heraus zerstören.“

Der Mut des Prinzen beunruhigte das Monster, und es fragte: „Wie willst du das anstellen?“ Der Prinz erwiderte: „Durch die Kraft der Wahrheit.“

Daraufhin ließ das Monster von ihm ab und bat um seine Unterweisung in der Wahrheit.

Die Lehre dieser Fabel soll die Jünger ermutigen, trotz vieler Widersacher in ihren Bemühungen fortzufahren und unerschrocken zu sein.

12. Beides, widerliche Selbstbestätigung und Schamlosigkeit verletzen die Menschheit, aber Schmach und Schande schützen menschliche Lebewesen. Die Menschen achten ihre Eltern und alte Leute, sie achten ihre älteren Brüder und Schwestern, denn sie sind sensibel für Schmach und Schande. Nachdem man über sich selbst nachgedacht hat, verdient es Anerkennung, wenn man von der Ehre Abstand nimmt, die einem selber zuteil wird und sich beschämt fühlt, sobald man sich über andere Menschen negativ äußert.

Wenn ein Mensch einen reumütigen Geist besitzt, wird sein Karma verbrennen, besitzt er aber einen reulosen Geist, so wird es fortbestehen und ihn für immer verdammen.

Nur derjenige, der die wahre Lehre richting vernimmt und ihre Bedeutung und Beziehung zu sich sebst erkennt, kann sie empfangen und Nutzen aus ihr ziehen.

Hört ein Mensch die wahre Lehre jedoch nur, ohne sie zu erwerben, wird er auf der Suche nach ihr fehlschlagen.

Vertrauen, Demut, Bescheidenheit, Anstrengung und Weisheit sind die großen Quellen der Stärke für denjenigen, der die Erleuchtung sucht. Unter diesen Eigenschaften ist die Weisheit die größte, und die übrigen sind nur einzelne Aspekte derselben. Wenn ein Mensch während seiner Übung an irdischen Dingen haftet, sich eitlen Geschwätzer erfreut oder gar einschläft, wird er sogleich vom Pfad zur Erleuchtung abkommen.

13. In der Übung zur Erleuchtung können einige schneller Erfolg ernten als andere. Deshalb sollte man nicht entmutigt werden, falls man sieht, wie andere zuerst die Erleuchtung erlangen.

Wenn ein Mann das Bogenschießen übt, erwartet er keinen schnellen Erfolg, sondern er weiß, daß er bei geduldiger Übung immer genauer trifft. Ein Fluß beginnt als Bach, wird ständig größer und fließt in den großen Ozean.

Diesen Beispielen gemäß wird ein Mensch, der mit Geduld und Ausdauer übt, sicher die Erleuchtung erlangen.

Wie bereits erwähnt, hält man seine Augen offen, wird man der Lehre überall begegnen, und somit sind die Möglichkeiten für die Erleuchtung unendlich.

Es war einmal ein Mann, der Weihrauch anzündete. Er bemerkte, daß der Duft weder kam noch ging, weder auftrat noch verschwand. Dieser geringfügige Zwischenfall ließ ihn zur Erleuchtung gelangen.

Ein anderer Mann bekam eine Dorne in seinen Fuß. Er fühlte den scharfen Schmerz, und ihm kam der Gedanke, daß Schmerz nur eine Reaktion des Geistes sei. Dem folgte ein tieferer Gedanke, nämlich daß der Geist aus der Hand gerät, wenn es einem mißlingt, ihn zu kontrollieren; daß der Geist rein werden kann, wenn einem dies gelingt. Durch diese Gedanken kam ihm wenig später die Erleuchtung.

Ein weiterer Mann war sehr habgierig. Eines Tages gedachte er seinem habgierigen Geist, als ihm der Gedanke kam, daß habgierige Gedanken nichts als Späne und Zündstoff seien, welche die Weisheit verbrennen und verschlingen können. Dieser Gedanke war der Anfang zu seiner Erleuchtung.

Es gibt ein altes Sprichwort: „Halte deinen Geist ausgeglichen. Wenn der Geist ausgeglichen ist, wird die ganze Welt ausgeglichen sein." Achte auf diese Worte. Erkenne, daß alle Unterschiede der Welt allein durch die unterschiedlichen Sehweisen des Geistes verursacht werden. Gerade in diesen Worten liegt ein Pfad zur Erleuchtung. In der Tat sind die Wege zur Erleuchtung unbegrenzt.

III
DER WEG DES VERTRAUENS

1. Diejenigen, die in den drei Schätzen, Buddha, Dharma und Samgha Zuflucht suchen, werden die Jünger

Buddhas genannt. Die Schüler Buddhas beachten die vier Regeln der Geisteskontrolle; die Gebote, das Vertrauen, das Geben und die Weisheit.

Die Jünger Buddhas haben Vertrauen auf Buddhas Gebote: nicht zu töten, nicht zu stehlen, keinen Ehebruch zu begehen, nicht zu lügen und keinerlei Rauschmittel einzunehmen.

Die Jünger Buddhas haben Vertrauen auf Buddhas vollkommene Weisheit. Sie versuchen, sich von Habgier und Egoismus fernzuhalten und sich im Schenken zu üben. Sie beachten das Gesetz von Ursache und Wirkung, indem sie immer an die Vergänglichkeit des Lebens denken und sich entsprechend der Regel der Weisheit verhalten.

Ein Baum, der sich gen Osten neigt, wird natürlicherweise ostwärts fallen, und so werden diejenigen, welche die Lehre Buddhas vernehmen und ihr ganzes Vertrauen in sie setzen, mit Gewißheit in Buddhas Reinem Lande wiedergeboren werden.

2. Es wurde bereits ganz richtig gesagt, daß jene, die den drei Reichtümern – Buddha, Dharma und Samgha – vertrauen, die Jünger Buddhas genannt werden.

Buddha ist derjenige, der vollkommene Erleuchtung erwarb und das Erworbene dazu benutzte, die ganze Menschheit zu befreien und zu segnen. Dharma ist die Wahrheit, der Geist der Erleuchtung und die Lehre, die dies erklärt. Unter Samgha ist die vollkommene Brüderlichkeit der Vertrauenden in den Buddha und Dharma zu verstehen.

Wir sprechen von Erleuchtung, Dharma und Brüderlichkeit, als ob sie drei verschiedene Dinge wären, aber sie sind in Wirklichkeit nur ein und dieselbe Sache. Buddha wird in seinem Dharma offenbart und durch die Brüderlichkeit verwirklicht. Deshalb, vertraut man dem Dharma und pflegt die Brüderlichkeit, so heißt das, daß man Vertrauen in den Buddha hat. Und hat man Vertrauen in den Buddha, so heißt das, daß man auch dem Dharma vertraut und die Brüderlichkeit pflegt.

Deshalb werden die Menschen befreit und erleuchtet, indem sie einfach Vertrauen in den Buddha haben. Buddha ist der Vollkommen Erleuchtete, der jeden liebt, als ob jeder sein einziger Sohn wäre. Deshalb wird jeder Mensch, wenn er Buddha als seinen eigenen Vater betrachtet, sich mit Buddha identifizieren und auf diese Weise zur Erleuchtung gelangen.

Diejenigen, die den Buddha so betrachten, werden durch seine Weisheit unterstützt und durch seine Würde beeinflußt werden.

3. Nichts ist auf der Welt von größerem Nutzen als Buddha zu vertrauen. Allein seinen Namen zu hören, auf diesen zu vertrauen, und sich über ihn zu freuen, wenn auch nur für einen Augenblick, ist lohnenswert.

Deshalb sollte man daran Gefallen finden, die Lehre Buddhas zu vernehmen, unabhängig von der Feuersbrunst, welche die ganze Welt erfüllt.

Es wird schwer sein, einem Lehrer zu begegnen, der den Dharma zu erläutern vermag. Es wird noch schwerer sein, einem Buddha zu begegnen. Es wird aber das Schwierigste sein, seiner Lehre Vertrauen entgegenzubringen.

Aber jetzt, da Du dem Buddha begegnet bist, welchen man selten antrifft, und der Dich vernehmen ließ, was kaum zu hören ist, solltest Du Dich daran erfreuen, darauf bauen und Vertrauen in den Buddha haben.

4. Auf der langen Reise des menschlichen Lebens ist das Vertrauen der beste Gefährte, die beste Erfrischung und zugleich das größte Vermögen.

Vertrauen ist die Hand, die den Dharma empfängt, die reine Hand, die alle Tugenden empfängt. Vertrauen ist das Feuer, das all die Unreinheiten der irdischen Leidenschaften verschlingt, die Last von uns nimmt und ist der Führer, der uns auf unserem Wege leitet.

Vertrauen beseitigt Habgier, Furcht und Stolz, es lehrt Höflichkeit und gewinnt Achtung. Es befreit aus der Knechtschaft der Verhältnisse und gibt einem Mut, der Mühsal entgegenzutreten. Vertrauen gibt einem die Kraft, den Versuchungen zu widerstehen und befähigt jeden, glänzende und reine Taten zu vollbringen. Zudem bereichert es den Geist mit Weisheit.

Vertrauen ist die Ermutigung, wenn der Weg lang und mühsam ist, und führt einen zur Erleuchtung.

Vertrauen läßt uns fühlen, daß Buddha gegenwärtig ist, und es bringt uns dahin, wo Buddhas Arm uns unterstützt. Vertrauen besänftigt unseren harten und egoistischen Geist und vermittelt uns einen freundlichen Geist sowie einen solchen, der Mitgefühl beinhaltet.

5. Diejenigen, die vertrauen, verfügen über die Weisheit, die Lehre Buddhas in allem, was sie hören, zu erkennen. Sie besitzen die Weisheit, zu sehen, daß alles nur Schein ist, der durch das Gesetz von Ursache und Bedingung entsteht, und sie verfügen über die Gnade des geduldigen Hinnehmens und die Fähigkeit, den Bedingungen friedlich zu entsprechen.

Das Vertrauen verleiht ihnen die Weisheit, die Vergänglichkeit des Lebens zu erkennen, und die Gnade, nicht überrascht oder betrübt zu sein über das, was ihnen zustoßen könnte oder über das Vorübergehen des Lebens selbst, denn sie wissen, daß die Wahrheit des Lebens immer unverändert bleibt, wie sich die Bedingungen und Erscheinungen auch immer verändern mögen.

Das Vertrauen hat drei bedeutsame Aspekte: ein demütiges und nachsichtiges Absehen von der eigenen Person, eine freudige und aufrichtige Achtung gegenüber den Tugenden anderer und eine dankbare Annahme der Erscheinung Buddhas.

Die Menschen sollten diese Aspekte des Vertrauens pflegen: Sie sollten für ihre Fehltritte und Unreinheiten sensibel sein, sich darüber schämen und diese sich eingestehen. Sie sollten sich fleißig in der Anerkennung der guten Charakterzüge und Taten anderer üben und sie um ihretwillen loben. Zudem sollten sie sich ständig wünschen, im Geiste Buddhas zu handeln und zu lieben.

Der Geist des Vertrauens ist der Geist der Aufrichtigkeit. Er ist ein starker Geist, nämlich ein Geist, der aufrichtig froh darüber ist, durch Buddhas Kraft in dessen Reines Land hingeführt zu werden.

Deshalb verleiht Buddha dem Vertrauen eine Kraft, welche die Menschen ins Reine Land führt, sie reinigt und sie vor Selbsttäuschung schützt. Selbst wenn sie nur für einen Augenblick Vertrauen haben, sobald sie Buddhas Namen in der ganzen Welt gepriesen hören, werden sie doch in sein Reines Land hingeführt werden.

6. Vertrauen ist nicht etwas, das dem irdischen Geist hinzugefügt wird. Es ist die Offenbarung des Wesens Buddhas im Geiste, weil jemand, der Buddha versteht, selbst ein Buddha ist; jemand, der in Buddha vertraut, ist selbst ein Buddha.

Aber es ist schwierig, seine Buddha-natur zu enthüllen und sie dann wieder zu verbergen. Ebenso ist es schwierig, einen reinen Geist zu bewahren in dem ständigen Auf und Ab von Habgier, Zorn und irdischer Leidenschaft. Dennoch befähigt einen das Vertrauen es zu tun.

Im Wald der giftigen Erandabäume sollen nur Erandabäume wachsen, nicht aber der duftende Candana. So ist es ein Wunder, wenn ein Candanabaum in einem Erandawald wächst.

Ebenso bleibt es ein Wunder, daß das Vertrauen auf Buddha in den Herzen der Menschen gedeiht.

Deshalb wird dieses Vertrauen „wurzelloses" Vertrauen genannt. Es hat keine Wurzel, durch die es im menschlichen Geist wachsen kann, dagegen verfügt es aber über eine besondere, um so in dem mitfühlenden Geiste Buddhas zu wachsen.

7. Somit ist das Vertrauen fruchtbar und tugendhaft, aber es kann kaum in einem trägen Geist erweckt werden. Es existieren insbesondere fünf Zweifel, die in den Schatten des menschlichen Geistes lauern und danach trachten, das Vertrauen aufzuheben.

Zuerst bestehen Zweifel an der Weisheit Buddhas. Zweitens existieren Zweifel an der Lehre Buddhas sowie solche an der Person desjenigen, der die Lehre Buddhas auslegt. Viertens bestehen Zweifel darüber, ob die Wege und Methoden, von denen angenommen wird, daß sie mit dem Edlen Pfade übereinstimmen, verläßlich sind. Fünftens mag es zudem eine Person geben, die wegen ihres arroganten und ungeduldigen Geistes an der Aufrichtigkeit der anderen zweifelt, welche die Lehre Buddhas verstehen und ihr folgen.

In der Tat gibt es nichts Schrecklicheres als Zweifel. Zweifel entzweit die Menschen und ist ein Gift, welches Freundschaften und erfreuliche Beziehungen auflöst. Er ist ein Dorn, der reizt und verletzt sowie ein Schwert, das tötet.

Die Anfänge des Vertrauens wurden vor langer Zeit durch das Mitleid Buddhas gesetzt. Wenn man darauf baut, sollte man diese Tatsache anerkennen und Buddha für seine Güte sehr dankbar sein.

Man sollte nie vergessen, daß es nicht das eigene Mitleid ist, durch welches das Vertrauen erweckt wurde, sondern es allein Buddhas Barmherzigkeit war, die vor langer Zeit sein reines Licht des Vertrauens in den Geist der Menschen warf und dadurch die Dunkelheit ihrer Unwissenheit aufgelöst hat. Er, der sich des gegenwärtigen Glaubens erfreut, ist in ihr Erbe eingetreten.

Selbst wer ein weltliches Leben lebt, kann im Reinen Lande wiedergeboren werden, weil bei ihm durch Buddhas unermeßliche Barmherzigkeit Vertrauen aufzusteigen beginnt.

Es ist in der Tat schwer, in diese Welt hineingeboren worden zu sein. Es ist schwierig, den Dharma zu hören und noch schwieriger, das Vertrauen zu erwecken. Deshalb sollte jeder alle Anstrengungen unternehmen, um die Lehren Buddhas zu vernehmen.

IV
TUNGENDHAFTE GRUNDSÄTZE

1. „Er verachtete mich, er lachte mich aus, er schlug mich." So denkt jeder gewöhnlich, und solange man solche Gedanken pflegt, hält der Zorn an.

Der Zorn wird nie verschwinden, solange Gedanken des Grolls im Geiste gehegt werden, sondern er wird erst dann überwunden sein, wenn die Gedanken des Grolls vergessen worden sind.

Wenn das Dach fehlerhaft gedeckt wurde oder reparaturbedürftig ist, wird der Regen in das Haus sickern. Ebenso tritt die Habgier in den Geist ein, der fehlerhaft geübt oder außer Kontrolle ist.

Faul zu sein, ist ein kurzer Weg in den Tod. Untätige Menschen sind träge, weise dagegen sind fleißig.

Ein Pfeilhersteller versucht, seine Pfeile gerade zu schnitzen. So versucht auch ein weiser Mensch, seinen Geist offen zu halten.

Ein beunruhigter Geist ist immer tätig, springt hin und her und ist schwer zu kontrollieren. Dagegen ist ein ruhiger Geist friedlich. Deshalb ist es weise, den Geist unter Kontrolle zu halten.

Es ist der eigene Geist des Menschen und nicht etwa sein Feind oder Widersacher, der ihn auf die üblen Pfade lockt.

Allein derjenige, der seinen Geist vor Gier, Haß und Verblendung bewahrt, genießt den wirklichen und dauerhaften Frieden.

2. Angenehme Worte zu äußern, ohne sie in die Tat umzusetzen, ist wie eine feine Blume ohne Duft.

Der Duft einer Blume weht nicht gegen den Wind, aber die Ehre eines guten Menschen weht sogar gegen den Wind in die Welt hinein.

Die Nacht scheint für einen schlaflosen Menschen endlos zu dauern wie die Reise für einen müden Reisenden; so verhält es sich auch mit der Zeit des Irrglaubens und Leidens für einen Menschen, der die richtige Lehre nicht kennt.

Auf eine Reise sollte sich ein Mensch mit einem Gefährten begeben, der gleichen Sinnes ist oder eine bessere Gesinnung hat. Dagegen sollte man lieber allein reisen als mit einem törichten Menschen zusammen.

Ein unaufrichtiger und böser Freund ist mehr zu fürchten als ein wildes Tier: Ein wildes Tier kann den Körper verwunden, aber ein böser Freund wird den Geist verletzen.

Solange ein Mensch nicht seinen eigenen Geist zu kontrollieren vermag, wie kann er dann zufrieden werden mit solchen Gedanken wie: „Das ist mein Sohn“ oder

„Das ist mein Schatz“? Ein törichter Mensch leidet an solchen Gedanken.

Töricht zu sein und zu erkennen, daß man töricht ist, ist besser, als sich einzubilden, man sei weise.

Ein Löffel kann die Nahrung, die er trägt, nicht schmecken. Ebenso kann ein törichter Mensch die Weisheit eines Weisen nicht verstehen, selbst wenn er sie mit Salbei vermischt.

Frische Milch gerinnt oft langsam; so bringen üble Taten nicht immer unmittelbare Ergebnisse. Übeltaten sind eher wie Feuerkohlen, die in der Asche verborgen liegen und noch weiter glimmen, um schließlich ein größeres Feuer zu verursachen.

Ein Mensch ist töricht, wenn er das Verlangen nach Vorteilen, Beförderung, Gewinn oder Ehre hegt, denn solche Wünsche können nie Glück bringen, sondern werden stattdessen nur Leiden herbeiführen.

Ein guter Freund, der auf Fehler und Unvollkommenheiten hinweist und Böses tadelt, ist zu achten, als ob er das Geheimnis eines verborgenen Schatzes aufdeckt.

3. Ein Mensch, der erfreut ist, wenn er eine gute Unterweisung erhält, wird friedlich schlafen, weil sein Geist dadurch gereinigt wurde.

Ein Zimmermann ist bemüht, sein Gebälk gerade zu bauen; ein Pfeilhersteller versucht, eine Pfeile gut ausbalanciert herzustellen; derjenige, der einen Bewässerungsteich gräbt, bemüht sich, das Wasser gleichmäßig fließen zu lassen: So versucht ein weiser Mensch, seinen Geist zu kontrollieren, so daß dieser gleichmäßig und genau arbeiten kann.

Ein großer Felsen wird durch den Wind nicht zerstört: Der Geist eines weisen Menschen wird weder durch Ehre noch durch Verachtung beunruhigt.

Sich selbst zu erobern, ist ein größerer Sieg als Tausende in einer Schlacht gefangenzunehmen.

Einen einzigen Tag zu leben und dabei eine gute Lehre zu hören, ist besser, als hundert Jahre zu leben, ohne solch eine Lehre vernommen zu haben.

Diejenigen, die sich selbst achten, müssen beständig auf der Hut sein, bösen Wünschen nicht nachzugeben. Wenigstens einmal zu ihren Lebzeiten sollten sie Vertrauen entwickeln, entweder in ihrer Jugend, in ihren mittleren Jahren oder im Alter.

Die Welt brennt immer, nämlich mit den Feuern der Gier, des Hasses und der Verblendung: Man sollte vor solchen Gefahren so schnell wie möglich fliehen.

Die Welt ist wie eine Blase, wie ein zartes Spinnengewebe oder wie der Schmutz in einem schmutzigen Topf: Man sollte beständig die Reinheit seines Geistes bewahren.

4. Jegliches Böse zu vermeiden, das Gute zu suchen, den Geist rein zu halten: das ist der Kernpunkt der Lehre Buddhas.

Das Erdulden ist eine der schwierigsten Disziplinen, aber man sagt, daß für denjenigen, der erduldet, der letzte Sieg nahe ist.

Man muß den Haß entfernen, wenn man haßt; man muß Kummer begraben, solange man mitten im Kummer steckt; man muß Habgier beseitigen, wenn man in Habgier versickert. Um ein reines, selbstloses Leben zu führen, muß man inmitten des Überflusses nur mit sich selbst rechnen.

Gesund zu sein, ist von großem Vorteil; zufrieden zu sein mit dem, was man hat, ist mehr wert als der Besitz großen Reichtums; als verläßlich angesehen zu werden, ist echtes Kennzeichen der Freundlichkeit; Erleuchtung zu erwerben, ist das höchste Glück auf Erden.

Wenn man das Gefühl hat, das Böse zu verabscheuen, und man sich gelassen fühlt sowie Gefallen daran findet, guten Lehren zuzuhören; wenn man alle diese Gefühle besitzt und schätzt, ist man frei von Furcht.

Laß Dich nicht von den Dingen vereinnahmen, die Du magst; behalte nicht Deine Abneigung bei gegenüber Dingen, die Du verabscheust. Kummer, Furcht und Zwang werden von den Neigungen und Abneigungen hervorgerufen.

5. Rost bildet sich auf Eisen und zerstört es: Genauso wächst das Böse im Geiste des Menschen und zerstört ihn.

Eine Schrift, die nicht mit Aufmerksamkeit gelesen wird, wird bald mit Staub bedeckt sein; ein Haus, das nicht wiederhergestellt wird, sobald es reparaturbedürftig ist, wird unansehnlich: Ebenso wird ein träger Mensch bald verachtet werden.

Unreine Taten entehren eine Frau, Geiz entehrt ein Geschenk: So verunreinigen üble Taten nicht nur dieses Leben, sondern auch die folgenden.

Aber die Verunreinigung, welche am meisten gefürchtet werden sollte, ist die durch Unwissenheit. Ein Mensch kann nicht hoffen, seinen Körper oder Geist zu läutern, bevor nicht die Unwissenheit beseitigt ist.

Es ist leicht, in Schamlosigkeit zu geraten, wie eine Kuh vorlaut und unerschrocken zu sein, sowie andere zu verletzen, ohne dabei irgendein Gefühl des Bedauerns für solche Tat zu hegen.

Es ist in der Tat schwer, bescheiden zu sein, Achtung und Ehre zu kennen, alle negativen Neigungen loszuwerden, sowie sich in Gedanken und Taten reinzuhalten und weise zu werden.

Es ist leicht, auf die Fehler der anderen hinzuweisen, während es dagegen schwer ist, seine eigenen Fehler einzugestehen. Ein Mensch verbreitet die Übeltaten anderer ohne nachzudenken, aber er verbirgt seine eigenen, so wie ein Spieler seinen extra Würfel verbirgt.

Der Himmel hinterläßt keine Spur von einem Vogel, von Rauch oder Sturm. Eine unheilsame Lehre bringt keine Erleuchtung. Nichts auf dieser Welt ist beständig. Ein erleuchteter Geist ist stets ungetrübt.

6. So wie ein Ritter sein Schloßtor hütet, muß man seinen eigenen Geist vor äußeren und inneren Gefahren beschützen. Man darf ihn nicht für einen Augenblick außer acht lassen.

Man ist der Herr über sich selbst und die Oase, von der man gespeist werden kann. Deshalb sollte man vor allem sich selbst kontrollieren.

Der erste Schritt zur geistigen Freiheit von den irdischen Ketten und Fesseln ist der, seinen Geist unter Kontrolle zu bringen, eitles Gerede zu beenden und nachdenklich zu werden.

Die Sonne erhellt den Tag, der Mond macht die Nacht schön. Disziplin vergrößert die Würde eines Soldaten: So kenzeichnet die ruhige Meditation den nach Erleuchtung Suchenden.

Derjenige, der seine fünf Sinne (Augen, Ohren, Nase, Zunge und Körper) nicht überwachen kann, und durch seine Umgebung in Versuchung gerät, ist nicht derjenige, der für die Erleuchtung üben kann.

7. Derjenige, der durch seine Neigungen und Abneigungen beeinflußt wird, kann die Bedeutung der Umstände nicht richtig verstehen und neigt stets dazu, von ihnen überwältigt zu werden. Derjenige, der frei von Bindungen ist, versteht die Umstände richtig, und für ihn werden alle Dinge neu und bedeutsam.

Das Glück folgt dem Kummer, der Kummer folgt dem Glück. Aber wenn man nicht länger zwischen Glück und Kummer, einer guten und einer schlechten Tat unterscheidet, kann man Freiheit verwirklichen.

Sich im voraus Sorgen zu machen oder für Vergangenes Bedauern zu hegen, ist ähnlich den Grashalmen, die geschnitten werden und dahinwelken.

Das Geheimnis der Gesundheit, sowohl für den Geist wie für den Körper, besteht nicht darin, der Vergangenheit nachzutrauern, oder sich um die Zukunft zu sorgen, oder kommende Schwierigkeiten vorwegzunehmen, sondern darin, in jedem Augenblick weise und aufrichtig zu leben.

Bleib nicht in der Vergangenheit stecken, träume nicht von der Zukunft, sondern konzentriere Deinen Geist auf den jetzigen Augenblick.

Es ist ehrenwert, die augenblickliche Pflicht gut und makellos auszuführen; versuche nicht, sie zu meiden oder auf morgen zu verschieben. Wenn man im Jetzt handelt, kann man einen guten Tag verbringen.

Weisheit ist der beste Führer, und Vertrauen ist der beste Gefährte. Man muß versuchen, der Dunkelheit der Unwissenheit und des Leidens zu entkommen und das Licht der Erleuchtung zu suchen.

Wenn Leib und Seele eines Menschen unter Kontrolle stehen, sollte er es durch tugendhafte Taten offenbaren. Dies ist eine tugendsame Pflicht. Das Vertrauen wird dann sein Reichtum sein, Aufrichtigkeit wird seinem Leben einen süßen Geschmack geben, und es wird seine ehrenhafte Aufgabe sein, Tugenden zu vermehren.

Auf der Reise des Lebens ist das Vertrauen die Nahrung, tugendhafte Taten sind ein Zufluchtsort, Weisheit ist das Licht am Tag, und richtige Achtsamkeit ist der Schutz bei Nacht. Wenn ein Mensch ein heilsames Leben lebt, kann ihn nichts zerstören; hat er die Habgier besiegt, kann nichts seine Freiheit begrenzen.

Man sollte sich seiner Familie zuliebe vergessen. Man sollte seine Familie um seines Dorfes willen vergessen. Man sollte sein Dorf um der Nation willen vergessen. Und man sollte alles vergessen um der Erleuchtung willen.

Alles ist veränderlich. Alles kommt und geht. Es gibt keinen seligen Frieden, bis daß man den Kampf um Leben und Tod überwunden hat.

DIE BRÜDERLICHKEIT

Erstes Kapitel

DIE PFLICHTEN DER BRÜDERLICHKEIT

I
BRÜDER DER HAUSLOSIGKEIT

1. Ein Mensch, der mein Schüler werden möchte, muß gewillt sein, alle direkten Beziehungen zu seiner Familie, das gesellschaftliche Leben in der Welt und jeden Bezug zum Reichtum aufzugeben. Ein Mensch, der alle diese Beziehungen um des Dharmas willen aufgegeben und weder für seinen Leib noch für seine Seele eine Wohnstätte gefunden hat, ist mein Schüler und soll hausloser Bruder genannt werden.

Auch wenn seine Füße ihre Abdrücke in meinen Fußspuren hinterlassen und seine Hände mein Gewand tragen, sollte sein Geist durch Habgier getrübt sein, ist er weit von mir entfernt. Auch wenn er wie ein Mönch gekleidet ist, aber diese Belehrung nicht annimmt, kann er mich nicht sehen.

Hat er aber all die Habgier überwunden, und ist sein Geist rein und friedlich geworden, so ist er mir sehr nahe, auch wenn er tausende von Meilen von mir entfernt ist. Wenn er den Dharma empfängt, sieht er mich darin.

2. Meine Schüler, die hauslosen Brüder, müssen vier Regeln beachten und ihr Leben auf diese aufbauen.

Erstens tragen sie alte und abgetragene Gewänder. Zweitens bekommen sie ihre Nahrung, indem sie um Almosen betteln. Drittens ist ihre Heimstätte dort, wo sie von der Nacht, unter einem Baum oder auf einem Felsen sitzend, überrascht werden. Viertens verwenden sie eine besondere Medizin, hergestellt aus dem Urin.

In der Hand einen Napf zu halten und von Haus zu Haus zu gehen, ist das Leben eines Bettlers, aber ein Bruder wird nicht von anderen dazu gezwungen, dies zu tun, auch wird er weder durch die Umstände noch durch die Versuchung dazu verleitet. Er tut es aus eigenem, freien Willen heraus, weil er weiß, daß ein Leben im Vertrauen ihn von den Täuschungen des Lebens fernhalten und ihm helfen wird, Leiden zu vermeiden, und die Erleuchtung zu erlangen.

Das Leben eines hauslosen Bruders ist kein leichtes. Er sollte es nicht auf sich nehmen, wenn er nicht seinen Geist frei von Habgier und Zorn halten und seinen Geist oder seine fünf Sinne kontrollieren kann.

3. Um es für sich selbst akzeptieren zu können, ein Bruder der Hauslosigkeit zu sein, und um darauf antworten zu können, wenn man danach gefragt wird, muß man fähig sein, zu sagen:

„Ich will, was auch immer nötig ist, auf mich nehmen, um ein hausloser Bruder zu sein. Ich werde damit Ernst machen und versuchen, den Zweck zu erfüllen, um ein hausloser Bruder zu werden. Ich werde denen dankbar sein, die mir durch Geschenke helfen, und werde versuchen, sie durch meinen Eifer und mein gutes Leben glücklich zu machen."

Um ein Bruder der Hauslosigkeit zu sein, sollte man sich auf verschiedene Weise üben: Man muß sensibel sein für Schamgefühl und Beschimpfung, wenn er versagt. Man muß seinen Leib, seine Zunge und seinen Geist reinhalten, wenn das Leben tugendhaft sein soll. Man muß die Tore seiner fünf Sinne bewachen und darf nicht die Kontrolle über seinen Geist einiger vorübergehender Vergnügungen willen verlieren. Man darf sich nicht selbst loben oder andere tadeln. Man darf nicht träge sein oder sich einem ausgedehnten Schlaf hingeben.

Am Abend sollte man Zeit haben, um sich still hinzusetzen und zu meditieren und einen kurzen Spaziergang zu machen, bevor man sich zurückzieht. Um friedlich schlafen zu können, sollte man auf der rechten Seite liegen, mit Füßen beieinander, und zuletzt sollte er an die Zeit denken, zu der man am frühen Morgen aufstehen möchte. Frühmorgens sollte man erneut Zeit haben, um sich still hinzusetzen und zu meditieren und danach einen kurzen Spaziergang zu machen.

Den ganzen Tag über sollte man immer einen wachen Geist bewahren, indem man den Leib als auch den Geist unter Kontrolle behält und jeder Neigung zu Habgier, Zorn, Unwissenheit, Trägheit, Unaufmerksamkeit, Schmerz, Mißtrauen und allen irdischen Wünschen widersteht.

Ausgestattet mit einem konzentrierten Geist, sollte man über vortreffliche Weisheit verfügen und nur vollkommene Erleuchtung zu erlangen suchen.

4. Wenn ein hausloser Bruder sich selbst vergißt und habgierig wird, seinem Zorn nachgibt und dem Haß, der Eifersucht, der Eitelkeit, dem Eigenlob oder der Unaufrichtigkeit frönt, so ist er wie jemand, der ein scharfes zweischneidiges Schwert trägt, das nur mit einem dünnen Tuch bedeckt ist.

Er ist allein deswegen noch lange kein hausloser Bruder, nur weil er die Lumpen eines Mönchs trägt und eine Almosenschale mit sich führt oder leicht Schriften aufsagt: Er ist nur ein Mensch aus Stroh und weiter nichts.

Selbst wenn seine äußere Erscheinung die eines Mönchs sein sollte, kann er seinen irdischen Wünschen nicht widerstehen. Er ist kein hausloser Bruder, sondern nichts weiter als ein Kind in einem Mönchsgewand.

Diejenigen aber, die den Geist konzentrieren und kontrollieren können, Weisheit besitzen, alle irdischen Wünsche überwunden haben, und deren einziges Ziel es ist, Erleuchtung zu erlangen – nur diese können die wahren Brüder der Hauslosigkeit genannt werden.

Ein wahrer hausloser Bruder ist entschlossen, sein Ziel der Erleuchtung auch dann zu erreichen, selbst wenn er dabei seinen letzten Blutstropfen verlieren würde, und seine Knochen zu Staub zerfielen. Ein solcher Mann, der sein Bestes versucht, wird schließlich das Ziel erreichen und dies durch seine Fähigkeit bezeugen, verdienstvolle Taten eines hauslosen Bruders zu vollbringen.

5. Der Auftrag eines hauslosen Bruders besteht darin, das Licht der Lehren Buddhas weiterzutragen. Er muß zu allen darüber sprechen, schalfende Menschen aufwecken, falsche Vorstellungen richtigstellen, helfen, daß die Menschen einen richtigen Standpunkt vertreten und überall hingehen, um die Lehre weiterzuverbreiten, selbst unter Einsatz des eigenen Lebens.

Der Auftrag eines hauslosen Bruders ist kein leichter, deshalb sollte derjenige, der danach strebt, Buddhas Kleider zu tragen, auf Buddhas Platz sitzen und in Buddhas Zimmer eintreten.

‚Die Kleider Buddhas tragen' bedeutet, bescheiden zu sein und sich im Erdulden zu üben. ‚Auf Buddhas Platz sitzen' bedeutet, alles als unwesentlich anzusehen und keine Bindungen zu besitzen. ‚In Buddhas Zimmer eintreten' bedeutet, sein allumfassendes großes Mitleid zu teilen und zu jedem Zuneigung zu entwickeln.

6. Jene, welche die Lehre Buddhas für jeden annehmbar lehren möchten, müssen sich um vier Dinge bemühen: Erstens müssen sie sich um ihr eigenes Benehmen kümmern. Zweitens müssen sie sich um die Wortwahl bemühen, sobald sie sich Menschen nähern und sie zu unterrichten gedenken. Drittens müssen sie sich um den Beweggrund für ihre Lehren bemühen und darum, welches Ziel sie damit erreichen wollen. Viertens müssen sie sich für das große Erbarmen interessieren.

Um ein guter Lehrer des Dharma zu sein, muß ein hausloser Bruder zuallererst seine Füße gut auf dem Boden des Erduldens zu stehen haben. Er muß bescheiden sein. Er darf nicht exzentrisch sein oder sich nach Berühmtheit sehnen. Er muß ständig an die Nichtigkeit der Dinge denken und darf sich an nichts binden. Wenn er sich auf diese Weise bemüht, wird er sich richtig verhalten können.

Zweitens muß er sich in Vorsicht üben, sobald er sich Menschen und Situationen nähert. Er muß Menschen meiden, die ein schlechtes Leben führen oder die mit Macht ausgestattet sind. Er muß sich von Frauen fernhalten. Außerdem muß er den Menschen auf freundliche Weise begegnen. Er muß beständig daran denken, daß die Dinge durch das Zusammenspiel von Ursachen und Bedingungen entstehen, und diesen Standpunkt vertretend, darf er die Menschen nicht tadeln oder sie mißbrauchen, von ihren Fehlern sprechen oder sie mißachten.

Drittens muß er seinen Geist friedlich halten, indem er Buddha als seinen geistigen Vater und andere hauslose Brüder, die für die Erleuchtung üben, als seine Lehrer betrachtet und zu jedem mit großem Erbarmen aufblickt. Zudem muß er alle Menschen in gleicher Weise unterrichten.

Viertens muß er seinen Geist des Erbarmens selbst bis zum äußersten Grad entfalten lassen. Besonders sollte er seinen mitleidsvollen Geist jenen zukommen lassen, die nicht genug wissen, um die Erleuchtung zu suchen. Er sollte sich wünschen, daß sie die Erleuchtung suchen mögen, und sollte dann seinen Wünschen sein selbstloses Bemühen folgen lassen, um ihr Interesse zu wecken.

II
LAIENANHÄNGER

1. Es ist bereits erklärt worden, daß, um ein Schüler Buddhas zu werden, man den drei Werten – Buddha, Dharma, Samgha – vertrauen soll.

Um ein Laienanhänger zu werden, muß man unerschütterliches Vertrauen zum Buddha haben, seinen Lehren folgen, Gebote erlernen und sie in die Praxis umsetzen, und zudem die Bruderschaft hochschätzen.

Die Laienanhänger sollten folgende fünf Gebote befolgen: nicht töten, nicht stehlen, keinen Ehebruch begehen, nicht lügen oder betrügen und keine Rauschmittel einnehmen.

Die Laienanhänger sollten nicht nur den drei Werten ihr Vertrauen schenken und selber die Gebote einhalten, sondern, sofern sie dazu in der Lage sind, sollten es so machen, daß diese auch von anderen eingehalten werden können, besonders von ihren Verwandten und Freunden. Sie müssen versuchen, in ihnen ein unerschütterliches Vertrauen in den Buddha, Dharma und Samgha zu wecken, so daß auch sie an Buddhas Mitleid teilhaben können.

Laienanhänger sollten stets daran denken, daß der Grund, warum sie den drei Werten vertrauen und die Gebote einhalten, der ist, selbst befähigt zu werden, die Erleuchtung zu erlangen. Obwohl sie in einer Welt von Begierden leben, sollten sie es vermeiden, sich an solche Begierden zu binden.

Die Laienanhäner sollten beständig gewahr sein, daß sie früher oder später verpflichtet sein würden, sich von ihren Eltern und Familien zu trennen und aus diesem Leben von Geburt und Tod zu scheiden. Deshalb sollten sie sich nicht an die Dinge dieses Lebens binden, sondern ihren Geist auf die Welt der Erleuchtung, in der nichts vergeht, richten.

2. Wenn die Laienanhänger aufrichtiges und ungetrübtes Vertrauen in die Lehren Buddhas gewinnen wollen, sollten sie in ihrem Geist eine ruhige und ungetrübte Glückseligkeit hervorrufen, die auf ihre ganze Umgebung ausstrahlen und auf sie wieder zurückstrahlen wird.

Diese Geisteshaltung des Vertrauens ist rein und sanftmütig, immer geduldig und ausdauernd, streitet nicht und fügt anderen kein Leid zu: Die Laienanhänger denken immer über die Werte – Buddha, Dharma und Samgha – nach. So entsteht spontan in ihrem Geist Glück, und das Licht der Erleuchtung kann überall gefunden werden.

Da sie durch das Vertrauen im Herzen Buddhas ruhen, sind sie weit davon entfernt, einen egoistischen Geist zu haben, an Besitztümer gebunden zu sein. Deshalb fürchten sie sich auch nicht in ihrem täglichen Leben oder davor, kritisiert zu werden.

Die Laienanhänger fürchten sich nicht vor ihrem zukünftigen Tod, da sie darauf vertrauen, in Buddhas Reines Land wiedergeboren zu werden. Da sie die Wahrheit und Tugendhaftigkeit der Lehren schätzen, können sie ihre Gedanken frei und ohne Furcht äußern.

Da ihr Geist mit Mitleid für alle Menschen erfüllt ist, werden sie keine Unterschiede zwischen ihnen machen, sondern allen in gleicher Weise begegnen. Und da ihr Geist von Neigungen und Abneigungen frei ist, wird es für sie rein, gerecht und glückbringend sein, irgendeine gute Tat zu vollbringen.

Ob die Laienanhänger in Not oder im Wohlstand leben, wird für die Festigung ihres Vertrauens keinen Unterschied machen. Wenn sie demütig sind, die Lehren

Buddhas achten, im Reden und Handeln konsequent sind, sich durch die Weisheit leiten lassen und ihr Geist so unbeweglich wie ein Berg ist, dann werden sie auf dem Pfad zur Erleuchtung ununterbrochen Fortschritte machen.

Obwohl sie gezwungen sind, in einer schwierigen Situation und unter Menschen von unreinem Geist zu leben, können sie diese zu besseren Taten hinführen, wenn sie das Vertrauen in den Buddha festigen.

3. Deshalb sollte man zuerst den Wunsch haben, die Lehren Buddhas zu hören.

Wenn jemand einem erzählen sollte, daß es für ihn notwendig sei, durchs Feuer zu gehen, um die Erleuchtung zu erlangen, dann sollte er gewillt sein, durch ein solches Feuer hindurchzugehen.

Vernimmt man Buddhas Namen, der es wert ist, für ihn durch eine Welt voller Feuer zu gehen, so entsteht Zufriedenheit.

Möchte man der Lehre Buddhas folgen, darf man nicht egoistisch oder eigenwillig sein, sondern sollte Gefühle des Wohlwollens gegenüber allen Menschen gleichermaßen hegen: Man sollte diejenigen achten, die achtenswert sind; man sollte denen dienen, die den Dienst wert sind und jeden mit gleicher Freundlichkeit behandeln.

So sollen die Laienanhänger zuerst ihren eigenen Geist üben und sich nicht durch die Taten anderer stören lassen. Auf diese Weise sollen sie die Lehre Buddhas empfangen und diese in die Praxis umsetzen, indem sie andere nicht beneiden, sich nicht von anderen beeinflussen lassen und keine anderen Wege zur Erleuchtung in Erwägung ziehen.

Diejenigen, die der Lehre Buddhas nicht vertrauen, haben einen engen Blickwinkel und folglich einen getrübten Geist. Jene aber, die der Lehre Buddhas folgen, vertrauen darauf, daß eine große Weisheit und ein großes Mitgefühl, das alles umfaßt, existiert und ihr Vertrauen bleibt durch Lappalien ungestört.

4. Diejenigen, welche die Lehre Buddhas hören und empfangen, wissen, daß ihr Leben vergänglich ist, und ihre Körper nur die Anhäufung von Leiden und die Quelle allen Übels sind, und so werden sie von ihnen nicht berührt.

Gleichzeitig lassen sie jedoch nicht nach, gut auf ihren Körper zu achten, nicht etwa, um die Leidenschaften des Körpers zu genießen, sondern weil der Körper für die Erlangung der Weisheit und für ihren Auftrag, anderen den Weg aufzuzeigen, notwendig ist.

Passen sie nicht gut auf ihren Körper auf, können sie nicht lange leben. Leben sie nicht lange, können sie die Lehre nicht persönlich ausüben oder auf andere übertragen.

Wenn ein Mann einen Fluß überqueren will, gibt er auf sein Floß gut Obacht. Muß er eine lange Reise unternehmen, paßt er gut auf sein Pferd auf. So muß ein Mensch, ist er bestrebt, Erleuchtung zu erlangen, gut auf seinen Körper achten.

Diejenigen, die Anhänger Buddhas sind, müssen Kleidung tragen, um den Körper vor äußerster Hitze und Kälte zu schützen und um ihr Geschlecht zu verbergen. Aber sie sollten diese nicht zur Ausschmückung tragen.

Sie müssen Nahrung zu sich nehmen, um den Leib zu ernähren, so daß sie die Lehre hören, empfangen und erklären können, aber sie sollten nicht zum reinen Vergnügen essen.

Sie müssen im Haus der Erleuchtung leben, um vor den Dieben der irdischen Leidenschaften und den Stürmen der üblen Lehre geschützt zu sein, und sie sollten das Haus zu seinem wirklichen Zweck gebrauchen und nicht zur Ausstellung oder zur Verheimlichung selbstsüchtiger Praktiken.

Deshalb sollte man die Dinge richtig einschätzen und sie nur in ihrer Beziehung zur Erleuchtung und Lehre benutzen. Man sollte sich nicht aus selbstsüchtigen Gründen an sie binden, sondern sie nur gebrauchen, solange sie einem nützlichen Zweck dienen, nämlich dem, anderen die Lehre zu bringen.

Deshalb sollte man seinen Geist immer bei der Lehre verweilen lassen, selbst dann, wenn man bei seiner Familie lebt. Man sollte sich mit einem weisen und mitfühlenden Geist um sie kümmern, indem man nach verschiedenen Mitteln sucht, um in ihrem Geist das Vertrauen zu erwecken.

5. Weltliche Anhänger von Buddhas Samgha sollten jeden Tag die folgenden Lektionen lernen: Wie man seinen Eltern dient, mit Frau und Kindern lebt, sich selbst kontrolliert und Buddha dient.

Um ihren Eltern am besten dienen zu können, müssen sie lernen, Freundlichkeit gegen jedes Lebewesen zu üben. Um mit Frau und Kindern glücklich zu leben, müssen sie sich von Begierde und von Gedanken egoistischen Wohlbefindens fernhalten.

Während sie die Musik des Familienlebens hören, dürfen sie nicht die lieblichere Musik der Lehre vergessen, und solange sie im Schutz des Hauses leben, sollten sie oft den sichereren Schutz der Übung suchen, wo weise Menschen Zuflucht vor jeder Unreinheit und jeder Erregung finden.

Wenn Laien Geschenke machen, sollten sie dabei die Habgier aus ihren Herzen entfernen. Wenn sie sich inmitten einer Menschenmenge befinden, sollte ihr Geist mit den weisen Menschen verbunden sein. Wenn sie dem Unglück gegenüberstehen, sollten sie ihren Geist ruhig und frei von Hindernissen halten.

Wenn sie zum Buddha Zuflucht nehmen, sollten sie seine Weisheit suchen.

Wenn sie zum Dharma Zuflucht nehmen, sollten sie seine Wahrheit, die wie ein großer Ozean der Weisheit ist, suchen.

Wenn sie zum Samgha Zuflucht nehmen, sollten sie seine friedfertige Kameradschaft suchen, ungehindert durch egoistische Interessen.

Wenn sie Kleider tragen, dürfen sie nicht vergessen, auch das Gewand der Güte und der Demut anzuziehen.

Wenn sie sich selbst befreien wollen, müssen sie den Wunsch haben, ihren Geist von all der Habgier, dem Zorn und der Torheit zu säubern.

Wenn sie sich mühselig eine bergauf führende Straße hinaufschleppen, sollten sie an diese denken als die Straße zur Erleuchtung, die sie jenseits der Welt des Irrglaubens führen wird. Wenn sie einer leichten Straße folgen, sollten sie ihre leichteren Bedingungen ausnutzen, um größere Fortschritte zur Erleuchtung hin zu machen.

Wenn sie eine Brücke sehen, müssen sie den Wunsch haben, die Brücke der Lehre zu bauen, um die Menschen überqueren zu lassen.

Wenn sie einem bekümmerten Menschen begegnen, sollten sie die Bitterkeit dieser ständig sich ändernden Welt beklagen.

Wenn sie einen habgierigen Menschen sehen, sollten sie großes Verlangen danach verspüren, sich von den Illusionen dieses Lebens fernzuhalten und die wahren Reichtümer der Erleuchtung zu erwerben.

Wenn sie schmackhaftes Essen sehen, sollten sie auf der Hut sein. Wenn sie unangenehmes Essen sehen, sollten sie sich wünschen, daß die Habgier nie wiederkehren werde.

Während der starken Sommerhitze sollten sie sich wünschen, fern von der Hitze der irdischen Wünsche zu sein und die frische Kühle der Erleuchtung zu erhalten. Während der unerträglichen Kälte des Winters sollten sie an die Wärme des großen Erbarmens Buddhas denken.

Wenn sie die heilsamen Schriften rezitieren, sollten sie sich entschließen, sie niemals zu vergessen und gleichzeitig beschließen, deren Lehre in die Tat umzusetzen.

Wenn sie an Buddha denken, sollten sie den tiefen Wunsch hegen, Augen wie Buddha zu erhalten.

Da sie nachts schlafen, sollten sie sich wünschen, daß ihr Leib, ihre Zunge und ihr Geist gereinigt und erfrischt sein mögen. Wenn sie morgens aufwachen, sollte ihr erster Wunsch sein, daß ihr Geist an diesem

Tage klar sein möge, um alle Dinge zu verstehen.

6. Diejenigen, die der Lehre Buddhas folgen, weil sie verstehen, daß alles durch Substanzlosigkeit gekennzeichnet ist, behandeln die Dinge, die im Leben eines Menschen eintreten, nicht leichtfertig, sondern halten diese für das, was sie sind, und versuchen dann, sie für die Erleuchtung geeignet zu machen.

Sie dürfen nicht glauben, daß diese Welt sinnlos und voller Verwirrung, dagegen die Welt der Erleuchtung voller Sinn und Friede sei. Vielmehr sollten sie in allen Angelegenheiten dieser Welt den Weg der Erleuchtung ausprobieren.

Wenn ein Mensch mit unreinen Augen, die durch Unwissenheit getrübt sind, auf diese Welt schaut, wird er sie voller Fehler sehen. Wenn er aber mit klarer Weisheit auf sie schaut, wird er sie als die Welt der Erleuchtung sehen, die sie ist.

Tatsache ist, daß nur eine Welt existiert, und nicht zwei Welten, von denen die eine sinnlos und die andere sinnvoll, die eine gut und die andere schlecht ist. Die Menschen glauben, ihrer Urteilsfähigkeit entsprechend, daß zwei Welten existieren.

Wenn sie sich selbst von diesen Unterscheidungen loslösen und ihren Geist durch das Licht der Weisheit reinhalten könnten, würden sie nur eine Welt sehen, in der alles bedeutungsvoll ist.

7. Diejenigen, die Buddha vertrauen, spüren überall diese umfassende Reinheit der Einheit, und, mit dieser Geistesverfassung ausgestattet, haben sie mit allen Wesen Mitleid und nehmen eine bescheidene Haltung ein, um allen zu dienen.

Deshalb sollten sie ihren Geist von all dem Stolz reinigen und sich in Demut, Höflichkeit und Hilfsbereitschaft üben. Ihr Geist sollte wie die fruchtbare Erde sein, die alles ohne Unterschied ernährt, die dient, ohne sich zu beklagen, die geduldig alles erduldet, die immer diensteifrig ist, die ihre höchste Freude darin findet, allen armen Menschen zu dienen, indem sie die Samen der Lehre Buddhas in deren Geist pflanzt.

So wird der Geist, der Mitleid mit den armen Menschen hat, Mutter für alle Menschen, ehrt alle Menschen, betrachtet alle als persönliche Freunde und achtet sie wie die eigenen Eltern.

Obwohl Tausende von Menshen hartherzig sind und Feindseligkeit gegen buddhistische Laien hegen mögen, können sie dennoch keinen Schaden anrichten, denn solcher Schaden ist wie ein Tropfen Gift im Wasser eines großen Ozeans.

8. Ein Laienanhänger wird die Glückseligkeit durch die Gewohnheiten der Sammlung, des Nachdenkens und

der Danksagung erhalten. Er wird dahin gelangen, zu erkennen, daß sein Vertrauen das Mitleid Buddhas selbst ist, und daß es ihm von Buddha selbst geschenkt worden ist.

Es gibt keine Samen des Vertrauens im Schmutz der irdischen Leidenschaft, aber aufgrund von Buddhas Erbarmen können die Samen des Vertrauens dort gesät werden, und sie werden den Geist reinigen, bis er das Vertauen auf Buddha gefunden hat.

Wie schon erwähnt wurde, kann der wohlriechende Candanabaum nicht in einem Wald von Erandabäumen wachsen. Gleichermaßen können sich die Samen des Vertrauens auf Buddha nicht mitten im Herzen der Verblendung befinden.

Aber, da die Blume der Freude tatsächlich dort blüht, müssen wir daraus schließen, daß, während ihre Blüten mitten im Herzen der Verblendung blühen, ihre Wurzeln anderswo sind, nämlich im Herzen Buddhas.

Wenn ein Laienanhänger durch sein Ich irregeführt wird, so wird er eifersüchtig, neidisch, haßerfüllt und böse werden, denn sein Geist wurde durch Habgier, Zorn und törichte Verlbendung getrübt. Wenn er aber zu Buddha zurückkehrt, wird er Buddha sogar einen noch größeren Dienst erweisen wie oben bereits erwähnt wurde. Dies geht, in der Tat, über alle Beschreibung hinaus.

Zweites Kapitel

PRAKTISCHER WEGWEISER ZUR WAHREN LEBENSWEISE

I
DAS FAMILIENLEBEN

1. Es ist falsch, zu glauben, daß Unglücksfälle vom Osten oder vom Westen kommen; sie haben ihren Ursprung im eigenen Geist. Deshalb ist es töricht, sich vor Unglücksfällen aus der Außenwelt zu hüten und den inneren Geist unkontrolliert zu lassen.

Es gibt einen Brauch, der aus alten Zeiten überliefert ist und dem die Menschen noch folgen. Wenn sie morgens aufstehen, waschen sie zuerst ihr Gesicht und spülen ihren Mund, und dann verbeugen sie sich in die sechs Himmelsrichtungen – nach Osten, Westen, Süden, Norden, nach oben und nach unten – und wünschen, daß ihnen aus keiner Richtung ein Unglück zustoßen möge und daß sie einen friedlichen Tag haben mögen.

Nach Buddhas Lehre verhält es sich aber anders. Buddha lehrt, daß wir die „sechs Richtungen der Wahrheit" achten, uns weise und tugendhaft benehmen und so jedes Unglück verhindern sollen.

Um die Tore in diesen sechs Richtungen zu bewachen, müssen die Menschen den Schmutz der „vier

Taten" beseitigen, die „vier üblen Sinne" kontrollieren und die „sechs Löcher", die den Verlust an Wohlstand verursachen, zustopfen.

Mit den „vier Taten" ist das Töten und Stehlen, der Ehebruch und die Falschheit gemeint.

Die „vier bösen Sinne" sind: Habgier, Zorn, Torheit und Furcht.

Die „sechs Löcher", die den Verlust an Wohlstand verursachen, sind: das Verlangen nach berauschenden Getränken und danach, sich töricht zu verhalten, nachts lange aufzubleiben und den Geist durch Leichtfertigkeit zu verlieren, sich musikalischen und theatralischen Vergnügungen hinzugeben, zu spielen, sich mit schlechten Gefährten in Gesellschaft zu begeben und seine Pflichten zu vernachlässigen.

Nachdem man diese vier Verunreinigungen beseitigt hat, indem man diese vier schlechten Gesinnungen vermeidet und diese sechs Löcher der Verwüstung zustopft, werden die Schüler Buddhas den „sechs Richtungen der Wahrheit" ihre Ehrerbietung erweisen.

Nun, welches sind diese sechs Richtungen der Wahrheit? Es steht der „Osten" für den Weg der Eltern und des Kindes, der „Süden" für den Weg des Lehrers und des Schülers, der „Westen" für den Weg des Mannes und der Frau, der „Norden" für den Weg eines Menschen und dessen Freund, „unten" für den Weg des Herrn und des Dieners und „oben" für den Weg der Schüler Buddhas.

Ein Kind sollte seine Eltern ehren und für sie alles tun, was man von ihm erwarten kann. Es sollte ihnen dienen, ihnen bei der Arbeit helfen, auf die Familienlinien Wert legen, das Familieneigentum schützen und Stunden des Gedenkens einlegen, sobald die Eltern gestorben sind.

Die Eltern sollten für ihre Kinder fünf Dinge tun: sie davon abhalten, Böses zu tun; ein Beispiel guter Taten setzen, ihnen eine Ausbildung zukommen lassen; Vorkehrungen für ihre Hochzeit treffen und sie zur passenden Gelegenheit das Vermögen der Familie erben lassen. Wenn die Eltern und das Kind diese Regeln befolgen, wird die Familie immer in Frieden leben.

Ein Schüler sollte sich immer erheben, wenn sein Lehrer den Raum betritt, auf ihn warten, seine Anweisungen gut befolgen, nicht versäumen, ihm ein Geschenk zu machen, und respektvoll seinem Unterricht folgen.

Gleichzeitig sollte ein Lehrer vor seinem Schüler richtig handeln und ihm ein gutes Beispiel geben; ihm genau die Lehre weitergeben, die er selbst gelernt hat; gute Methoden anwenden und versuchen, den Schüler auf Auszeichnungen vorzubereiten; und er sollte nicht vergessen, den Schüler auf jede mögliche Weise vor Bösem zu bewahren. Wenn ein Lehrer und sein Schüler diese Regeln beachten, wird ihre Freundschaft weiterhin angenehm bleiben.

Ein Mann sollte seine Frau respektvoll, freundlich und aufrichtig behandeln. Er sollte ihr den Haushalt überlassen und für die Befriedigung ihrer Bedürfnisse, wie zum Beispiel den Kauf von Schmuck, sorgen. Gleichzeitig sollte sich eine Frau mit dem Haushalt Mühe geben, die Bediensteten weise führen und ihre Tugend als eine gute Ehefrau bewahren. Sie sollte das Einkommen ihres Mannes nicht vergeuden und den Haushalt anständig und gewissenhaft führen. Wenn diese Regeln befolgt werden, wird ein glückliches Heim erhalten bleiben, und es wird keinen Streit geben.

Die Regeln der Freundschaft bedeuten, daß unter Freunden gegenseitige Zuneigung bestehen sollte, jeder dem anderen das gibt, was ihm fehlt, jeder versucht, den anderen zu unterstützen, jeder immer freundliche und aufrichtige Worte für den anderen gebraucht.

Man sollte seinen Freund davor bewahren, auf schlechte Pfade zu geraten; sollte sein Eigentum und seinen Reichtum schützen und ihm in Schwierigkeiten helfen. Wenn dem Freund irgendein Mißgeschick widerfährt, sollte man ihm die helfende Hand anbieten, nötigenfalls sogar seine Familie unterstützen. Auf diese Weise wird ihre Freundschaft erhalten bleiben und sie werden zunehmend zufrieden darüber werden.

Ein Vorgesetzter sollte im Umgang mit einem Untergebener folgende fünf Dinge beachten: Er sollte ihm eine Arbeit zuteilen, die seinen Fähigkeiten entspricht; ihm eine angemessene Entschädigung gewähren, sich um ihn kümmern, wenn es um seine Gesundheit schlecht bestellt ist, angenehme Dinge mit ihm teilen und ihm die notwendige Freizeit einräumen.

Ein Untergebener sollte fünf Punkte beachten: Er

sollte früher als sein Vorgesetzter aufstehen und nach ihm ins Bett gehen; immer ehrlich sein; sich Mühe geben, seine Arbeit gut zu verrichten und versuchen, den Ruf seines Vorgesetzten nicht in Miskredit zu bringen. Werden diese Regeln beachtet, wird es zwischen dem Vorgesetzten und seinem Untergebenen Frieden und keinen Streit geben.

Ein Anhänger Buddhas sollte dafür sorgen, daß seine Familie ebenfalls die Lehren des Buddha beachtet. Sie sollten ihren buddhistischen Lehrer achten und auf ihn Rücksicht nehmen; ihn höflich behandeln; auf ihn hören; seine Anweisungen befolgen und immer ein Geschenk für ihn bereithalten.

Derjenige, der die Lehre Buddhas lehrt, sollte die Lehre richtig verstehen, falsche Interpretationen zurückweisen; das Gute hervorheben und versuchen, die Anhänger einen angenehmen Pfad entlangzuführen. Wenn eine Familie diesem Wege folgt und die Wahre Lehre in ihren Mittelpunkt stellt, wird sie glücklich werden.

Ein Mensch, der sich nach allen sechs Richtungen verbeugt, tut dies nicht, um äußeren Mißgeschicken zu entkommen. Er macht dies, um zu verhindern, daß das Übel in seinem eigenen Geiste emporsteigt.

2. Ein Mensch sollte unter seinen Bekannten diejenigen ausmachen, mit denen er sich verbünden sollte und jene, mit denen er dies nicht tun sollte.

Er sollte sich nicht mit denjenigen verbünden, die habgierig, raffinierte Schwätzer., Schmeichler oder Verschwender sind.

Dagegen sollte er sich mit denen verbinden, die behilflich sind, die gewillt sind, sowohl Glück als auch Leiden zu teilen, die einen guten Ratschlag geben und die ein mitfühlendes Herz besitzen.

Ein wahrer Freund – jemand, mit dem man ohne persönlichen Schaden in Verbindung treten kann – wird den richtigen Weg immer genau einhalten; sich insgeheim um das Wohl seines Freundes sorgen; ihn in seinem Unglück trösten; ihm eine helfende Hand anbieten, sobald er sie benötigt; seine Geheimnisse für sich behalten und ihm immer einen guten Rat geben.

Es ist sehr schwierig, einen solchen Freund zu finden; deshalb sollte man sich sehr darum bemühen, ein solcher Freund wie dieser zu sein. So wie die Sonne die fruchtbare Erde erwärmt, so glänzt ein guter Freund in der Gesellschaft seiner guten Taten wegen.

3. Es dürfte für einen Sohn unmöglich sein, die gütige Freundlichkeit, die seine Eltern ihm gegenüber erwiesen haben, zu erwidern, selbst wenn er hundert Jahre lang seinen Vater auf der rechten und seine Mutter auf der linken Schulter tragen könnte.

Selbst wenn er die Körper seiner Eltern hundert Jahre lang in wohlriechenden Salben baden, als vorbildlicher Sohn ihnen dienen, für sie einen Thron bauen und ihnen alle Luxusgüter der Welt schenken könnte, so würde er doch immer noch nicht in der Lage sein, ihnen seine große Dankbarkeit, die er ihnen gegenüber schuldet, entgegenzubringen.

Führt er aber seine Eltern zu Buddha hin, erklärt ihnen seine Lehren, überzeugt sie davon, einen falschen Weg aufzugeben und einem richtigen zu folgen, und veranlaßt sie jegliche Habgier abzulegen und sich dagegen am Geschenkemachen zu erfreuen, dann gibt er ihnen mehr zurück, als sie ihm gegeben haben.

Buddhas Segen ruht in dem Haus, in dem Eltern geachtet und geschätzt werden.

4. Die Familie ist ein Ort, an dem die Herzen miteinander in Berührung kommen. Wenn sie einander lieben, wird das Heim schön wie eine Gartenblume sein. Schwindet aber die Harmonie der Herzen, so verhält es sich wie ein Sturm, der einen Garten verwüstet.

Wenn in der eigenen Familie Zwietracht entsteht, so sollte man die anderen nicht tadeln, sondern sein eigenes Herz prüfen und einen richtigen Weg einschlagen.

5. Es lebte einmal ein Mann mit aufrichtigem Vertrauen. Sein Vater starb, als er noch jung war. Er lebte glücklich mit seiner Mutter zusammen, und eines Tages heiratete er.

Zuerst lebten alle drei glücklich zusammen, doch dann mochten sich die Frau und ihre Schwiegermutter einer kleinen Meinungsverschiedenheit wegen nicht mehr leiden. Die gegenseitige Abneigung wuchs, bis die Mutter schließlich das junge Paar verließ, um fortan allein zu leben.

Nachdem die Schwiegermutter weggezogen war, wurde dem jungen Paar ein Sohn geboren. Der Schwiegermutter kam ein Gerücht zu Ohren, die junge Frau habe gesagt: „Meine Schwiegermutter belästigte mich immer, und solange sie bei uns lebte, geschah nie etwas Angenehmes. Aber sobald sie fortgezogen war, geschah dieses glückliche Ereignis."

Das Gerücht erzürnte die Schwiegermutter, die darüber schimpfte: „Wenn die Mutter des Mannes aus dem Haus gejagt wird und ein glückliches Ereignis stattfindet, dann haben die Dinge ja einen hübschen Verlauf genommen. Die Gerechtigkeit scheint aus der Welt verschwunden zu sein."

Dann schalt die Mutter weiter: „Nun müssen wir diese Gerechtigkeit beerdigen." Wie eine verrückte Frau ging sie auf den Friedhof, um eine Trauerfeier abzuhalten.

Ein Gott, der von diesem Zwischenfall erfuhr, erschien vor der Frau und versuchte vergeblich, mit ihr darüber zu sprechen.

Dann sagte der Gott zu ihr: „Wenn dem so ist, so

muß ich das Kind und seine Mutter verbrennen. Wird dich das zufriedenstellen?“

Als sie dies hörte, bemerkte die Schwiegermutter ihren Fehler, entschuldigte sich für ihren Zorn und bat den Gott, das Leben des Kindes und seiner Mutter zu retten. Gleichzeitig erkannten die junge Frau und ihr Mann ihre Ungerechtigkeit der alten Frau gegenüber, und sie gingen auf den Friedhof, um die Mutter zu suchen. Der Gott versöhnte sie miteinander, und sie lebten danach als glückliche Familie zusammen.

Gerechtigkeit geht niemals für immer verloren, es sei denn, man wirft sie selbst weg. Es mag gelegentlich den Anschein haben, als ob die Gerechtigkeit verschwindet, aber sie tut dies in der Tat nie. Hat es den Anschein, als ob sie verschwindet, so deshalb, weil man die Gerechtigkeit des eigenen Geistes verloren hat.

Sich miteinander streitende Seelen bringen oft Unheil. Einer geringfügigen Meinungsverschiedenheit kann oft großes Unglück folgen. Davor sollte man sich im Familienleben besonders hüten.

6. Im Familienleben erfordert die Beantwortung der Frage, wie man den täglichen Unterhalt bestreitet, äußerste Sorgfalt. Jedes Mitglied muß wie die fleißigen Ameisen und Bienen schwer arbeiten. Niemand darf sich auf den Fleiß der anderen verlassen oder von ihnen Nächstenliebe erwarten.

Auf der anderen Seite darf ein Mensch das, was er verdient hat, nicht völlig als sein Eigentum betrachten. Einiges davon sollte mit anderen geteilt und für eine

Notsituation aufbewahrt werden. Einiges davon sollte für die Bedürfnisse der Gemeinde und der Nation beiseite gelegt und den Bedürfnissen der Lehre Buddhas geopfert werden.

Man sollte immer daran denken, daß, strenggenommen, nichts auf der Welt „mein Eigentum" genannt werden kann. Was einer Person zukommt, kommt ihr aufgrund eines Zusammenspiels von Ursachen und Bedingungen zu. Man kann es nur zeitweilig behalten und darf es nicht selbstsüchtig oder zu unwürdigen Zwecken benutzen.

7. Als Syamavati, die Gemahlin des Königs Udayana, Ananda fünfhundert Gewänder schenkte, nahm er diese mit großer Befriedigung an.

Als der König davon erfuhr, verdächtigte er Ananda der Unaufrichtigkeit, so daß er zu Ananda ging und ihn fragte, was er mit diesen fünfhundert Gewändern tun wolle.

Ananda erwiderte: „Oh König, viele Brüder gehen in Lumpen; ich werde die Gewänder unter den Brüdern verteilen."

„Was werdet ihr mit den alten Gewändern herstellen?"

„Wir werden aus ihnen Bettbezüge machen."

„Was werdet ihr mit den alten Bettbezügen anfangen?"

„Wir werden Kissenbezüge daraus machen."

„Was werdet ihr mit den alten Kissenbezügen machen?"

„Wir werden aus ihnen Teppiche für den Boden fertigen."

„Was werdet ihr mit den alten Teppichen anfangen?"

„Wir werden daraus Tücher zum Abtrocknen der Füße herstellen."

„Was werdet ihr mit den Tüchern machen?"

„Wir werden daraus Wischlappen anfertigen."

„Was werdet ihr mit den alten Wischlappen anfangen?"

„Oh, Hoheit, wir werden sie in Stücke reißen, sie mit Lehm mischen und damit die Hauswände verputzen."

Jeder Gegenstand, der uns anvertraut wurde, muß mit besonderer Sorgfalt gebraucht und genutzt werden, weil er nicht uns gehört, sondern nur vorübergehend in unserer Verwahrung ist.

II
DAS LEBEN DER FRAUEN

1. Es gibt vier Arten von Frauen. Zum ersten Typ gehören diejenigen, die aus nichtigen Gründen ärgerlich werden, die eines wechselhaften Sinnes sind, die habsüchtig und eifersüchtig auf das Glück anderer sind und kein Verständnis für die Bedürfnisse der anderen haben.

Zum zweiten Typ sind diejenigen zu zählen, die sich über nebensächliche Dinge aufregen, die zwar launisch und habsüchtig sind aber dennoch nicht neidisch auf das Glück anderer sind und Verständnis für die Befürfnisse der anderen haben.

Dem dritten Typ gehören diejenigen an, die verständnisvoller und nicht so leicht erregbar sind, die ihren habgierigen Sinn zu beherrschen wissen, die nicht in der Lage sind, Gefühle der Eifersucht zu unterdrücken und auch kein Verständnis für die Bedürfnisse der anderen haben.

Dem vierten Typ gehören diejenigen an, die großzügig sind, Gefühle der Habgier zurückhalten und Gemütsruhe beihalten können, die nicht neidisch auf das Glück anderer sind und Verständnis für die Bedürfnisse der anderen haben.

2. Wenn eine junge Frau heiratet, sollte sie den folgenden Entschluß fassen: „Ich muß die Eltern meines Mannes verehren und ihnen dienen. Sie gaben uns alle die Vorzüge, die wir haben, und sind unsere weisen Beschützer, so daß ich ihnen mit Hochachtung dienen und bereit sein muß, ihnen zu helfen, wann immer ich kann."

„Ich muß ehrerbietig gegenüber dem Lehrer meines Mannes sein, denn er gab meinem Gatten eine tugendhafte Lehre, und ohne das Geleit dieser tugendhaften Lehre könnten wir nicht als Menschen existieren."

„Ich muß meinen Geist schulen, damit ich meinen Mann verstehen und ihm bei seiner Arbeit unterstützen kann. Nie darf ich gegenüber seinen Interessen gleichgültig sein und sie nur für seine eigene Angelegenheit halten, nicht aber für meine."

„Ich muß das Wesen, die Fähigkeiten und den Geschmack jedes Bediensteten unserer Familie kennenlernen und mich wohlwollend um sie kümmern. Ich werde das Einkommen meines Mannes bewahren und es nicht für selbstsüchtige Zwecke verschwenden."

3. Die Beziehung zwischen Mann und Frau wird nicht allein ihrer Bequemlichkeit wegen geschaffen. Sie hat eine tiefere Bedeutung als die bloße Verbindung zweier Körper in einem Haus. Mann und Frau sollten den Vorteil der Vertrautheit ihrer Verbindung nützen, um sich gegenseitig bei der Schulung ihres Geistes im Sinne der tugendhaften Lehre zu helfen.

Ein altes Paar, ein „ideales Paar" wie sie genannt werden, kam einmal zu Buddha und sprach: „Erhabener, wir heirateten, nachdem wir uns schon in der Kindheit kennengelernt hatten, und unser Glück war nie getrübt. Sage uns, ob wir im nächsten Leben wieder miteinander verheiratet sein können."

Buddha gab ihnen diese weise Antwort: „Wenn ihr beide genau den gleichen Vertrauen besitzt, die gleiche Belehrung erhalten und die gleiche Weisheit erreicht habt, dann werdet ihr gleichen Sinnes sein bei der nächsten Geburt."

4. Sujata, die junge Frau des ältesten Sohnes eines reichen Kaufmannes, Anathapindada, war arrogant, anderen gegenüber respektlos und taub gegenüber den Anweisungen ihres Mannes und dessen Eltern. Infolgedessen entstand Zwietracht innerhalb der Familie.

Eines Tages besuchte der Erhabene Anathapindada,

und ihm fiel dieser Zustand auf. Er rief die junge Frau Sujata zu sich und sprach freundlich zu ihr:

„Sujata, es gibt sieben Arten von Ehefrauen. Es gibt diejenige Ehefrau, die einer Mörderin gleicht. Sie ist unzüchtigen Sinnes, ehrt ihren Mann nicht und wendet sich folglich einem anderen Manne zu.

„Es gibt die Frau, die einer Diebin gleicht. Sie versteht die Arbeit ihres Mannes nicht, sondern denkt nur an ihr eigenes Bedürfnis nach Luxus. Sie verschwendet das Einkommen ihres Mannes, um ihr eigenes Verlangen zu befriedigen, und bestiehlt ihn auf diese Weise.

„Es gibt diejenige Ehefrau, die einer Herrin gleicht. Sie schränkt ihren Mann ein, vernachlässigt den Haushalt und schilt ihren Mann mit scharfen Worten.

„Es gibt die Frau, die einer Mutter gleicht. Sie sorgt für ihren Mann wie für ein Kind, beschützt ihn wie eine Mutter ihren Sohn, und behütet sorgsam sein Einkommen.

„Es gibt diejenige Ehefrau, die einer Schwester gleicht. Sie ist ihrem Manne treu und dient ihm wie eine Schwester, bescheiden und zurückhaltend.

„Es gibt die Frau, die einem Freund gleicht. Sie

versucht ihren Mann zufriedenzustellen als sei er ein Freund, der gerade nach langer Abwesenheit zu ihr zurückgekehrt ist. Sie ist bescheiden, verhält sich ihm gegenüber korrekt und behandelt ihn mit großem Respekt.

„Als letztes existiert diejenige Ehefrau, die einer Dienstmagd gleicht. Sie dient ihrem Manne aufs beste und in Treue. Sie achtet ihn, gehorcht seinen Anweisungen, hat keine eigenen Wünsche, keine negativen Gefühle und Verstimmungen und versucht, ihn immer glücklich zu machen."

Der Gesegnete fragte: „Sujata, welcher Art von Frauen gleichst du oder möchtest du ähnlich sein?"

Als Sujata diese Worte des Erhabenen vernommen hatte, war sie über ihr bisheriges Verhalten beschämt und entgegnete, sie wünsche sich, der letzten Art von Frauen zu gleichen, der Dienstmagd. Sie änderte ihr Verhalten und wurde zur Helferin ihres Mannes, und gemeinsam suchten sie die Erleuchtung.

5. Amrapali war eine wohlhabende und berühmte Kurtisane von Vaisali, die viele junge und schöne Prostituierte um sich hatte. Sie besuchte den Erhabenen und bat ihn um Belehrung.

Der Erhabene sprach zu ihr: „Amrapali, das Gemüt einer Frau ist leicht verwirrt und fehlgeleitet. Sie gibt ihren Wünschen leichter nach und läßt sich eher zur Eifersucht hinreißen als ein Mann.

„Darum ist es für eine Frau schwieriger, dem Edlen Pfad zu folgen. Das trifft besonders für eine schöne und junge Frau zu. Du mußt auf dem Edlen Pfad voranschreiten, indem du die Begierde und Versuchung überwindest.

„Amrapali, du mußt bedenken, daß Jugend und Schönheit nicht von Dauer sind, sondern ihnen Krankheit, Alter und Leiden folgen werden. Der Wunsch nach Reichtum und Liebe ist die unausrottbare Versuchung einer Frau, aber, Amrapali, es sind keine ewigen Schätze. Die Erleuchtung ist der einzige Schatz, der seinen Wert behält. Der Stärke folgt die Krankheit, Jugend verwandelt sich in Alter, das Leben weicht dem Tod. Man muß vielleicht einen geliebten Menschen verlassen, um zukünftig mit einem gehaßten zu leben. Man kann das Gewünschte nur für kurze Zeit erhalten. Das ist das Gesetz des Lebens.

„Das einzige, das einen beschützt und zu dauernden Frieden führt, ist die Erleuchtung. Amrapali, du solltest sogleich die Erleuchtung suchen."

Amrapali hörte auf den Erhabenen, wurde seine Anhängerin und schenkte ihren wunderbaren Garten der Bruderschaft.

6. Auf dem Wege zur Erleuchtung existiert kein Geschlechtsunterschied. Wenn eine Frau den Geist besitzt, die Erleuchtung zu suchen, wird sie eine Heldin des

Wahren Pfades werden.

Mallika, die Tochter des Königs Prasenajit und Gemahlin des Königs Ayodhya, war eine solche Heldin. Ihr Vertrauen in die Lehre des Erhabenen war sehr stark, und sie legte in seiner Gegenwart die folgenden zehn Gelöbnisse ab:

„Erhabener, bis ich die Erleuchtung erreicht habe, werde ich keine der tugendhaften Vorschriften verletzen; gegenüber Menschen, die älter sind als ich, werde ich nicht hochmütig sein; ich werde über niemanden zornig werden.

Ich werde nicht auf andere eifersüchtig sein oder sie um ihren Besitz beneiden, nicht selbstsüchtig im Geist oder Eigentum sein, und werde stattdessen versuchen, mit dem, was ich erhalte, arme Menschen glücklich zu machen, und es nicht für mich selbst zu horten.

Ich werde alle Menschen herzlich empfangen, ihnen geben, was sie brauchen und freundlich mit ihnen sprechen, ihre Umstände bedenken und nicht auf meinen Vorteil bedacht sein und ihnen ohne Voreingenommenheit nützen.

Wenn ich andere in Einsamkeit oder in Gefangenschaft vorfinde, sie an einer Krankheit oder anderen Nöten leiden sehe, werde ich versuchen, ihnen zu helfen und sie glücklich zu machen, indem ich ihnen die Gründe für ihre Lage und die Wirkungsgesetze erkläre.

Wenn ich andere lebende Tiere fangen und sie mißhandeln sehe oder andere bei der Übertretung von Vorschriften beobachte, werde ich sie bestrafen, falls sie es verdient haben, oder sie belehren, falls sie dafür empfänglich sind. Ich werde dann versuchen, das wiedergutzumachen, was sie getan haben oder ihre Fehler berichtigen, soweit es in meinen Möglichkeiten liegt.

Ich werde nicht vergessen, die richtige Belehrung zu hören, denn ich weiß, daß sobald man die Belehrung vernachlässigt, man sich schnell von der Wahrheit, die überall anzutreffen ist, entfernt, und man auf diese Weise nie das Ufer der Erleuchtung erreichen wird."

Danach sprach Mallika drei Wünsche aus, um andere Menschen zu erretten: „Als erstes werde ich versuchen, jedem Menschen den inneren Frieden zu geben. Dieser Wunsch wird, glaube ich, die Wurzel alles Guten sein, das sich in die Weisheit der guten Lehre verwandeln wird, welches Leben ich auch immer danach erhalten werde.

„Zweitens werde ich alle Menschen unermüdlich belehren, sobald ich die Weisheit der guten Lehre empfangen habe.

„Drittens werde ich die wahre Lehre beschützen, selbst unter Einsatz von Leib, Leben oder Eigentum."

Die wahre Bedeutung des Familienlebens besteht in der Möglichkeit der gegenseitigen Ermutigung und Hilfe auf dem Wege zur Erleuchtung. Selbst eine gewöhnliche Frau, die gleichen Sinnes ist, die Erleuchtung zu suchen, und welche dieselben Gelöbnisse ablegt und Wünsche hegt wie Mallika es getan hat, kann eine ebenso eifrige Schülerin Buddhas wie diese werden.

III
IM DIENST

1. Es gibt sieben Lehren, durch die ein Land zu Reichtum geführt werden kann: Erstens sollte das Volk sich häufig versammeln, um politische Ereignisse zu besprechen und sich für die nationale Verteidigung bereitzuhalten.

Zweitens sollten sich Menschen aller Gesellschaftsschichten in Eintracht versammeln, um ihre nationalen Angelegenheiten zu regeln.

Drittens sollten sie die alten Gebräuche achten und diese nicht unbegründet verändern; ebenso sollten sie die Regeln der Höflichkeit einhalten und die Gerechtigkeit aufrechterhalten.

Viertens sollten die Menschen die Unterschiede in bezug auf Geschlecht und Alter beachten und die Reinheit der Familie und Gemeinschaft bewahren.

Fünftens sollten sie sich ihren Eltern gegenüber wie Kinder benehmen und den Lehrern und Älteren die Treue halten.

Sechstens sollten die Menschen die Weihestätten ihrer Vorfahren ehren und die jährlichen Feiern beibehalten.

Siebtens sollten sie die öffentliche Moral hochschätzen und tugendhaftes Verhalten belohnen, auf ihre Lehrer hören und ihnen Opfer darbringen.

Wenn ein Land diese Lehren gut befolgt, wird es mit Sicherheit Fortschritte machen und von allen anderen Ländern respektiert werden.

2. Es war einmal ein König, der bezüglich seiner Herrschaft über das Land bemerkenswert erfolgreich war. Seiner Weisheit wegen trug er den Namen König „Großes Licht.“ Er erklärte die Grundprinzipien seiner Verwaltung folgendermaßen:

Der beste Weg für einen Herrscher, sein Land zu regieren, ist vor allen Dingen sich selbst zu beherrschen. Ein Herrscher sollte vor sein Volk mit einem mitfühlenden Herzen treten. Er sollte es belehren und leiten, um alle Unreinheit von seinem Geist zu entfernen. Das Glück, das durch gute Lehren entsteht, übertrifft bei weitem das Vergnügen, das materielle Dinge bereiten können. Darum sollte er seinem Volk die gute Lehre geben und so dessen Geist und Körper Ruhe schenken.

Kommen arme Menschen zu ihm, so sollte er seinen Vorratsspeicher öffnen und sie alles nehmen lassen, was sie begehren, dabei gleichzeitig die Gelegenheit nützend, sie mit der Weisheit zu belehren, wie alle Gier und alles Übel überwunden werden kann.

Jeder Mensch hat gemäß seines Geisteszustandes eine andere Ansicht von den Dingen. Manche Menschen empfinden die Stadt, in der sie leben, als gut und schön, andere als schmutzig und verfallen. Alles hängt von ihrer Geisteshaltung ab.

Diejenigen, die gute Lehren achten, können in gewöhnlichen Bäumen oder Steinen all die schönen Lichtreflexe und Farben des Lapislazuli erkennen, während habgierige Menschen, die nicht über ausreichendes Wissen verfügen, um ihre Sinne zu beherrschen, selbst gegenüber der Pracht eines goldenen Palastes blind sind.

Genauso verhält es sich mit dem täglichen Leben des Landes. Der Geist ist die Quelle von allem, daher sollte der Herrscher zuerst versuchen, sein Volk zur Erziehung des Geistes zu veranlassen.

3. Das Grundprinzip der Verwaltung besteht darin, wie König „Großes Licht" erklärte, das Volk zur Geisteserziehung anzuhalten.

Den Geist zu erziehen bedeutet, Erleuchtung zu suchen, so daß der Herrscher zu allererst den Lehren Buddhas Beachtung schenken muß.

Wenn ein Herrscher auf Buddha vertraut, sich seinen Lehren widmet, tugendhafte und barmherzige Menschen schätzt und ihnen gegenüber Hochachtung zollt, wird es keine Günstlingswirtschaft gegenüber Freund oder Feind geben, und sein Land wird immer wohlhabend bleiben.

Wenn ein Land wohlhabend ist, besteht keine

Notwendigkeit, ein anderes Land anzugreifen, so daß es daher auch keine Angriffswaffen benötigt.

Wenn Menschen glücklich und zufrieden sind, verschwinden die Klassengegensätze, gute Taten werden gefördert, Tugenden vermehrt, und die Menschen achten sich gegenseitig. Dann wird jedermann wohlhabend werden; das Wetter und die Temperatur normalisieren sich; Sonne, Mond und Sterne leuchten auf natürliche Weise; Regen und Wind setzen zur rechten Zeit ein, und alle Naturkatastrophen verschwinden.

4. Die Pflicht eines Herrschers ist es, sein Volk zu beschützen. Er ist Vater und Mutter seines Volkes und schützt es durch seine Gesetze. Er muß die Menschen aufziehen wie Eltern ihre Kinder, ein feuchtes Tuch durch ein trockenes ersetzen, bevor das Kind zu weinen anfängt. In gleicher Weise muß der Herrscher Leid beseitigen und Glück schenken, ohne auf die Klagen der Menschen zu warten. Seine Herrschaft ist in der Tat solange nicht vollkommen, als bis sein Volk in Frieden lebt. Das ist der Schatz seines Landes.

Ein Herrscher denkt daher stets an sein Volk und vergißt es nicht für einen Augenblick. Er denkt an dessen Notlagen und macht Pläne für dessen Reichtum. Um weise zu regieren, muß er über alles unterrichtet sein; über das Wasser, die Dürre, Sturm und Regen. Er muß Bescheid wissen über das Getreide, über die Chancen einer guten Ernte, die Sorgen und Annehmlichkeiten der

Menschen. Um in der Lage sein zu können, ein gerechtes Urteil zu fällen – zu bestrafen oder zu loben – muß er über die Schuld der schlechten Menschen und die Verdienste der guten gründlich informiert sein.

Ein weiser Herrscher gibt denjenigen Menschen, die etwas benötigen und nimmt von denen, die wohlhabend sind. Er sollte bei der Steuereinziehung sein gerechtes Urteilsvermögen anwenden und die Abgaben so niedrig wie möglich halten, um auf diese Weise die Harmonie im Volk zu erhalten.

Ein weiser Herrscher wird sein Volk mittels seiner Macht und Würde beschützen. Derjenige, der sein Volk in dieser Weise regiert, verdient die Bezeichnung „König."

5. Der König der Wahrheit ist der König der Könige. Seine Herkunft ist die reinste und höchste. Er regiert nicht nur sein Volk, sondern ist auch Herr der Weisheit und Beschützer der Tugendhaften Lehre.

Wo immer er hingeht, werden Kämpfe beendet und verschwindet der Unmut. Er herrscht mit Gerechtigkeit durch die Macht der Wahrheit, und durch die Unterwerfung allen Übels bringt er Frieden zu allen Menschen.

Der König der Wahrheit stiehlt nicht, mordet nicht und begeht keinen Ehebruch. Er betrügt nie, beleidigt niemanden, lügt nicht oder spricht eitle Worte. Sein Sinn ist frei von Begierde, Zorn und Verblendung. Er beseitigt diese zehn Übel und ersetzt sie durch die zehn Tugenden.

Da seine Herrschaft auf der Wahrheit beruht, ist er unbesiegbar. Wo immer die Wahrheit erscheint, endet Gewalt und verschwindet der Unwille. Es gibt keinen Streit zwischen den Menschen, und so leben sie in Ruhe und Sicherheit. Seine bloße Anwesenheit verbreitet Frieden und Glück. Darum wird er „König der Wahrheit" genannt.

Da der König der Wahrheit der König aller Könige ist, preisen alle anderen Herrscher seinen Namen und regieren ihre Königreiche nach seinem Beispiel.

So ist der König der Wahrheit der Souverän über alle Könige, und unter seiner gerechten Herrschaft bringen diese ihren Völkern Sicherheit und erfüllen ihre Pflichten im Dharma.

6. Ein weiser Herrscher wird seine Urteile mit Barmherzigkeit fällen. Er wird versuchen, jeden Fall mit klarer Weisheit zu überdenken und dann den Urteilsspruch in Einklang mit den „fünf Gründsätzen" verkünden.

Die fünf Grundsätze sind folgende: Als erstes muß er die Wahrhaftigkeit der vorliegenden Fakten überprüfen.

Zum zweiten muß er sich vergewissern, daß die Klagen in den Bereich seiner Gerichtsbarkeit fallen. Wenn er ein Urteil mit voller Autorität fällt, ist es wirksam, hat er aber keine Autorität, so ergeben sich daraus Komplikationen. Er hätte berechtigte Widersprüche zu erwarten.

Drittens muß er gerecht urteilen, d.h. er muß sich in den Angeklagten hineinversetzen. Wenn er feststellt, daß die Tat ohne kriminelle Absicht begangen wurde, sollte er ihn freisprechen.

Viertens sollte er das Urteil mit Güte und nicht mit Strenge verkünden; er sollte eine gerechte Strafe auferlegen, aber darüber nicht hinausgehen. Ein guter Herrscher wird einen Täter mit Güte belehren und ihm Zeit gewähren, über seine Fehler nachzudenken.

Fünftens sollte er mit Barmherzigkeit und nicht mit Zorn urteilen; er sollte das Verbrechen, nicht jedoch den Verbrecher verdammen. Sein Urteil sollte auf der Grundlage von Barmherzigkeit ruhen, und er sollte die Gelegenheit wahrnehmen, den Verbrecher zur Erkenntnis seines Fehlers zu bringen versuchen.

7. Wenn ein wichtiger Staatsminister seine Pflichten vernachlässigt, für seinen eigenen Gewinn arbeitet oder Bestechungen annimmt, verfällt rasch die öffentliche Moral. Menschen betrügen sich gegenseitig, der Stärkere wird den Schwächeren angreifen, ein Adliger wird den gewöhnlichen Mann mißachten, oder ein Reicher wird seinen Nutzen aus den Armen ziehen, und es wird für niemanden Gerechtigkeit geben. Bosheit wird im Überfluß vorhanden sein, und die Probleme werden sich vervielfältigen.

Unter solchen Umständen werden sich aufrichtige Minister von der öffentlichen Stellung zurückziehen, weise Männer werden aus Furcht vor Komplikationen schweigen, und nur Schmeichler werden in Regierungspositionen sitzen und ihre politische Macht dazu gebrauchen, sich selbst zu bereichern, ohne dabei an die Not der Menschen zu denken.

Unter diesen Umständen wird der Einfluß der Regierung unwirksam werden, und die Rechtschaffenheit ihrer Politik wird ruiniert.

Solche ungerechten Amtsträger sind die Diebe des Glückes der Menschen. Sie sind sogar schlechter als Diebe, da sie sowohl den Herrscher als auch das Volk hintergehen und zugleich die Ursache für die nationalen Probleme sind. Der König sollte solche Minister ausrotten und sie bestrafen.

Aber selbst in einem Land, das von einem guten König und einem gerechten Gesetz regiert wird, gibt es Untreue in anderer Form. Es gibt Söhne, die sich der Liebe zu ihren Frauen und Kindern hingeben und gegen ihre Eltern, die sie in langen Jahren aufgezogen und versorgt haben, undankbar sind. Sie vernachlässigen ihre Eltern, beraúben sie ihres Besitzes und mißachten deren Belehrung. Solche Söhne sind zu den schlimmsten unter den Menschen zu rechnen.

Und warum? Weil sie sich gegenüber ihren Eltern, deren lang andauernde Liebe sehr groß war – eine Liebe, die nie zurückgezahlt werden könnte, selbst wenn die Söhne für den Rest ihres Lebens die Eltern ehren und freundlich behandeln würden – pflichtvergessen zeigen. Diejenigen, die sich untreu gegen ihren Herrscher und pflichtvergessen gegen ihre Eltern zeigen, sollten wie die schlimmsten Übeltäter behandelt werden.

Es gibt noch eine andere Form der Untreue in einem Land, das von einem guten Herrscher und gerechten Gesetzen regiert wird. Es gibt Menschen, die die drei Werte – Buddha, Dharma und Samgha – völlig vergessen. Solche Menschen zerstören die Heiligtümer ihres Landes, verbrennen die heiligen Schriften, lassen sich von den Lehrern der Gerechtigkeit bedienen und verstoßen so gegen die tugendhaften Lehren Buddhas. Sie gehören ebenfalls zu den schlimmsten Übeltätern.

Weshalb? Weil sie den religiösen Glauben ihrer Nation, der die Grundlage und die Quelle ihrer Tugend ist, zerstören. Diese Menschen schaufeln sich selbst das Grab, indem sie den Glauben der anderen vernichten.

Alle anderen Übeltaten erscheinen als leicht im Vergleich zu diesen Vergehen. Solche untreuen Übeltäter sollten deshalb auf das schwerste bestraft werden.

8. Es mag zu einer Verschwörung gegen einen guten König kommen, der sein Land gemäß den tugendhaften Lehren regiert, oder Feinde überfallen von außen das Land. In einem solchen Fall sollte der König drei Entscheidungen treffen:

Er sollte beschließen: Erstens, diese Verschwörer

oder Feinde bedrohen die Ordnung und das Wohlergehen unseres Landes. Ich muß das Volk und das Land beschützen, notfalls auch mit Waffengewalt.

Zum zweiten werde ich versuchen, einen Weg zu finden, die Feinde zu besiegen, ohne auf den Gebrauch von Waffen zurückzugreifen.

Drittens werde ich versuchen, sie lebend zu ergreifen und nicht zu töten, und sie entwaffnen zu lassen.

Mit dem Fassen dieser drei Beschlüsse wird der König auf sehr weise Art verfahren, nachdem er die notwendigen Posten aufgestellt und ihnen Anweisungen gegeben hat.

Verfährt der König in dieser Weise, so werden das Land und die Soldaten durch seine Weisheit und Würde ermutigt und seine Standfestigkeit und sein Wohlwollen achten. Falls es nötig sein würde, auf Soldaten zurückzugreifen, werden diese den Grund und das Wesen des Krieges vollständig verstehen. Sie werden mutig und treu zum Kampfplatz gehen und die weise und gütige Souveränität des Königs anerkennen. Dieser Krieg wird nicht nur den Sieg bringen, sondern auch die Tugend des Landes vergrößern.

Drittes Kapitel

DER AUFBAU EINES BUDDHA-LANDES

I
DIE HARMONIE DER BRUDERSCHAFT

1. Stellen wir uns einmal ein ödes Land vor, das in absoluter Dunkelheit gelegen ist und in dem viele Lebewesen blind herumschwärmen.

Sie werden naturgemäß verängstigt sein, und während sie so umherirren, ohne sich in der Nacht gegenseitig erkennen zu können, wird es für sie häufig Verwirrung und Einsamkeit geben. Dies ist in der Tat ein bemitleidenswerter Anblick.

Nun stellen wir uns vor, ein höherstehendes Wesen erscheint mit einer Taschenlampe, und um ihn herum wird alles klar und hell.

Die Lebewesen in der dunklen Einsamkeit erleben plötzlich eine große Erleichterung, wenn sie sich umschauen, und sich dabei gegenseitig erkennen, und so nehmen sie glücklich an ihrer Gemeinschaft teil.

Mit „einem öden Land" ist die Welt der Menschen gemeint, die in der Dunkelheit der Unwissenheit liegt. Diejenigen, die nicht das Licht der Weisheit besitzen, wandern umher in Einsamkeit und Angst. Sie wurden einsam geboren und sterben einsam. Sie wissen nicht, wie sie sich mit ihren Mitmenschen in friedlicher Harmonie verbinden können und sind dementsprechend verzagt und ängstlich.

Mit „einem höherstehenden Wesen mit einer Taschenlampe" ist Buddha in Menschengestalt gemeint, der mit seiner Weisheit und seiner Barmherzigkeit die Welt erleuchtet.

In diesem Licht finden die Menschen zu sich selbst und zu den anderen, und sind glücklich, eine menschliche Gemeinschaft und harmonische Beziehungen aufbauen zu können.

Tausende von Menschen mögen in einer Gemeinschaft leben, aber diese wird solange keine wahre Gemeinschaft sein, bis sie sich nicht gegenseitig kennen und mit den anderen mitfühlen.

Eine wahre Gemeinschaft hat das Vertrauen und die Weisheit, die sie erleuchtet. Sie ist ein Ort, an dem sich die Menschen gegenseitig kennenlernen und sich vertrauen, und wo soziale Harmonie herrscht.

Tatsächlich ist die Harmonie Leben und eigentlicher Sinn einer wahren Gemeinschaft oder Organisation.

2. Es gibt drei Arten von Organisationen. Zum ersten gibt es diejenigen, die von großen Führern auf der Basis von Macht, Reichtum oder Autorität organisiert sind.

Zweitens gibt es solche, die zur Bequemlichkeit ihrer Mitglieder entstanden sind. Sie werden solange weiterbestehen, wie die Mitglieder die Annehmlichkeiten aufrechterhalten können und sich nicht streiten.

Drittens existieren solche, die mit einer guten Lehre als ihr Zentrum und mit Harmonie als ihr eigentlicher Zweck organisiert sind.

Natürlich ist die letzte der drei genannten die einzig wahre Organisation, denn in ihr leben die Mitglieder mit einheitlicher Gesinnung, aus der sich die Einheit des Geistes und verschiedene Formen der Tugend ergeben. In einer solchen Gemeinschaft wird Harmonie, Zufriedenheit und Glück vorherrschen.

Die Erleuchtung gleicht dem Regen, der auf einen Berg fällt, sich in Rinnsalen sammelt, in Bäche und schließlich in Flüsse fließt, die zuletzt in den Ozean einmünden.

Der Regen der tungendsamen Belehrung fällt gleichermaßen auf alle Menschen hernieder, ohne Rücksicht auf ihre individuellen Bedingungen und Umstände. Die, die ihn annehmen, sammeln sich in kleinen Gruppen, dann in Organisationen, dann in Gemeinschaften und schließlich finden sie sich selbst im großen Meer der Erleuchtung.

Die Gemüter dieser Menschen mischen sich wie Milch und Wasser und organisieren sich schließlich in einer harmonischen Bruderschaft.

Deshalb ist die wahre Lehre das fundamentale Erfordernis einer perfekten Organisation und, wie oben erwähnt, sie ist das Licht, das die Menschen befähigt, sich gegenseitig zu erkennen, sich aneinander anzupassen und die Unebenheiten ihres Denkens zu glätten.

So kann die Gemeinschaft, die auf der vollkommenen Lehre Buddhas beruht, „Bruderschaft" genannt werden.

Die Menschen sollten diese Lehren beachten und ihren Geist in diesem Sinne schulen. Auf diese Weise wird die Bruderschaft Buddhas theoretisch jedermann einschließen, praktisch jedoch sind aber nur diejenigen ihre Mitglieder, die denselben religiösen Glauben teilen.

3. Die Bruderschaft Buddhas wird zwei Klassen von Mitgliedern haben: Solche, die Laien unterrichten und solche, die Lehrer mit dem notwendigen Essen und Kleidung versorgen. Zusammen werden sie die Lehre verbreiten und für immer fortdauern lassen.

Um die Bruderschaft als vollkommen zu gestalten, muß unter den Mitgliedern vollkommene Harmonie bestehen. Die Lehrer unterrichten die Mitglieder und die Mitglieder ehren die Lehrer, so daß Harmonie bestehen kann.

Die Mitglieder der Bruderschaft Buddhas sollten sich mit herzlicher Sympathie zusammenschließen, glücklich darüber sein, mit Glaubensbrüdern zusammenleben zu können und versuchen, eines Geistes zu werden.

4. Es gibt sechs Dinge, die dabei helfen, eine Bruderschaft zur Harmonie zu führen. Dies sind folgende: Aufrichtigkeit der Rede, Aufrichtigkeit und Güte im Handeln, Aufrichtigkeit und Barmherzigkeit des Geistes, gleiche Verteilung des gemeinsamen Besitzes, Befolgen derselben tugendhaften Vorschriften und richtige Ansichten.

Von diesen Dingen bildet das sechste oder „die Verfügung aller über richtige Ansichten“ den Kern, um den sich die restlichen fünf als Schale hüllen.

Es gibt zwei Gruppen von jeweils sieben Regeln, die befolgt werden müssen, damit die Bruderschaft erfolgreich sein kann. Die erste Gruppe beinhaltet folgende Regeln:

(1) Die Mitglieder sollten sich häufig versammeln, um die Belehrung zu vernehmen und über sie zu diskutieren.

(2) Sie sollten sich frei bewegen und sich gegenseitig respektieren.

(3) Sie alle sollten die Lehre hochschätzen, die Regeln achten und sie nicht verändern.

(4) Ältere und jüngere Mitglieder haben sich einander mit Höflichkeit zu behandeln.

(5) Ernst und Hochachtung sollten das Zeichen des Geistes aller Mitglieder sein.

(6) Alle sollten ihren Geist an einem stillen Ort reinigen; bevor sie ihn aber selbst in Anspruch nehmen, sollten sie diesen zuerst anderen Mitgliedern anbieten.

(7) Sie sollten alle Menschen lieben, Besucher herzlich empfangen und die Kranken mit Güte trösten.

Eine Bruderschaft, die diese Regeln befolgt, wird niemals vergehen.

Die zweite Gruppe umfaßt folgende persönliche Regeln: Jeder sollte (1) einen reinen Geist erhalten und nicht zu viele Dinge verlangen; (2) Lauterkeit bewahren und alle Habsucht überwinden; (3) geduldig sein und nicht streiten; (4) schweigen und nicht unnütz reden; (5) die Regeln befolgen und nicht anmaßend sein; (6) einen ausgeglichenen Geist bewahren und nicht unterschiedliche Lehren befolgen; (7) sparsam und bescheiden im täglichen Leben sein.

Wenn die Mitglieder diese Regeln einhalten, wird die Bruderschaft fortbestehen und nie auseinanderfallen.

5. Wie oben erwähnt, sollte eine Bruderschaft die Harmonie als ihre Essenz aufrechterhalten, so daß eine Bruderschaft ohne Harmonie nicht als eine solche bezeichnet werden kann. Jedes Mitglied sollte darauf achten, nicht zur Ursache von Uneinstimmigkeiten zu werden. Tritt Uneinigkeit auf, so sollte diese so früh

wie möglich beseitigt werden, denn sie kann schnell jede Organisation zerstören.

Blutflecke können nicht durch noch mehr Blut entfernt weden. Groll kann nicht durch weitreren Groll beseitigt werden. Groll kann nur durch Vergessen aufgehoben werden.

6. Es lebte einmal ein König names Calamity, dessen Land von dem benachbarten kriegerischen König namens Brahmadatta erobert worden war. König Calamity wurde gefangengenommen, nachdem er sich mit seiner Frau und seinem Sohn eine Zeitlang versteckt gehalten hatte. Glücklicherweise konnte jedoch sein Sohn, der Prinz, entkommen.

Der Prinz versuchte, einen Weg zu finden, um seinen Vater zu retten, aber es war vergebens. Am Tag der Hinrichtung seines Vaters schmuggelte sich der Prinz in Verkleidung zur Hinrichtungsstätte, wo er nichts anderes tun konnte, als der Tötung seines unglücklichen Vaters, in Beschämung zuzuschauen.

Der Vater bemerkte seinen Sohn in der Menge und murmelte, als spräche er zu sich selbst: „Suche nicht lange, handele nicht übereilt, Groll kann nur durch Vergessen beseitigt werden."

Danach sann der Prinz lange Zeit nach einem Weg zur Vergeltung. Schließlich ließ er sich bei Brahmadatta als Diener einstellen und fand so Gefallen beim König.

Eines Tages als der König auf die Jagd ging, suchte der Prinz nach einer Gelegenheit zur Rache. Es gelang ihm, seinen Herrn an eine einsame Stelle hinzuführen, an der dieser erschöpft einschlief, wobei er seinen Kopf in den Schoß des Prinzen bettete, da sein Vertrauen zu ihm inzwischen so groß geworden war.

Der Prinz zog seinen Dolch und setzte ihn an die Kehle des Königs, aber dann zögerte er. Die Worte seines Vaters, die jener im Augenblick seiner Hinrichtung gesprochen hatte, kamen ihm plötzlich in den Sinn, und obwohl er es nochmal versuchte, konnte er den König nicht töten. Plötzlich erwachte der König und erzählte dem Prinzen, er habe einen bösen Traum gehabt, in dem der Sohn des Königs Calamity ihn zu ermorden versucht hätte.

Der Prinz, den Dolch noch in seiner Hand schwingend, ergriff schnell den König und erklärte ihm, während er sich als der Sohn des Königs Calamity zu erkennen gab, daß die Zeit endlich gekommen sei, seinen Vater zu rächen. Dennoch konnte er es nicht vollbringen. Plötzlich warf der Prinz den Dolch zu Boden und fiel vor dem König auf die Knie.

Als der König die Geschichte des Prinzen und die letzten Worte von dessen Vater vernommen hatte, war er stark beeindruckt und tat Abbitte beim Prinzen. Später setzte er für den Prinzen das ehemalige Königreich instand, und beide Länder lebten lange Zeit in Freundschaft.

Die Sterbensworte des Königs Calamity „suche nicht lange“ bedeuten, daß Groll nicht lange genährt werden sollte, und „handle nicht übereilt“ bedeutet, daß eine Freundschaft nicht schnell gebrochen werden darf.

Groll kann nicht durch Groll befriedigt werden, sondern allein durch Vergessen beseitigt werden.

In der Kameradschaft einer Bruderschaft, die auf der Harmonie der rechten Lehre aufgebaut ist, sollte jedes Mitglied ständig den Sinn dieser Geschichte würdigen.

Nicht nur die Mitglieder einer Bruderschaft, sondern auch die Menschen allgemein, sollten diesen Sinn im täglichen Leben hochschätzen und praktizieren.

II
DAS BUDDHA-LAND

1. Wie bereits geschildert wurde, wird die Bruderschaft sich ständig vergrößern und die Lehre mehr und mehr verbreiten, wenn sie ihre Pflicht, Buddhas Lehre zu verkünden und in Harmonie zu leben, nicht vergißt.

Das heißt, daß immer mehr Menschen die Erleuchtung suchen werden, und die Armee der Übel wie Habsucht, Zorn und Torheit, die vom Dämon der Unwissenheit und Begierde gelenkt wird, ihren Rückzug antreten wird und daß Weisheit, Licht, Vertrauen und

Freude vorherrschen werden.

Die Herrschaft Dämons besteht aus Habsucht, Dunkelheit, Ringen, Kampf, Schwertern und Blutbädern und ist angefüllt mit Eifersucht, Vorurteil, Haß, Betrug, Schmeichelei, Kriechertum, Geheimniskrämerei und Beleidigung.

Nun stellen wir uns vor, daß das Licht der Weisheit auf diese Herrschaft leuchtet, der Regen des Mitleids niederfällt, das Vertauen Wurzeln zu fassen beginnt, und die Blumen der Freude ihren Duft verbreiten. Dann wird das Land des Teufels sich in das reine Land Buddhas verwandeln.

Und wie eine sanfte Brise und einige wenige Blüten an einem Ast den nahenden Frühling ankündigen, so beginnen Gras, Bäume, Berge, Flüsse und alle anderen Dinge mit neuem Leben zu pulsieren, sobald ein Mensch die Erleuchtung empfangen hat.

Wenn der Geist eines Menschen rein wird, wird seine Umgebung ebenfalls rein.

2. In einem Land, in dem die wahre Lehre herrscht, verfügt jeder darin Verweilende über einen reinen und ruhigen Geist. In der Tat kommt Buddhas Erbarmen allen Menschen unaufhörlich zugute, und sein leuchtender Geist vertreibt alle Unreinheiten aus ihrem Sinn.

Ein reines Gemüt wird bald zu einem tiefen, ein

Gemüt, das im richtigen Verhältnis zum Edlen Pfad steht, das gerne gibt, das gerne die Vorschriften befolgt, ein beständiges, ein eifriges, ein ruhiges, ein weises, ein mitfühlendes Gemüt, ein Gemüt, das Menschen mit vielen und erprobten Mitteln zur Erleuchtung führt. So soll das Land Buddhas gebaut sein.

Ein Heim mit Frau und Kindern wird in ein Haus verwandelt, in dem Buddha anwesend ist; ein Land, das wegen der sozialen Unterschiede leidet, wird ebenso in eine Gemeinschaft verwandter Geister verwandelt.

Ein goldener, mit Blut befleckter Palast kann kein Aufenthaltsort Buddhas sein. Eine kleine Hütte, in die der Mond durch die Dachritzen scheint, kann dagegen, wenn der Geist des Hausherrn rein ist, in einen Ort verwandelt werden, an dem sich Buddha aufhält.

Wenn ein Buddha-Land auf dem reinen Geist eines einzigen Menschen beruhen kann, kann dieser einzige reine Geist andere verwandte Geister in die Gemeinschaft einer Bruderschaft hineinziehen. Das Vertrauen auf Buddha breitet sich aus vom Individuum zur Familie, von der Familie zum Dorf, vom Dorf zu den Städten, Großstädten, Ländern und schließlich in der ganzen Welt.

Tatsächlich sind es bei der Verbreitung der Dharma-Lehre Eifer und Gewissenhaftigkeit, die das Buddha-Land aufbauen.

3. Sicher erscheint die Welt mit all ihrer Habsucht, Ungerechtigkeit und ihrem Blutvergießen von einer Blickrichtung aus als eine Welt Dämons; aber sobald in den Menschen das Vertrauen in Buddha aufsteigt, wird das Blut in Milch und Habsucht in Barmherzigkeit verwandelt, und das Land des Dämons wird zum Lande Buddhas.

Es scheint eine unmögliche Aufgabe zu sein, einen Ozean mit einer einzigen Schöpfkelle auszuschöpfen, aber die Bestimmung, es zu tun, selbst wenn es viele, viele Generationen lang dauern sollte, ist der Geist, mit dem man Buddhas Erleuchtung empfangen sollte.

Buddha wartet am anderen Ufer, d.h. in seiner Welt der Erleuchtung, in der keine Habsucht, kein Zorn, keine Unwissenheit, kein Leiden, keine Agonie, sondern nur das Licht der Weisheit und der Regen des Mitleids zu finden ist.

Es ist ein Land des Friedens, ein Zufluchtsort für alle, die leiden und in Sorge und Not leben, ein Ort der Ruhe für alle, die beim Verbreiten der Dharma-Lehre eine Ruhepause einlegen wollen.

In diesem Reinen Land existiert nur ungehindertes Licht und unendliches Leben. Alle, die diesen Hafen erreichen, werden nie mehr in die Welt der Verblendung zurückkehren.

Dieses Land, in dem die Blumen die Luft mit Weisheit versüßen und die Vögel vom tugendhaften

Dharma singen, ist in der Tat die letztendliche Bestimmung aller Menschen.

4. Obwohl dieses Reine Land ein Ort des Ausruhens ist, ist es nicht ein Ort des eitlen Nichtstuns. Seine Betten aus wohlriechenden Blumen sind nicht für träge Faulheit bestimmt, sondern Orte der Erfrischung und Ruhe, an denen man die Energie und den Eifer wiedergewinnt, um Buddhas Mission von der Erleuchtung weiterzutragen.

Buddhas Mission besteht ewig. So lange wie Menschen leben und die Kreatur existiert, so lange selbstsüchtige und verdorbene Geister ihre eigene Welt und ihre eigenen Umstände herstellen, wird es kein Ende seiner Mission geben.

Die Kinder Buddhas, die durch die große Kraft Amidas in das Land Buddhas eingetreten sind, werden sich vielleicht darum bemühen, in das Reine Land zurückzukehren, aus dem sie kamen und zu dem sie keine Verbindung mehr haben. Dann wird ihre eigentliche Aufgabe in der Mission Buddhas bestehen.

Wie das Licht einer kleinen Kerze sich nachfolgend von einer zur anderen verbreitet, so wird das Licht von Buddhas Barmherzigkeit ununterbrochen von einem Geist auf den anderen übertragen werden.

Die Kinder Buddhas, die seinen mitleidsvollen Geist erkennen, nehmen seine Aufgabe von der Erleuchtung und Reinigung an und geben sie weiter von Generation zu Generation, um Buddhas Reines Land für immer und ewig zu verherrlichen.

III
ÜBER DIEJENIGEN, DIE IM BUDDHA-LAND DIE HERRLICHKEIT GENIESSEN

1. Syamavati, die Gemahlin von König Udayana, war Buddha sehr ergeben.

Sie lebte in den innersten Höfen des Palastes ohne diese jemals zu verlassen. Ihre bucklige Dienerin aber, die über ein ausgezeichnetes Gedächtnis verfügte, pflegte stets auszugehen und Buddhas Predigten beizuwohnen.

Nach ihrer Rückkehr wiederholte sie die Lehre des Erhabenen und auf diese Weise vertiefte die Königin ihre Weisheit und ihr Vertrauen.

Die zweite Frau des Königs war auf die erste eifersüchtig und versuchte, sie zu töten. Sie verleumdete Syamavati gegenüber dem König, bis dieser ihr schließlich Glauben schenkte und seine erste Frau selbst zu töten gedachte.

Königin Syamavati stand so ruhig vor dem König, daß er nicht das Herz hatte, sie zu töten. Als er die Kontrolle über sich selbst wiedergefunden hatte, entschuldigte er sich bei ihr für sein Mißtrauen.

Die Eifersucht des zweiten Weibes wurde aber immer

mächtiger, und so schickte sie Übeltäter, die den innersten Hof des Palastes während der Abwesenheit des Königs in Brand stecken sollten. Syamavati blieb ruhig, beruhigte und ermutigte die verstörten Dienerinnen, und starb friedvoll mit der Geisteshaltung, die sie vom Erhabenen gelernt hatte. Uttara, die Bucklige, starb mit ihr im Feuer.

Unter den vielen Frauen, die Schüler Buddha Shakyamunis waren, wurden diese beiden sehr hoch verehrt: Königin Syamavati als der barmherzige Geist und ihre bucklige Dienerin als die weise Uttara.

2. Prinz Mahanama von der Shakya-Familie, ein Cousin Buddhas, hatte starkes Vertrauen in Buddhas Lehre und war einer seiner getreuesten Anhänger.

Zu dieser Zeit besiegte ein gewalttätiger König namens Virudaka von Kosala die Shakya-Familie. Prinz Mahanama ging zu ihm und bat um das Leben seiner Leute, aber Virudaka wollte nicht auf ihn hören. Daraufhin schlug er dem König vor, er solle so viele Gefangene entkommen lassen wie davonrennen könnten, während er selbst in einem nahegelegenen Teich unter Wasser bliebe.

Das Tor des Schlosses wurde geöffnet als Mahanama unter Wasser tauchte, und die Menschen brachten sich in Sicherheit. Aber Mahanama tauchte nicht mehr auf: Er opferte sein Leben für das Leben seiner Leute, indem er sein Haar an die Unterwasserwurzel einer Weide band.

3. Utpalavarna war eine berühmte Nonne, deren Weisheit mit der des Maudgalyayana, einem großen Schüler Buddhas, verglichen wurde. Sie war in der Tat die Nonne aller Nonnen, war immer deren Führer und ermüdete nie, sie zu belehren.

Devadatta war ein verruchter und grausamer Mann, der den Geist König Ajatasatrus vergiftete und ihn davon überzeugte, sich gegen Buddhas Lehren zu wenden. Später aber bereute dies König Ajatasatru, brach die Freundschaft mit Devadatta und wurde ein unterwürfiger Schüler Buddhas.

Einmal, als Devadatta bei dem Versuch, den König zu sehen, am Schloßtor zurückgewiesen wurde, traf er dort Utpalavarna, die gerade herauskam. Er wurde sehr zornig und schlug sie nieder, wobei sie ernsthaft verletzt wurde.

Sie kehrte mit großem Kummer zu ihrem Konvent zurück, und als die anderen Nonnen sie zu trösten versuchten, sprach sie zu ihnen: „Schwestern, das menschliche Leben ist das Unvorhergesehene, alles ist vergänglich und ichlos. Nur die Welt der Erleuchtung ist ruhig und friedlich. Ihr müßt mit euren Übungen fortfahren.“ Dann verstarb sie.

4. Angulimalya, einst ein gefürchteter Bandit, der viele Menschen getötet hatte, wurde vom Erhabenen gerettet und so ein Mitglied der Bruderschaft.

Eines Tages ging er in eine Stadt betteln und erfuhr dabei viel Not und Leid für seine vergangenen schlechten Taten.

Die Bewohner fielen über ihn her und schlugen ihn furchtbar. Er aber ging mit blutendem Körper zum Erhabenen zurück, fiel zu dessen Füßen und dankte ihm für die Gelegenheit, für seine früheren grausamen Taten büßen zu dürfen.

Er sprach: „Erhabener, mein Name war ursprünglich ‚kein Leid zufügen‘, aber aus meiner Unwissenheit heraus nahm ich vielen das kostbare Leben und von jedem einen Finger, daher wurde ich Angulimalya, ‚der Fingersammler‘ genannt.

„Dann lernte ich Weisheit durch Dein Erbarmen und widmete mich hinfort den drei Schätzen: Buddha, Dharma und Samgha. Wenn ein Mensch ein Pferd oder eine Kuh reiten will, so braucht er eine Peitsche oder ein Seil. Du aber hast meinen Geist gereinigt, ohne dabei eine Peitsche, ein Seil oder einen Haken zu benutzen.

„Heute, Erhabener, habe ich nur gelitten, was ich schuldig war. Ich will nicht leben, ich will nicht sterben, ich warte nur darauf, daß meine Zeit gekommen ist.“

5. Maudgalyayana war zusammen mit dem verehrungswürdigen Sariputra einer der beiden größten Schüler Buddhas. Als die Lehrer anderer Religionen sahen, wie das reine Wasser der Buddha-Lehre sich unter den Menschen ausbreitete, und diese Menschen gierig es tranken, wurden sie eifersüchtig und versuchten, seinen Predigten verschiedene Hindernisse in den Weg zu legen.

Aber keine der Behinderungen konnte die weitere Verbreitung seiner Lehre stoppen oder ihr vorbeugen. So versuchten die Jünger anderer Religionen Maudgalyayana zu töten.

Zweimal entkam dieser den Anschlägen, aber beim dritten Mal wurde er von vielen Gegnern der Buddha-Lehre umringt und brach unter ihren Schlägen zusammen.

Gestärkt durch die Erleuchtung empfing er ruhig ihre Schläge und, obwohl sein Fleisch aufgerissen und seine Knochen gebrochen waren, starb er friedlich.

QUELLENNACHWEIS

Abkürzungen: DN – Dīgha Nikāya
MN – Majjhima Nikāya
SN – Saṃyutta Nikāya
AN – Aṅguttara Nikāya

BUDDHA

Teil	*Seite*	*Zeile*	*Quelle*
1. Kapitel			
1	2	1	Verschiedene Suttas
	5	1	AN 3-38, Sukhumālā-sutta
	5	15	MN 3-26, Ariyapariyesana-sutta
	5	27	Verschiedene Sutras
	7	1	MN 9-85, Bodhirājakumāra-sutta
	7	6	Verschiedene Suttas
	7	16	Sutta-nipāta 3-2, Padhāna-sutta
	7	23	Verschiedene Suttas
	8	11	Vinaya, Mahāvagga 1
	9	12	DN 16, Mahāparinibbāna-sutta
2	10	16	DN 16, Mahāparinibbāna-sutta
	11	14	Parinibbāna-sutta
	13	10	Parinibbāna-sutta
	13	18	DN16, Mahāparinibbana-sutta
2. Kapitel			
1	15	1	Amitāyur-dhyāna und Vimalakīrti-nirdeśa-sūtras

Teil	Seite	Zeile	Quelle
	15	6	Śūraṃgama-sūtra
	15	12	Vimalakīrti-nirdeśa und Mahāparinirvāṇa-sūtra
	16	8	Saddharma-puṇḍarīka-sūtra 16
	17	1	Mahāyāna-jātaka-cittabhūmiparīkśā-sūtra
	17	10	Mahāparinirvāṇa-sūtra
2	19	1	Saddharmapuṇḍarīka-sūtra 3
	20	1	Saddharmapuṇḍarīka-sūtra 4
	21	14	Saddharmapuṇḍarīka-sūtra 5
3	22	20	Saddharmapuṇḍarīka-sūtra 16
3. Kapitel			
1	25	1	Avataṃsaka-sūtra 5
	26	5	Mahāparinirvāṇa-sūtra
	26	13	Avataṃsaka-sūtra
	26	23	Suvarnaprabhāsottamarāja-sūtra 3
2	29	6	Avataṃsaka-sūtra
	29	14	Avataṃsaka-sūtra 34, Gaṇḍavyūha
	29	18	Kleine Sukhāvatīvyūha-sūtra 17
	29	25	Avataṃsaka-sūtra
	30	6	SN 35-5
	30	10	Mahāparinirvāṇa-sūtra

Teil	*Seite*	*Zeile*	*Quelle*
3	32	10	MN 8-77, Mahāsakulūdayi-sutta
	33	10	Mahāparinirvāṇa-sūtra
	33	23	Laṅkāvatāra-sūtra
	34	4	Avataṃsaka-sūtra 32
	34	21	Saddharmapuṇḍarīka sūtra 25
	34	26	Mahāparinirvāṇa-sūtra
	35	14	Saddharmapuṇḍarīka-sūtra 2
	35	21	Saddharmapuṇḍarīka-sūtra 2

DHARMA

1. Kapitel			
1	38	1	Vinaya, Mahāvagga 1-6 und SN 56-11-12, Dhammacakra-pravartana-sutta
	39	18	Itivuttaka 103
	40	6	MN 2, Sabbāsava-sutta
	40	15	Sūtra der zweiundvierzig Abschnitte 18
	41	2	Śrīmālādevīsiṃhanāda-sūtra
3	42	21	Avataṃsaka-sūtra 22, Daśabhūmika
2. Kapitel			
1	46	1	MN 4-35, Cūḷasaccaka-sutta
	48	11	AN 5-49, Rajah-muṇḍa-sutta
	48	24	AN 4-185, Samaṇa-sutta
	49	4	AN 3-134, Uppāda-sutta

Teil	*Seite*	*Zeile*	*Quelle*
2	49	11	Laṅkāvatāra-sūtra
	49	16	Avataṃsaka-sūtra 2
	50	1	Avataṃsaka-sūtra 16
	50	16	Avataṃsaka-sūtra 22, Daśabhūmika-sūtra
	51	1	Laṅkāvatāra-sūtra
	51	7	AN 4-186, Ummagga-sutta
	51	12	Dhammapada 1, 2, 17, 18
	52	1	SN 2-1-6, Kāmada-sutta
3	52	14	Avataṃsaka-sūtra 16
	52	24	Laṅkāvatāra-sūtra
	53	17	MN 3-22, Alagaddūpama-sutta
	54	11	Laṅkāvatāra-sūtra
	54	16	Laṅkāvatāra-sūtra
4	57	7	Vinaya, Mahāvagga 1-6
	58	2	Laṅkāvatāra-sūtra
	58	9	SN 35-200, Dārukk-handha-sutta
	58	22	Laṅkāvatāra-sūtra u.a.
	59	10	MN 2-18, Madhupiṇḍika-sutta
	59	26	Laṅkāvatāra-sūtra
	60	17	Laṅkāvatāra-sūtra
	61	15	Vimalakīrti-nirdeśa-sūtra
	63	19	Avataṃsaka-sūtra 34, Gaṇḍavyūha
	63	30	Laṅkāvatāra-sūtra u.a.

Teil	*Seite*	*Zeile*	*Quelle*
3. Kapitel			
1	65	1	Vinaya, Mahāvagga 1-5
	65	19	Vinaya, Cūḷavagga 5-21
	66	8	Śūraṃgama-sūtra
2	71	10	Śūraṃgama-sūtra
	73	6	Mahāparinirvāṇa-sūtra 7
	73	16	Saddharmapundarīka-sūtra u. Śūraṃgama-sūtra
	74	4	Avataṃsaka-sūtra 32
	74	10	Mahāparinirvāṇa-sūtra
	74	14	Brahmajāla-sutta
	75	1	Mahāparinirvāṇa-sūtra
3	75	26	Mahāparinirvāṇa-sūtra
4. Kapitel			
1	81	1	Śrīmālādevīsiṃhanāda-sūtra
	82	14	AN 2-11
	82	21	Itivuttaka 93
	82	29	Vinaya, Mahāvagga
	83	13	AN 3-68, Aññatiṭṭhika-sutta
	83	30	AN 3-34, Āḷavaka-sutta
	84	18	Vaipulya-sūtra
	84	25	Vinaya, Mahāvagga 1-6, Dhammacakrapravartana-sutta
	85	3	MN 2-14, Cūḷadukkhakkhandha-sūtra
	85	9	Mahāparinirvāṇa-sūtra
	86	23	Itivuttaka 24
	88	17	MN 6-51, Kandaraka-suttanta

Teil	*Seite*	*Zeile*	*Quelle*
2	89	12	AN 3-130
	89	24	AN 3-113
	90	7	Itivuttaka 100
	90	24	Saṃyuktaratnapiṭaka-sūtra
	91	21	Mahāparinirvāṇa-sūtra
	93	1	AN 3-62
	93	19	AN 3-35, Devadūta-sutta
3	94	24	Therīgāthā Aṭṭhakathā
	95	18	Sukhāvatīvyūha-sūtra 2
5. Kapitel			
1	102	1	Sukhāvatīvyūha-sūtra 1
	105	21	Sukhāvatīvyūha-sūtra 2
	107	6	Amitāyur-dhyāna-sūtra
2	110	22	Kleines Sukhāvatīvyuha-sūtra

DER WEG DES ÜBENS

1. Kapitel			
1	116	1	MN 2, Sabbāssava-sutta
	117	29	MN 3-26, Ariyapariyesana-sutta
	118	19	SN 35-206, Chapāna-Sutta
	119	19	Sūtra der zweiundvierzig Abschnitte 41-2
	121	24	MN 2-19, Dvedhāvitakka-sūtra
	122	15	Dhammapada Aṭṭhakathā
2	123	13	AN 3-117
	124	1	MN 3-21, Kakacūpama-sutta
	127	1	MN 3-23, Vammīka-sutta

Teil	*Seite*	*Zeile*	*Quelle*
	128	20	Jātaka IV-492, Mātaṅga-Jātaka
	132	3	Sūtra der zweiundvierzig Abschnitte 9
	132	12	Sūtra der zweiundvierzig Abschnitte 11
	133	5	Sūtra der zweiundvierzig Abschnitte 13
	134	5	AN 2-4, Samacitta-sutta
3	134	24	Saṃyuktaratnapiṭaka-sūtra
	144	25	Mahāparinirvāṇa-sūtra
	145	17	Saṃyuktaratnapiṭaka-sūtra
2. Kapitel			
1	150	1	MN 7-63, Cūḷamāluṅkya-suttanta
	152	10	MN 3-29, Mahāsāropamā-sutta
	154	1	Mahāmāyā-sutta
	154	18	Theragāthā Aṭṭhakathā
	156	8	MN 3-28, Mahāhatthipa-dopamā-sūtra
	156	27	Mahāparinirvāṇa-sūtra
	157	14	Avadānaśataka-sūtra
	158	20	Mahāparinirvāṇa-sūtra
	160	14	Pañcaviṃśati-sāhasrikā-prajñāpāramitā-sūtra
	161	26	Avataṃsaka-sūtra 34, Gaṇḍavyūha

Teil	*Seite*	*Zeile*	*Quelle*
2	163	17	AN 3-88
	164	14	AN 3-81
	164	21	AN 3-82
	165	15	Mahāparinibbāna-sutta
	166	16	MN 14-141, Saccavibhaṅga-sutta
	167	25	Mahaparinibbāna-sutta 2
	168	16	AN 5-16, Bala-sutta
	168	23	Avataṃsaka-sūtra 6
	169	20	Mahāparinirvāṇa-sūtra
	170	6	Saṃyuktaratnapiṭaka-sūtra
	171	2	Suvarṇaprabhāsa-sūtra 26
	171	17	Mahāparinirvāṇa-sūtra
	172	17	Theragāthā Aṭṭhakathā
	173	7	Jātaka 55, Pañcāvudha-Jātaka
	174	9	Itivuttaka 39 u. 40
	174	23	Mahāparinirvāṇa-sūtra
	174	26	Mahāparinirvāṇa-sūtra
	175	1	AN 5-12
	175	9	Mahāparinirvāna-sūtra
	175	21	Śūraṃgama-sūtra
3	176	25	SN 55-21 u. 22, Mahānāma-sutta
	177	20	AN 5-32, Cundī-sutta
	178	1	Vimalakīrti-nirdeśa-sūtra
	178	17	Śūraṃgama-sūtra
	178	24	Sukhāvatīvyūha-sūtra 2

Teil	*Seite*	*Zeile*	*Quelle*
	179	11	SN 1-4-6
	179	14	Avataṃsaka-sūtra 33
	180	8	Avataṃsaka-sūtra 24
	180	22	Suvarṇaprabhāsa-sūtra 4
	181	9	Amitāyur-dhyāna-sūtra
	181	13	Sukhāvatīvyūha-sūtra
	181	19	Mahāparinirvāṇa-sūtra
	182	12	MN 2-16, Cetokhila-sutta
	183	6	Sukhāvatīvyūha-sūtra 2
4	184	3	Dhammapada
	192	1	SN 1-4-6
	192	18	AN
	192	23	Mahāparinirvāna-sūtra

DIE BRÜDERLICHKEIT

1. Kapitel

1	194	1	Itivuttaka 100 u. MN 1-3, Dhammadāyā-sutta
	194	9	Itivuttaka 92
	195	1	Vinaya, Mahāvagga 1-30
	195	22	MN 4-39, Mahā-assapura-sutta
	197	4	MN 4-40, Cūḷa-assapura-sūtra
	198	6	Saddharmapuṇḍarīka-sūtra 19
	198	13	Saddharmapuṇḍarīka-sūtra 19
	199	1	Saddharmapuṇḍarīka-sūtra 14
2	200	15	SN 55-37, Mahānāma-sutta
	201	1	AN 3-75
	201	10	SN 55-37, Mahānāma-sutta
	201	16	SN 55-54, Gilāyanam-sutta

Teil	*Seite*	*Zeile*	*Quelle*
	201	23	Avataṃsaka-sūtra 22
	203	10	Mahāparinirvāṇa-sūtra
	206	7	Avataṃsaka-sūtra 7
	209	2	Avataṃsaka-sūtra 7
	210	2	Mahāmāyā-sutta
	210	24	Mahāparinirvāṇa-sūtra
2. Kapitel			
1	212	1	DN 31, Singālovāda-sūtra
	217	19	AN 2-4, Samacitta-sūtra
	218	14	AN 3-31
	218	22	Jātaka 417, Kaccāni-Jātaka
	220	21	DN 31, Singālovāda-sūtra
	221	5	Dhammapada Aṭṭhakathā 1
2	222	17	AN 4-197
	223	11	AN 5-333 Uggaha-sutta
	224	3	(Birmanische Kommentare)
	224	21	AN 7-59, Sujāta-sutta
	226	20	DN 16, Mahāparinibbāna-sutta
	227	23	Śrīmālādevīsiṃhanāda-sūtra
3	230	3	DN 16, Mahāparinibbāna-sutta
	231	4	Avataṃsaka-sūtra 34, Gaṇḍavyūha
	232	13	Suvarṇaprabhāsa-sūtra 12
	233	11	Bodhisattva-gocaropāya-viṣayavikurvaṇa-nirdeśa-sūtra

Teil	*Seite*	*Zeile*	*Quelle*
3. Kapitel			
1	240	1	Mahāparinirvāṇa-sūtra
	241	24	AN 3-118, Soceyya-sutta
	243	14	SN
	244	5	Vinaya, Mahāvagga 10-1 u. 2
	244	15	DN 16, Mahāparinibbāna-sutta
	245	23	Vinaya, Mahāvagga 10-1, u. 2
2	248	15	SN
	249	13	Das Chūin-kyō-sūtra
	249	20	Vimalakīrti-nirdeśa-sūtra
	251	1	Mahāparinirvāṇa-sūtra
	251	21	Kleines Sukhāvatīvyūha-sūtra
	252	3	Sukhāvatīvyūha-sūtra
	252	20	Vimalakīrti-nirdeśa-sūtra
3	253	6	Dhammapada Aṭṭhakathā 1
	253	15	AN 34-2
	254	11	Dhammapada Aṭṭhakathā 1
	255	6	AN 5-1
	255	11	Sarvāstivāda-saṅghavedaka-vastu 10
	256	2	MN 9-86, Aṅgulimāla-sutta
	257	4	AN 26

ANHANG

KURZE GESCHICHTE DES BUDDHISMUS

1. INDIEN

Eines der größten epochemachenden Ereignisse in der Geistesgeschichte der Menschheit geschah, als das „Licht von Asien" strahlend im zentralen Teil Indiens aufging, oder mit anderen Worten, als sich dort der Frühling der Großen Weisheit und des Erbarmens ergoß, der den menschlichen Geist viele Jahrhunderte hindurch bis zum heutigen Tag bereichert hat.

Buddha Gautama, der bei den späteren Anhängern des Buddhismus unter dem Namen ‚Shakyamuni' oder ‚Weiser aus dem Shakya-Geschlecht' bekannt war, verließ sein Heim, wurde Bettelmönch und wandte seine Schritte gegen Süden nach Magadha. Man nimmt an, daß es in der Mitte des 5. Jh. v. Chr. geschah, daß er schließlich die Erleuchtung unter einem Bodhi-Baum empfing. Er führte seine unermüdlichen Anstrengungen fünfundvierzig lange Jahre weiter, von jener Zeit an bis zu seinem „Großen Tod", durch den er in das Mahaparinirvana eintrat, indem er die ganze Zeit hindurch die Lehre der Weisheit und des Erbarmenns predigte. In der Folge davon entstanden in den Königreichen und verschiedenen Stämmen in Mittelindien unablässig große buddhistische Tempel.

Während der Zeit von König Ashoka (Regierungszeit: 268-232 v. Chr.), dem dritten Herrscher des Königreiches Maurja, verbreitete sich die Lehre Buddha Gautamas über ganz Indien und konnte auch über die Grenzen des Landes hinaus propagiert werden.

Maurja war das erste der Vereinigten Königreiche Indiens gewesen. Dieses Königreich umfaßte bereits zur Zeit seines ersten Herrschers, Chandragupta (Regierungszeit: 316-293 v. Chr.), ein ausgedehntes Gebiet. Es erstreckte sich bis zum Himalaya-Gebirge im Norden, bis zur Bucht von Bengalen im Osten, bis zum Hindukusch-Gebirge im Westen und dem Vindhya-Gebirge im Süden. König Ashoka erweiterte dieses Gebiet noch bis zum Dekhan Plateau, indem er den Herrscher Kalinga und andere besiegte.

Man sagt, daß dieser König ein sehr zorniges Wesen gehabt haben und von seinem Volk ‚Candāsoka' (‚der wütende Ashoka') genannt worden sein soll, aber sein Charakter änderte sich völlig, als er Zeuge wurde von den verheerenden Zuständen, die der Krieg durch den Kalinga besiegt worden war, verursacht hatte. So wurde er ein eifriger Ergebener der Lehre von Weisheit und Mitgefühl. Als ein Anhänger des Buddhismus tat er danach vieles, von dem die zwei folgenden Taten besonders bemerkenswert sind.

Die erste Tat war ‚Ashokas eingraviertes Edikt' oder das auf der buddhistischen Lehre basierende Verwaltungskonzept, das in Steinsäulen oder auf geschliffenen Klippenwänden eingemeißelt war, die er an vielen Orten errichten ließ und die auf diese Weise Buddhas Lehre verbreiteten. Zweitens sandte er Missionare in alle Richtungen aller Länder außerhalb seines Königreiches aus, um die Lehre von Weisheit und Erbarmen zu übermitteln. Dabei muß besonders die Tatsache erwähnt werden, daß einige dieser Missionare zu solchen Orten wie Syrien, Ägypten, Kyrene, Makedonien und Epeiros geschickt wurden, und so den Buddhismus weit in die westliche Welt hineintrugen. Insbesondere Mahendra, der Bote, der nach Tāmraparni oder Ceylon geschickt worden war, erreichte, daß die schöne Lehre auf dem schönen Lankādvīpa (Pali: Lankādīpa) errichtet wurde, und begründete somit den Ausgangspunkt der buddhistischen Lehre für die Ausbreitung nach Süden auf dieser Insel.

2. DER AUFSTIEG DES MAHAYANA BUDDHISMUS

Die Buddhisten der späteren Jahre wurden häufig als ‚Östliche Bewegung des Buddhismus' bezeichnet. Aber in der Zeit vor Christus war das ‚Antlitz' des Buddhismus eindeutig gegen den Westen gerichtet. Es geschah ein wenig vor oder nach dem Beginn der christlichen Ära, daß sich das ‚Antlitz' des Buddhismus dem Osten zuwandte. Wie dem auch sei, bevor wir uns diesem Punkt zuwenden, muß man von dem großen Wandel sprechen, der sich im Buddhismus vollzog. Dieser Wandel war kein anderer als die „Neue Welle", die als Mahayana Buddhismus bekannt wurde und sehr schnell Fuß faßte und darüber hinaus ein herausragendes Element der Lehre dieser Zeit darstellte.

Wann, wie und von wem war solch eine „Neue Welle“ begonnen worden? Niemand ist bislang in der Lage, diese Fragen endgültig zu beantworten. Unter dieser Voraussetzung können wir nur feststellen :Erstens muß dieser Trend von fortschrittliche Priestern dieser Zeit in Gang gesetzt worden sein, die der sogenannten der Mahāsamghika-Schulen angehörten. Zewitens: Einige der wichtigen Elemente der Mahayana-Schriften existierten bereits im Zeitraum von einem oder zwei Jahrhunderten vor bis einem Jahrhundert nach Chr. Und als sich die hervorragende Idee von Nāgārjuna entwickelte, unterstützt von den Mahayana-Schriften, präsentierte sich der Mahayana-Buddhismus leuchtend im Vordergrund auf der Bühne der Religionsgeschichte.

Die Rolle, die der Mahayana-Buddhismus spielte, war in der langen Geschichte des Buddhismus sehr bedeutend. In China und Japan hat sich der Buddhismus fast in der gesamten Geschichte dieser Länder unter dem Einfluß der Mahayana-Lehre entwickelt. Dies erscheint nicht verwunderlich, da dort bereits zur Rettung der Massen eine neue Idee, die die neuen lebenden Heiligen von Art der Bodhisattvas im Auge hatte, welche diese Idee praktizieren sollten, ausgearbeitet worden war, und um dies noch zu unterstützen, waren die geistigen Ergebnisse auf metaphysischem und psychologischem Gebiet, die von den Mahayana-Denkern entwickelt wurden, wirklich hervorragend. Obwohl diese Idee auf der einen Seite mit der Lehre des Buddha Gautama verbunden war, wurden auf diese Weise viele neue Aspekte von Weisheit und Mitleid hinzugefügt. Mit diesen neuen Zusätzen wurde der Buddhismus mit Begeisterung und Energie angefüllt und bereicherte die Länder des Ostens wie die vorantreibende Strömung eines großen Flusses.

3. ZENTRALASIEN

Die erste Begegnung Chinas mit dem Buddhismus ergab sich von den zentralasiatischen Ländern her. Daher muß man von der ‚Seiden-Straße' sprechen, wenn man von der Ausbreitung der Lehre von Indien nach China berichten will. Diese Straße führte durch die endlosen Gebiete Mittelasiens und verband den Westen mit dem Osten. Während der Zeit des Königs Wu der Han-Dynastie (Regierungszeit: 140-87 v. Chr.) war diese Straße geöffnet gewesen. Zu dieser Zeit erstreckte sich das Gebiet von Han weit bis in den Westen hinein, und in den angrenzenden Ländern wie Herghana, Sagdiana, Tukhara und sogar Parthia war der Geist des Merkantilismus, der schon früher von Alexander dem Großen entfacht worden war, immer noch stark zu spüren. Entlang dieser Straße, die durch diese Länder führte, spielte Seide die wichtigste Rolle, daher der Name ‚Seiden-Straße'. In dieser Zeit, wenig vor und nach dem Beginn der christlichen Ära, begannen die ersten Kontakte zwischen Indien und China mittels des Handelsweges. So kann diese Straße auch ‚Straße des Buddhismus' genannt werden.

4. CHINA

Die Geschichte des chinesischen Buddhismus beginnt mit der Annahme der Buddhistischen Schriften und deren Übersetzungen. Das älteste Werk der früheren Zeiten soll das ‚Ssu-shih-êr-châng-ching' (‚Das von Buddha gesprochene Sutra in 42 Lektionen') sein, das eine Übersetzung von Kāśyapamātaṅga und anderen während der Ying-p'ing Ära von König Ming vom Späteren Han (58–76 n. Chr.) ist, aber heute wird dies als zweifelhafte, legendäre Geschichte betrachtet. Die gefestigte Ansicht spricht diesen Verdienst nun An-shin-kao zu, der in Lo-yang von etwa 148–171 n. Chr. mit Übersetzungen beschäftigt war. Von dieser Zeit an bis zur Zeit der Nördlichen Sung Dynastie (960–1129 n. Chr.) wurde die Übersetzungsarbeit fast eintausend Jahre lang fortgesetzt.

Während der frühen Jahre waren diejenigen, die die entscheidende Rolle bei der Einführung der Schriften und deren Übersetzung spielten, meist Priester der zentralasiatischen Länder. Zum Beispiel kam der oben bereits erwähnte An-shin-kao aus Parthia; K'ang-sêng-k'ai, der aus dem Samarkana Gebiet stammte, kam etwa im 3. Jahrhundert nach Lo-yang und übersetzte das ‚Sukhāvatīvyūha' ('Das Buch vom Unbegrentzen Leben'). Zudem kam Chu-fa-hu oder Dharmaraksha, der als Übersetzer des ‚Saddharmapuṇḍarīka' bekannt ist, aus Tukhāra und blieb von der 2. Hälfte des 3. Jahrhundert bis zu Beginn des 4. Jahrhundert in Lo-yang oder Ch'ang-an. Als Kumārajīva, der aus Kucha stammte, im Anfang des 5. Jahrhundert erschien, erreichte die Übersetzungsarbeit in China ihren Höhepunkt.

Seit ungefähr dieser Zeit begannen die Priester von China aus Indien zu besuchen, um Sanskrit zu lernen. Der Pionier solcher Priester war Fa-hsien (339–420 n. Chr.?), der im Jahre 399 von Ch'ang-an aus nach Indien reiste und erst fünfzehn Jahre später zurückkehrte. Der berühmteste dieser Priester war Hsuan-chuang (600–664 n. Chr.), der im Jahre 627 nach Indien ging und nach neunzehn langen Jahren 645 zurückkehrte. Außerdem erreichte I-ching (635–713 n. Chr.) über den Seeweg 671 Indien und kehrte fünfundzwanzig Jahre später auf gleichem Wege zurück.

Diese Priester besuchten Indien alle allein, um Sanskrit zu lernen und brachten die von ihnen ausgewählten Schriften mit, wobei sie die führende Rolle bei der Übersetzungsarbeit spielten. Insbesondere war die sprachliche Fähigkeit von Hsuan-chuang äußerst hervorragend, und durch seine energische Arbeit erreichte die Übersetzung der Schriften einen erneuten Höhepunkt in China. Die Arbeiten aus der früheren Zeit, für die Kumarājīva repräsentativ ist, werden von den Schülern Buddhas der späteren Zeit als 'Alte Übersetzungen' und die jüngeren Übersetzungen als ‚Neue Übersetzungen' bezeichnet.

Begründet auf der enormen Zahl buddhistischer Schriften, die von diesen Priestern aus dem Sanskrit übersetzt worden waren, wandte sich die Richtung des Denkens und religiösen Handelns dieser gelehrten Männer zwar stufenweise aber nachdrücklich dem Chinesentum zu. Hier setzten sich offenbar das rassebedingte Wesen, die Bedürfnisse und Überzeugungen durch. Daß die Priester der frühen Stadien sich im metaphysischen Bereich besonders der ‚Irrealität' zuwandten, die im Begriff ‚Prajñā' der Sutren zum Ausdruck kam, war eine weitere Manifestation dieser Tendenz. Später verwarfen sie den sogenannten ‚Hinayana' oder das Kleine Fahrzeug und wandten sich ausschließlich dem ‚Mahayana', dem Großen Fahrzeug zu. Diese Tendenz wurde in der Tendai-Schule immer auffälliger, und man kann sagen, daß sie mit dem Erscheinen der Zen-Schule ihren Höhepunkt erreichte.

In der zweiten Hälfte des 6. Jahrhundert erreichte die Tendai-Schule in China ihre volle Ausprägung, die von ihrem 3. Patriarchen Tendai Daishi, Chih-i (538–597 n. Chr.), vorgenommen wurde. Er war einer der hervorragendsten Gestalten im buddhistischen Denken, und die kritische Einteilung der Lehre Buddhas in fünf Perioden und acht Doktrinen, die von diesem Heiligen ausgearbeitet worden war, hatte lange Zeit einen großen Einfluß auf den Buddhismus in China und in Japan.

Ein Rückblick wird zeigen, daß in China die verschiedenen Sutras ungeachtet ihrer Reihenfolge der Entstehungszeit eingeführt und so wie sie kamen übersetzt wurden. Angesichts der riesigen Anzahl dieser Sutren bestand das Problem darin, ihren Urspung und ihren Wert herauszufinden. Es war notwendig, den Buddhismus als Ganzheit schätzenzulernen und aufzuzeigen, wie man sich ihm gegenüber gemäß dem eigenen Verständnis zu verhalten hatte. Bei der Bewertung der Sutras kommt zuerst der Trend zum chinesischen Denkens zum Ausdruck. Vor allem war das Gedankengebäude von Chih-i sehr systematisch und von daher im höchsten Maße überzeugend. Jedoch mit Einsetzung der modernen Buddhismus-Forschung mußte selbst ein solch beherrschender Einfluß ein Ende finden.

In der Geschichte des Buddhismus in China war „das, was zuletzt kam“ die Zen-Schule. Als ihr Gründer gilt Sramana, der aus einem fremden Land stammte, oder Bodhidharma (–528 n. Chr.); aber der Samen, den er gesät hatte, ging erst nach der Zeit von Hui-neng (638–713 n. Chr.) dem 6. Patriarch des Stromes auf. Nach Beendigung des 8. Jahrhunderts hatte diese Schule in China ständig viele talentierte Priester ausgesandt, so daß das Gedeihen des Zen für die Dauer einiger Jahrhunderte sichergestellt wurde.

Man kann daraus erkennen, daß ein neuer Weg buddhistischen Denkens existierte, der tief in der Natur des chinesischen Volkes verwurzelt war. Hierbei handelte es sich um nichts anderes, als um einen von der chinesischen Denkweise gefärbter Buddhismus. Und doch war die Kraft der Lehre Buddha Gautamas mit dieser neuen Strömung zu einem noch größeren Fluß angewachsen und bereicherte auf diese Weise die Länder im Osten.

5. JAPAN

Die Geschichte des Buddhismus in Japan begann im 6. Jahrhundert. 538 n.Chr. schickte der König Koreas seinen Gesandten, mit einem Buddha-Bild und Schriftenrollen von Sutren versehen, an den Kaiserlichen Hof des Herrschers Kinmei. So wird die erste Berührung des Buddhismus mit diesem Land gekennzeichnet. Die Religionsgeschichte ist damit mehr als 1400 Jahre alt.

In dieser langen Geschichte können wir den Buddhismus mit drei Brennpunkten in Verbindung bringen. Der erste dieser Höhepunkte kann im Buddhismus des 7. und 8. Jahrhunderts gesehen werden. Um dies an äußeren Dingen darzustellen, kann man auf den Horyuji-Tempel (607 n. Chr.) und den Todaiji-Temple (752 n.Chr.) verweisen, die beide in dieser Zeit erbaut wurden. Blickt man auf diese Zeit zurück, so kann auch die Tatsache nicht übersehen werden, daß die Wogen der Kultur in ganz Asien zu jener Zeit ungewöhnlich hoch anstiegen. Im Verlauf dieser Periode nahm die Zivilisation im Osten einen erstaunlich aktiven und außergewöhnlichen Verlauf, während die des Westens in tiefer Dunkelheit verharrte. In China, Zentralasien, Indien und in den Südsee-Ländern waren die Aktivitäten auf dem intellektuellen, religiösen und künstlerischen Gebiet sehr stark ausgeprägt. Indem der Buddhismus zu diesen Bewegungen hinzukam, wusch er die östliche Welt mit seinem breiten Strom der Menschlichkeit. Und diese neue Entwicklung in der japanischen Kultur, die von den Bauten des glänzenden Horyuji und des ausgezeichneten Totaiji ebenso bezeugt wird wie durch die farbenprächtigen religiösen und künstlerischen Tätigkeiten, die in Verbindung mit diesen Ereignissen aufkamen, zeigte im Fernsten Osten den Atem der kulturellen Flutwelle, die die weiten Gebiete Asiens erfaßte.

Die Menschen dieses Landes, das sich lange Zeit in einem unzivilisierten Zustand befunden hatte, schwammen nun in der Strömung einer großen Kultur; die Blume der Zivilisation hatte sich ganz plötzlich geöffnet. Dies war eine gute Wendung zum Glück, das in diesen Jahrhunderten Japan so begünstigte. Und der Hauptvorkämpfer, der für diesen Aufstieg der Kultur verantwortlich war, war kein anderer als der Buddhismus. Daher wurden die buddhistischen Tempel dieser Zeit zu Zentren dieser glänzenden Kultur, und die Priester waren die Führer der neuen Lehre. Es entwickelte sich eine weitreichende und große Kultur, die mehr als nur eine Religion war. Dies war der tatsächliche Stand des Buddhismus, der zuerst auf dieses Land übertragen wurde.

Im neunten Jahrhundert erschienen zwei große Priester, Saicho (Dengyo Daishi, 767–822) und Kukai (Kobo Daishi, 774–835) und gründeten zwei buddhistische Schulen, die zusammen gewöhnlich als Heian-Buddhismus bezeichnet werden. Dies war die Grundlegung eines rein japanischen Buddhismus. Sie nahmen den Buddhismus in seiner ursprünglichen Auslegung und Praxis an und gründeten die zentralen Klöster auf dem Berg Hiei und Koya. Im Laufe der dreihundert Jahre nach ihrer Gründung bis zur Kamakura-Periode fanden diese beiden esoterischen Schulen, Tendai und Shingon, hauptsächlich unter den Adligen und an den herrschaftlichen Höfen Anklang.

Der zweite der Höhepunkte ist im Buddhismus des 12. und 13. Jahrhunderts zu finden. Hier erschienen so bedeutende Priester wie Honen (1133–1212 n.Chr.), Shinran (1173–1262 n.Chr.), Dogen (1200–1253 n.Chr.), Nichiren (1222–1282 n.Chr.) usw. Wenn man vom japanischen Buddhismum spricht, kann man dies nicht tun, ohne die Namen dieser großen Priester zu erwähnen. Warum haben nur jene Jahrhunderte solche herausragende Männer hervorgebracht? Der Grund besteht wohl darin, daß zu jener Zeit ihnen allen ein ganz gewöhnliches Problem gegenüberstand. Und um welches gewöhnliche Problem handelte es sich? Vielleicht war es die Tatsache, daß der Buddhismus zwar akzeptiert wurde, aber auf eine einzigartige japanische Art und Weise.

Dies dürfte zu der Frage führen: Warum? War es nicht etwa so, daß der Buddhismus bereits lange vorher in dieses Land eingeführt worden war? Historisch gesehen verhielt es sich so. Aber ebenso sicher ist, daß mehrere hundert Jahre notwendig gewesen waren, bis sich das Volk dieses Landes die eingeführte Religion angeeignet und umgeformt hatte, um sie vollständig zu seiner eigenen zu machen. Kurz gesagt, im 7. und 8. Jahrhundert begannen die Bemühungen bezüglich der Anerkennung des Buddhismus, und als ein Ergebnis dieser Bemühungen, erblühte dieser durch jene Buddhisten des 12. und 13. Jahrhunderts.

Nach dieser Zeit hielt der Buddhismus in Japan, der auf der von diesen herausragenden Priestern geschaffenen Grundlage errichtet worden war, seinen Nachruhm bis heute aufrecht. Seit dieser Zeit, in der diese vorzüglichen Männer aufgetreten sind, gab es in der Geschichte des japanischen Buddhismus keine solcher Glanzpunkte jener Jahrhunderte mehr. Wie dem auch sei, nach Meinung des Autors gibt es etwas anderes, das Beachtung verdient, und dies sind die Ergebnisse der modernen Buddhismus-Forschung.

Seit der ersten Zeit des Erscheinens, war praktisch der gesamte Buddhismus in Japan Mahayana-Buddhismus, der unter dem Einfluß des chinesischen Buddhismus stand. Besonders nach dem

Auftreten der großen Priester des 12. und 13. Jahrhunderts bildete die Mahayana-Lehre die Hauptströmung, wobei ihr Zentrum die Begründer der Schulen bildeten, deren Ansichten bis heute bestimmend sind. In der Geschichte des japanischen Buddhismus als solchem begann das Studium des ursprünglichen Buddhismus schätzungsweise nach der Mitte der Meiji-Zeit. Die Gestalt Buddha Gautamas erschien wieder lebendiger vor denen, die fast die Tatsache vergessen hatten, daß es neben den Begründern der Schulen auch noch den Urheber des Buddhismus gab, und jenen, die nichts anderes als die Mahayana-Lehre beachteten, wurde klargemacht, daß es auch noch das systematische Bekenntnis des Buddhismus gab. Diese neuen Phasen verbleiben weiterhin in der Sphäre des schulischen Lernens und sind noch nicht stark genung, religiöse Begeisterung unter den Massen auszulösen. Aber es scheint so, als ob das Wissen der Menschen dieses Landes in bezug auf den Buddhismus eine Wendung macht. Der Autor möchte den Blick auf diese Phase richten, denn es geht hier um den dritten der erwähnten Höhepunkte.

DIE ÜBERLIEFERUNG DER LEHRE BUDDHAS

Buddhismus ist eine Religion, die auf den Lehren Shakyamunis basiert, die dieser fünfundvierzig Jahre seines Lebens verbreitete. Die Worte, die er in seiner Lehre verwendete, haben daher in dieser Religion absolute Autorität. Obwohl es 84000 Dharma-Tore und eine große Anzahl von Schulen gibt, existiert keine ohne Verbindung zu den Schriften Shakyamunis. Diese Bücher, in denen die Lehre Buddhas aufgezeichnet ist, sind unter dem Namen „Issaikyo" oder „Daizokyo" bekannt und stellen eine vollständige Sammlung der heiligen Schriften dar.

Shakyamuni trat ausdrücklich für die Gleichheit der Menschen ein und verbreitete die Lehre in schlichten und einfachen Worten des täglichen Lebens, damit jedermann ihn völlig verstehen konnte. Er setzte seine Lehrtätigkeit zum Wohl der Menschen bis zur letzten Minute seines Lebens im Alter von achtzig Jahren fort, ohne auch nur einen einzigen Tag in dieser langen Periode davon abzulassen.

Nach dem Ableben Shakyamunis verbreiteten seine Schüler die Lehre so, wie sie diese vernommen hatten. Da die Lehre übermittelt und weitererzählt wurde, können sich natürlicherweise verschiedene Veränderungen eingeschlichen haben, die durch unbewußte Irrtümer seitens der Schüler verursacht wurden bezüglich dessen, was sie glaubten gehört oder verstanden zu haben. Und dennoch mußten die Worte Shakyamunis ganz exakt und vollständig übermittelt werden, und jedem und allen Menschen sollte ohne Diskriminierung Gelegenheit dazu gegeben werden, die Lehre zu hören. Daher kamen viele ältere Priester zusammen, um die Worte und Lehre zu berichtigen und zu festigen, indem sie sich gegenseitig vortrugen, was jeder glaubte gehört zu haben, und verbrachten so viele Monate mit Diskussionen zu. Das Werk, das auf diese Weise entstanden, ist unter dem Titel „Ketsujyu" bekannt. Daran zeigt sich wie hingebungsvoll und besonnen sie versucht hatten, genau diejenigen Worte zu übermitteln, die der große Priester gesprochen hatte.

Die Lehre, die nun auf diese Weise berichtigt war, wurde daraufhin aufgeschrieben. Der Lehre wurden Kommentare und Interpretationen hinzugefügt, die von gelehrten Priestern späterer

Zeit verfaßt als „Ron" oder „Kommentare" bekannt wurden. Die eigentliche Lehre Buddhas, die Kommentare und die Buddhistischen Vorschriften wurden „Sanzokyo" (Drei Abteilungen der Buddhistischen Schriften) oder in Sanskrit „Tripitaka" genannt.

„Sanzokyo" oder „Tripitaka" beinhaltet „Kyozo", „Ritsuzo" und „Ronzo"; „Zo" bedeutet Gefäß oder Behälter. Mit anderen Worten, „Kyo" bezieht sich auf die „Buddhistischen Lehren", „Ritsu" auf die „Vorschriften für eine Buddhistische Bruderschaft" und „Ron" auf die von den Hohepriestern geschriebenen „Kommentare".

Der Überlieferung entsprechend soll der Buddhismus im Jahre 67 n.Chr., wärhend der Regierungszeit König Mings von der älteren östlichen Han-Dynastie (25–220 n.Chr.), in China eingeführt worden sein. In Wahrheit geschah dies aber 84 Jahre später, als die Buddhistischen Schriften von König Huan von der späteren östlichen Han-Dynastie nach China eingeführt und übersetzt wurden (151 n.Chr). Seitdem wurden die Bemühungen, die Schriften in die chinesischen Sprache zu übersetzen, mehr als 1700 Jahre lang weitergeführt. Die Anzahl dieser übersetzten Bücher betrug 1440 Schriften in 5586 Bänden. Die Anstrengungen zur Erhaltung dieser übersetzten Schriften wurden bereits während der Wei-Dynastie unternommen, aber erst etwa in der Zeit der nördlichen Sung-Dyanstie wurde mit dem Druck begonnen. Seit dieser Zeit kamen noch die Arbeiten der Hohepriester hinzu, so daß es nicht mehr angemessen erschien, diese Bücher als „Tripitaka" zu bezeichnen. In der Ära Suei's wurde ihnen deshalb der Titel „Issaikyo" oder eine „Vollständige Sammlung aller heiligen Schriften" gegeben, und in der Tang-Ära wurden sie „Daizokyo" oder die „Sammlung aller Buddhistischen Schriften, Gesetze und Abhandlungen" genannt.

In Tibet wurde der Buddhismus im 7. Jahrhundert n. Chr. eingeführt, und für mehr als 150 Jahre, d.h. während des 9.–11. Jahrhunderts wurden die Bemühungen um eine Übersetzung der Buddhistischen Schriften fortgesetzt, so daß in dieser Zeit praktisch alle übersetzt wurden.

Angesichts der Tatsache, daß die Schriften nicht nur ins Koreanische, Japanische, Ceylonesische, Kambodschanische, Türkische und in fast alle orientalischen Sprachen übersetzt worden waren, sondern auch ins Lateinische, Französische, Englische und Italienische, kann mit Sicherheit gesagt werden, daß der Segen, der von Buddhas Lehre ausgeht, nun in jede Ecke der Welt verteilt worden ist.

Zieht man jedoch bei nochmaliger Erwägung die Qualität der Übersetzungen, die Geschichte der Entwicklung und der Wechselfälle dieser Religion während mehr als 2000 Jahre mit 10000 oder mehr Übersetzungen der Bücher in Betracht, so scheint es dennoch schwierig zu sein, die wahre Bedeutung der von Shakyamuni gesprochenen Worte zu erfassen, selbst mit Hilfe des „Daizokyo". Es ist daher unerläßlich, jene wichtigen Punkte aus dem „Daizokyo" herauszugreifen und diese zum Kriterium bzw. zur Grundlage des Vertrauens an diese Religion zu machen.

Im Buddhismus sind die Worte Shakyamunis oberste Autorität. Daher muß die Lehre des Buddhismus eine Lehre sein, die eng mit der Wirklichkeit unseres täglichen Lebens verbunden und vertraut ist. Andernfalls wird es nicht möglich sein, das menschliche Herz aus seinen Tiefen zum Vertrauen in die Lehren zu erheben. Damit die Lehre eine solche ist, die wir uns zu eigen machen können, muß sie schlicht, einfach, in ihrem Wesen objektiv und zudem in der Lage sein, alles zu erfassen und dabei gleichzeitig treffende und vertraute Worte des täglichen Lebens benutzen.

Dieses Buch entstand eingedenk der obigen Überlegungen, die „Strömung" des „Daizokyo" mit seiner mehr als zweitausendjährigen Geschichte zu übernehmen. Diese Veröffentlichung kann natürlich vom Umfang her nicht vollkommen sein. Die Worte Buddhas sind in ihrer Bedeutung unendlich tief, und seine Tugenden sind grenzenlos, so daß es nicht leicht ist, ihnen gerecht zu werden.

Es ist daher äußerst wünschenswert, dieses Buch zu einem noch wahrhaftigeren und wertvolleren zu gestalten, da beabsichtigt wird, künftig eine revidierte Ausgabe herauszubringen.

DIE GESCHICHTE DES BUCHES „DIE LEHRE BUDDHAS"

Dieser buddhistische Text basiert auf einer revidierten und zusammengestellten Ausgabe des japanischen Originals „Neuübersetzung des buddhistischen Urtextes", das im Juli 1925 von der Gesellschaft der Verbreitung der „Neuübersetzung des buddhistischen Urtextes" veröffentlicht und von Rev. Muan Kizu vorgestellt wurde. Diese erste japanische Ausgabe wurde von Professor Shugaku Yamabe und Professor Chizen Akanuma in Zusammenarbeit mit vielen buddhistischen Schülern in Japan zusammengestellt, und es dauerte fast fünf Jahre, sie zu veröffentlichen.

In der Showa-Ära (1926–   ) wurde auch die „Volksausgabe des buddhistischen Textes" auf Japanisch von der Gesellschaft veröffentlicht und überall in ganz Japan verbreitet.

Im Juli 1934, als das Treffen der Pan-pazifischen buddhistischen Jugend in Japan abgehalten wurde, wurde „Die Lehre Buddhas", die englische Übersetzung der oben erwähnten „Volksausgabe des buddhistischen Textes" von dem buddhistischen Jugendverband für ganz Japan, mit der Unterstützung von Herrn D. Goddard, als eine seiner Arbeiten veröffentlicht. 1962, anläßlich des siebzigjährigen Jubiläums der Einführung des Buddhismus in Amerika, veröffentlichte Herr Yehan Numata, der Präsident der Mitutoyo Gesellschaft, eine weitere englische Ausgabe von „THE TEACHING OF BUDDHA."

Als Herr Numata 1965 in Tokio die Gesellschaft zur Förderung des Buddhismus gründete, war die Verbreitung dieses englischen Textes auf der ganzen Welt als eine der Aktivitäten dieser Stiftung geplant.

Um diesen Plan zu verwirklichen, wurde 1966 ein Ausschuß gebildet, der diese „Lehre Buddhas" überarbeiten und zusammenstellen sollte. Mitglieder des Ausschusses waren die Professoren Kazuyoshi Kino, Shuyu Kanaoka, Zenno Ishigami, Shinko Sayeki, Kodo Matsunami, Shojun Bando und Takemi Takase. Herr N.A. Waddell und Herr Shunsuke Shimizu arbeiteten bei der Überarbeitung auch mit. So wurde eine englisch-japanische Ausgabe der „Lehre Buddhas" in neuer Form veröffentlicht.

1972 stellten die Professoren Shuyu Kanaoka, Zenno Ishigami, Shoyu Hanayama, Kansei Tamura und Takemi Takase Fehler richtig, überarbeiteten den Text und stellten ihn neu zusammen.

Wiederum 1974, überarbeiteten die Professoren Shojun Bando, Kodo Matsunami, Shinko Sayeki, Kansei Tamura, Doyu Tokunaga und Shoyu Hanayama (Hauptherausgeber) unter der Leitung von Herrn R. K. Steiner den Text, um unpassende und ungenaue Ausdrücke in der englischen Version des Textes zu berichtigen. So wurde die englisch-japanische Ausgabe der „Lehre Buddhas" in gegenwärtiger Form als Ergebnis ihrer Arbeit veröffentlicht. Anläßlich eines von Herrn Shinroku Inouye angeregten Treffens über einige Themen in den Jahren 1978 und 1980, entschloß sich die obige Redaktion, die Professoren Shigeo Kamata und Yasuaki Nara miteingeschlossen, das Buch erneut zu überarbeiten. Als Resultat ihrer Mühen ist auf diese Weise die gegenwärtige Englisch-Japanische Ausgabe von „Die Lehre Buddhas" veröffentlicht worden.

1980 wurde festgestellt, daß die Zeit dafür reif war, dieses Buch in noch weitere Sprachen als in die vier (Englisch, Französisch, Portugiesisch und Spanisch), in die es bereits übertragen worden war, zu übersetzen. So bat die Gesellschaft noch einmal Herrn Steiner, die Englische Ausgabe aufzuarbeiten und zu verbessern, da diese die Grundlage für die Deutsche, Italienische, Griechische, Chinesische, Holländische und Nepalesische bilden sollte.

Wiederum 1981, um dieses Buch leichter lesbar zu machen, bat die Gesellschaft einige japanische und amerikanische Schüler Höherer Schulen, dieses Buch durchzulesen, und befragten sie nach der Meinung. Wir tauschten danach mit den Schülern die Meinungen aus und diskutierten die vorzunehmenden Änderungen. Das Ergebnis dieses Meinungsaustausches war das neubearbeitete vorliegende Buch.

Die deutsche Übersetzung wurde von Herrn Professor Shoei Ono vorgenommen, und Frau Professorin Friedl Ito, Rev. Gerhard Kell, Rev. Adrian Peel, Herr Professor Dr. R. Kornmann, Frl. M. Schneider, Herr Dr. Joh Iizuka und Herr Professor Michio Sato lasen sie, gaben wertvolle Ratschläge und nahmen zahlreiche Verbesserungen vor, die hier berücksichtigt wurden. Vor allem haben Frau Professorin Friedl Ito, Rev. Gerhard Kell, Herr Professor Dr. R. Kornmann und Frl. M. Schneider dem Übersetzer wertvolle Hinweise auch in bezug auf die Ausdrucksweise gegeben, so daß die Übersetzung in dieser Form erscheinen konnte.

Rev. Kell meinte, daß man die Wörter und Wendungen, die dem Christentum entnommen sind, möglichst vermeiden sollte. Auch der Übersetzer vertrat grundsätzlich dieselbe Meinung, aber er sah sich gezwungen, unter Umständen aus dem Satzzusammenhang heraus auch dem Christentum entliehene Ausdrücke zu benutzen. Da gab es also einen feinen Meinungsunterschied.

Im Verlauf von einigen Besprechungen stimmten dann Herr Professor S. Hanayama, Herr Professor K. Tamura, Herr Professor N. Tamaru und der Übersetzer überein, diese Fragen der Entscheidung des Übersetzers zu überlassen.

Herr Professor Ono hat das Buch aufgrund vieler Ratschläge und Besprechungen und überdies nach seinen eigenen Überlegungen fertiggeschrieben.

Wir hoffen, daß dieses Buch im deutschen Sprachkreis weite Verbreitung findet und bitten die Leser, freundlicherweise ihre Meinung über dieses Buch zu äußern.

April, 1982

INDEX ZU „DIE LEHRE BUDDHAS“

Das menschliche Leben	*Seite*	*Zeile*
Die Bedeutung des Lebens	5	15
Der tatsächliche Zustand dieser Welt	96	26
Vorbildliche Lebensweisen	249	25
Falsche Standpunkte des Lebens	44	29
Eine richtige Lebenseinstellung	41	10
Ein Leben voller Vorurteile	57	7
Für diejenigen, die irregeführt wurden (Fabel)	127	1
Ein Menschenleben (Fabel)	90	24
Wenn man ein Leben der Begierde und der Leidenschaft führt (Fabel)	90	7
Was die Alten, Kranken und Toten lehren (Geschichte)	93	19
Der Tod ist unvermeidbar (Geschichte)	94	24
Die fünf Dinge, die niemand auf dieser Welt ausführen kann	48	11
Die vier Wahrheiten in dieser Welt	48	24
Sowohl der Irrglauben als auch die Erleuchtung entstehen im Geist	49	11
Die zwanzig Dinge, die für gewöhnliche Menschen schwer auszuführen sind, es aber wert sind, ausgeführt zu werden	133	5
Das Vertrauen		
Vertrauen ist das Feuer	179	14
Vertrauen hat drei wesentliche Merkmale	180	22
Vertrauen ist eine Offenbarung	182	1
Vertrauen steigt im aufrichtigen Geist auf	181	9

	Seite	Zeile
Die Wahrheit zu finden ist so schwierig wie für einen blinden Menschen der Versuch, durch Abtasten die wirkliche Gestalt eines Elefanten zu beschreiben (Fabel)	75	1
Wo die Buddha-Natur existiert, wird durch die Lehre des Buddhismus aufgezeight (Fabel)	77	22
Die Buddha-Natur wird durch die Leidenschaft im Verborgenen gehalten (Fabel)	73	16
Zweifel behindern das Vertrauen	182	12
Buddha ist der Vater für die ganze Welt, und die Menschen sind Seine Kinder	35	21
Buddhas Weisheit ist so groß und tief wie ein großer Ozean	34	10
Buddhas Geist ist voll von Großem Erbarmen	15	1
Buddhas Erbarmen ist unedlich	16	8
Buddha hat keinen physischen Körper	13	10
Buddha lehrte Sein ganzes Leben lang	23	20
Buddha benutzte die Annahme von Leben un Tod, um die Menschen zu überzeugen	23	20
Buddha rettete Menschen von ihren Leiden, indem er das Mittel der Fabeln anwendete	19	7
Buddha rettete Menschen von ihren Leiden, indem er das Mittel der Fabeln anwendete	20	1
Die Welt der Erleuchtung	251	12
Wie man ein Anhänger von Buddha, Dharma und Samgha wird	178	1
Gebote einzuhalten, die Konzentration des Geistes zu üben und weise zu handeln	163	17
Der Edle Achtfache Pfad	166	22

	Seite	Zeile
Die sechs Pfade, an die andere Küste der Erleuchtung zu gelangen	168	23
Die vier richtigen Vorgehensweisen	168	9
Die vier zu beachtenden Punkte	167	25
Die fünf Fähigkeiten der Kraft, zur Erleuchtung zu gelangen	168	16
Die vier unbegrenzten seelischen Zustände	171	17
Diejenigen, die Vierfache Edle Wahrheit verstehen	39	18
Der Tod des Menschen, und die Vergänglichkeit des Lebens	12	25
Diejenigen, die Amida Buddhas Namen rezitieren, werden in Seinem Land der Reinheit hingeboren werden	113	1
Mache aus dir ein Licht, und verlasse dich auf dich selbst	10	18
Geistige Übung		
Man sollte herausfinden, was einem von größter Bedeutung ist (Parabel)	150	11
Sei vorsichtig bei deinen ersten Schritten	132	26
Vergiß nicht, wonach du suchst (Parabel)	152	10
Um bei irgendetwas Erfolg zu haben, sollte man manche Mühsal ertragen (Geschichte)	158	20
Reiß dich zusammen, selbst angesichts wiederholter Fehltritte (Geschichte)	173	7
Laß deinen Geist nicht beunruhigt sein, selbst unter unbefriedigenden Bedingungen (Geschichte)	124	18
Diejenigen, die den Edlen Pfad verstehen und ihm folgen, sind wie jene, die mit		

	Seite	Zeile
Licht in die Dunkelheit gehen	40	15
Man wird die Lehren für menschliches Leben finden, wo immer man auch hingeht (Geschichte)	162	5
Menschen neigen dazu, sich in die Richtung zu bewegen, in die sie ihr Geist führt	121	24
Das Wesentliche der Lehre besteht darin, seinen eigenen Geist zu kontrollieren	11	18
Kontrolliere an erster Stelle deinen Geist	212	1
Wenn man seinen Geist kontrolliert	122	1
Verschiedene Geisteszustände (Fabel)	118	19
Der Geist ist nicht das Ego	46	16
Erlaube dem Geist nicht, dich ins Wanken zu bringen	10	22
Erobere deinen Geist	154	18
Sei Herr deiner Sinne	11	25
Jedes Übel kommt vom Körper, vom Mund und vom Geist	87	4
Die Beziehung zwischen Geist und Worten	125	10
Dieser Körper ist nichts weiter als eine geliehene Sache (Geschichte)	143	8
Dieser Körper ist voller Unreinheiten jeglicher Art	130	25
Begehre nichts	10	22
Halte Leib, Zunge und Geist rein	123	13
Sei unparteiisch, und versuche dein Bestes (Geschichte)	172	17

Menschliches Leiden

Menschliche Leiden entstehen aus dem Geist der Anhaftung	42	21

	Seite	*Zeile*
Wie man Leiden verhindert	13	10
Verblendung und Unwissenheit bilden den Eingang zur Erleuchtung	59	20
Wie man von den Leiden befreit wird	116	1
Wenn das heiße Feuer der Leidenschaft gelöscht ist, kann erfrischende Erleuchtung erworben werden	141	27
Die Begierde ist die wahre Quelle der Verblendung	85	20
Denke an die Begierde wie an eine Giftschlange, die zwischen Blumen verborgen liegt	85	23
Hab keine Bindung an das brennende Haus (Fabel)	19	18
Leidenschaft ist die Quelle allen Übels	118	8
Diese Welt befindet sich in einem brennenden Feuer	82	29
Wenn Menschen Ruhm und Ehre nachjagen, ist es so, als ob sie sich selbst verbrennen	119	19
Wenn ein Mensch dem Wohlstand und der Begierde frönt, wird er sich selbst ruinieren	119	26
Weise Menschen und törichte Menschen unterscheiden sich in ihren Wesen grundlegend	134	5
Törichte Menschen bemerken nicht ihre Fehler (Fabel)	141	1
Törichte Menschen beneiden andere um ihren Erfolg, indem sie nur auf die Ergebnisse achten (Fabel)	141	7
Die Art und Weise, in der törichte Menschen handeln können (Fabel)	147	1

	Seite	Zeile
Das tägliche Leben		
Mache Geschenke und vergesse sie	169	27
Sieben Arten von Opfern	170	6
Der Weg, Reichtum zu erwerben (Geschichte)	145	17
Wie man Glück hervorruft	132	16
Man sollte die Freundlichkeit, die einem gegenüber erwiesen wurde, nie vergessen (Geschichte)	139	1
Die Vielfalt des menschlichen Charakters	89	12
Das Unglück verfolgt immer die Schritte desjenigen, der dem Verlangen nach Rache nachgibt	132	3
Wie man Haßgefühle besiegt (Geschichte)	246	7
Laß dich durch die Kritik anderer nicht vom Weg abbringen (Geschichte)	122	15
Du lebst nicht für Kleidung, Nahrung oder für deine Sicherheit	205	11
Nahrung und Kleidung sind nicht zur Bequemlichkeit oder zum Vergnügenda	117	3
Woran du denken sollst, wenn du Nahrung zu dir nimmst	208	8
Woran du denken sollst, wenn du Kleider trägst	207	9
Woran du denken sollst, wenn du zu Bett gehst	208	23
Woran du denken sollst, wenn es warm oder kalt ist	208	12
Woran du in deinem täglichen Leben denken sollst	206	16
Die Regierung		
Der Weg, eine Nation zum Wohlstand		

	Seite	Zeile
zu führen	230	1
Der Weg eines Regierenden	233	21
Ein Regierender muß sich zuerst selbst regieren	231	9
Das Verwaltungsideal besteht darin, den Geist den Menschen zu trainieren	232	13
Wie sich die Minister und Beamten verhalten sollten	236	16
Wie der Richter Kriminelle behandeln sollte	235	15
Die Wirkung der Lehre auf die Menschen einer Nation	232	3
Wie man mit sozialen Kämpfen fertig wird	238	26
Die Wirtschaft		
Die Dinge müssen in richtiger Weise gebraucht werden (Geschichte)	221	12
Kein Eigentum gehört einem immer	220	27
Man sollte Dinge nicht nur für sich selbst horten	228	12
Wie man Reichtum erwirbt (Geschichte)	145	17
Familienleben		
Die Familie ist der Ort, wo die Seelen der Mitglieder miteinander in Berührung kommen	218	14
Dinge, die der Familie schaden werden	213	8
Wege, die große Verbindlichkeit, die man seinen Eltern schuldet, zu erstatten	218	6
Der richtige Weg des Sohnes zu seinen Eltern hin	214	1
Der richtige Weg zwischen Mann und Frau	214	27

	Seite	Zeile
Mann und Frau sollten über dasselbe Vertramen verfügen (Geschichte)	224	10
Das Leben der Frauen		
Die vier Arten von Frauen	222	17
Verschiedenen Arten von Ehefrauen	225	3
Die Lehre für junge Ehefrauen (Geschichte)	224	21
Vom Nutzen für die Frauen, zu heiraten	223	11
Vom Nutzen für junge und schöne Frauen	227	1
Wie sich Männer gegenüber Frauen verhalten sollten	130	12
Der Weg für Mann und Frau	224	3
Die Gelöbnisse und Wünsche der idealen Frau	228	7
Was ist eine schlechte Ehefrau?	225	7
Der Weg für die hauslosen Brüder		
Man ist kein hausloser Bruder, nur weil man sich wie ein Mönch kleidet und Sutras verkündet	197	10
Die hauslosen Brüder sind nicht die Erben des Tempels und seines Besitzes	194	1
Gierige Menschen können nicht wirkliche Mönche sein	194	9
Das wirkliche Leben, das ein hausloser Bruder führen sollte	196	5
Das Leben in der Gemeinde		
Die Bedeutung eines Gemeindelebens	241	18
Der tatsächliche Zustand der Gemeinden in dieser Welt	96	26
Drei Arten von Organisationen	241	24
Ein Wahres Gemeindeleben	242	8

	Seite	Zeile
Das große Licht, das die Dunkelheit erhellt	244	5
Eintracht in den menschlichen Beziehungen	243	1
Dinge, die helfen, werden eine soziale Organisation zur Eintracht führen	244	5
Das Ideal der Brüderlichkeit	243	9
Das gesellschaftliche Vorbild der Buddhistischen Gläubigen	251	1
Diejenigen, die das Gesetz der Ordnung stören, werden ruiniert werden (Fabel)	140	16
Diejenigen, die eifersüchtig sind und sich mit anderen zanken, werden ruiniert werden (Fabel)	140	3
Man soll alte Leute in Ehren halten (Geschichte)	134	24
Wie der Schüler seinem Lehrer gegenüber handeln sollte und umgekehrt	214	14
Die Regeln für Freundschaft	215	9
Wie man gute Freunde wählt	216	24
Wie sich ein Herr und seine Bediensteten zueinander verhalten sollten	215	22
Die Haltung gegenüber Kriminellen	228	22
Dinge, um die sich diejenigen kümmern sollten, die den Dharma verkünden wollen	199	1

SANSKRIT GLOSSAR (ALPHABETISCHE REIHENFOLGE)

ANĀTMAN (Unpersönlichkeit)

Dies ist eines der grundlegendsten Merkmale des Buddhismus. Kein Wesen und kein Phänomen auf dieser Welt ist letztlich von irgendeiner bedeutenden Wirklichkeit. Es ist für den Buddhismus, der von der Unbeständigkeit allen Daseins ausgeht, ganz natürlich, daß solch ein unbeständiges Lebewesen keine dauerhafte Substanz besitzen kann. Anātman kann auch als Nicht-Ich übersetzt werden.

ANITYA (Vergänglichkeit oder Unbeständigkeit)

Ein weiteres wesentliches Merkmal des Buddhismus: Jedes Lebewesen und jedes Phänomen auf dieser Welt ändert sich beständig und bleibt, selbst für einen einzigen Augenblick, nicht dasselbe. Alles muß eines Tages sterben oder vergehen, und gerade diese Aussicht ist die Ursache des Leidens. Dieser Begriff sollte jedoch nicht nur von einem pessimistischen oder nihilistischen Standpunkt aus interpretiert werden, denn sowohl das Wachstum als auch die Fortpflanzung sind Beweise für eine ständige Veränderung.

BODHISATTVA (Ein zur Buddhaschaft bestimmtes Wesen)

Ursprünglich wurde dieser Name dazu verwendet, um Siddhartha Gautama zu bezeichnen, bevor dieser den Zustand der Erleuchtung erreicht hatte. Nach der Blüte des Mahāyāna-Buddhismus wurden all diejenigen so genannt, die die Erlangung der Buddhaschaft anstrebten. Zuletzt wurden auch jene, die mittels ihres Großen Mitleids versuchten, andere zum Buddhismus zu führen, und selbst dieses Ziel ansteuerten, symbolisch als personifizierte Bodhisattvas betrachtet. Avalokiteśvara (Kwannon), Kṣitigarbha (Jizo) und Mañjuśrī (Mon-ju) sind einige der am meisten bekannten.

BUDDHA (Der Erleuchtete)

Ursprünglich wurde Siddhartha Gautama (Shakyamuni), der Gründer des Buddhismus, so genannt, da er mit 35 Jahren – vor 2500 Jahren in Indien – als einziger den Zustand der Erleuchtung erlangt hatte. Unabhängig von ihrer Schule oder Richtung ist es das endgültige Ziel aller Buddhisten, ein Buddha zu werden. Im Mahāyāna-Buddhismus werden neben dem historischen Buddha Shakyamuni viele andere Buddhas wie Amitābha (Amida), Mahāvairocana (Dainichi), Vaisajyaguru (Yakushi) usw. gewöhnlich als Sinnbilder der buddhistischen Lehren anerkannt. Beeinflußt von dem Konzept des Reinen-Land-Buddhismus in Japan (nach der Hingeburt ins Reine Land erlangt man die Buddhaschaft), werden all diejenigen, die gestorben sind, als ‚Buddhas' oder, japanisch, Hotoke bezeichnet.

DHARMA (Die Wahre Lehre)

Dies bezeichnet die Lehre, so wie sie vom Erleuchteten, von Buddha, gelehrt wurde. Es gibt drei Arten von Kriterien, in die die Lehren eingeteilt werden: Sutras (Lehren, die von Buddha selbst gelehrt wurden), Vinayas (Disziplinen, die von Buddha festgelegt wurden) und Abhidharmas (Kommentare und Diskussionen über die Sūtras und Vinayas von Schülern späterer Zeit). Die drei werden Tripiṭaka genannt. Der Dharma ist einer der'Drei Schätze' des Buddhismus.

KARMA (Taten)

Obwohl dieser Begriff ursprünglich nur „Taten" bedeutete, hat man ihn mit der Zeit, in Beziehung zur Theorie von Ursache und Wirkung, als eine Art mögliche Kraft angesehen, die das Ergebnis aller Taten, darstellte, die man in seiner Vergangenheit vollbracht hatte. Das bedeutet, daß jede unserer Taten entweder im Guten oder im Bösen, in Leid oder Freude endet, war jeweils von der Qualität der Tat abhängt, und eine einflußreiche Kraft auf unsere Zukunft hat, und dies wird als das Karma des Menschen bezeichnet. Man vermutet, daß bei Wiederholung einer guten Tat das Gute sich vermehrt, und seine mögliche Macht sich als segensreicher Einfluß auf die Zukunft auswirkt. Es gibt in diesem Konzept drei Arten von Taten: physische, verbale und geistige.

MAHĀYĀNA (Großes Fahrzeug)

Im Verlauf der buddhistischen Geschichte entwickelten sich zwei Hauptdenkrichtungen, Mahāyāna und Theravāda (oder Hīnayāna). Die Mahāyāna-Richtung breitete sich in Tibet, China, Korea, Japan usw. aus, während die Theravāda-Richtung in Burma, Śrī Lanka (Ceylon), Thailand usw. Fuß faßte. Der Begriff bedeutet deshalb ‚Großes Fahrzeug', weil diese Richtung alle leidenden Wesen in dieser Welt von Geburt-und-Tod umfaßt und alle ohne Diskriminierung zum Zustand der Erleuchtung hinführen kann.

NIRVĀNA (Vollständige Ruhe)

Literarisch bedeutet dieser Begriff ‚fortwehen'. Dies ist der Zustand, bei dem infolge bestimmter Praktiken und Meditation, die auf der Rechten Weisheit beruhen, alle menschliche Unzulänglichkeit und Leidenschaft vollständig ausgelöscht sind. Diejenigen, die diesen Zustand erreicht haben, werden als Buddhas bezeichnet. Siddhartha Gautama hatte diesen Zustand erlangt und wurde so mit 35 Jahren zu einem Buddha. Dennoch wird heute vermutet, daß er erst nach seinem Hinscheiden diesen Zustand Vollständiger Ruhe erreicht haben wird, da einige Reste menschlicher Unzulänglichkeit so lange weiter fortbestünden wie der physische Körper existiert.

PĀLI (Sprache)

Die Sprache, die im Theravāda-Buddhismus verwendet wurde. Man glaubte, daß die älteste Art der buddhistischen Schriften in dieser Sprache verfaßt worden ist. Da dies eine Art Prakrit, ein Dialekt von Sanskrit, ist, gibt es zwischen Pāli und Sanskrit keinen großen Unterschied; ‚Dharma' im Sanskrit, ‚Dhamma' in Pāli; ‚Nirvāna' im Sanskrit, ‚Nibbāna' im Pali. (Siehe: Sanskrit)

PĀRAMITĀ (Zum anderen Ufer hinübergehen)

‚Zum anderen Ufer hinübergehen‘ bedeutet, durch Ausübung der verschiedenen buddhistischen Disziplien das Land Buddhas zu erreichen. Gewöhnlich werden die folgenden sechs Praktiken als solche betrachtet, die einen befähigen, von dieser Welt von Geburt und Tod in die Welt der Erleuchtung zu gelangen: Geben, Sittlichkeit, Geduld, Erdulden, Konzentration und Rechte Erkenntnis (oder Weisheit). Die traditionellen japanischen Higan-Wochen im Frühjahr und Herbst sind von diesem buddhistischen Konzept abgeleitet.

PRAJÑĀ (Weisheit)

Eine der Sechs Pāramitās oder Tugenden. Sie ist eine geistige Funktion, die einen dazu befähigt, das Leben ohne Irrtum zu begreifen und zwischen dem, was wahr oder falsch ist, zu unterscheiden. Derjenige, der dies vollständig beherrscht, wird ein Buddha genannt. Deshalb ist sie die am meisten geläuterte und erleuchtete Weisheit, die von der gewöhnlichen menschlichen Intelligenz völlig verschieden ist.

SAṀGHA (Buddhistische Bruderschaft)

Sie umfaßt Mönche, Nonnen und Laienanhänger gleichermaßen. In früheren Zeiten bestand sie nur aus hauslosen Mönchen und Nonnen. Später als die Mahāyāna-Richtung entstand, verbanden sich diejenigen, die den Zustand eines Bodhisattvas anstrebten – unabhängig davon, ob sie Laien oder Mönche waren – zu einer Bruderschaft. Sie ist eine der ‚Drei Schätze‘ des Buddhismus.

SANSKRIT (Sprache)

Die klassische literarische Sprache des alten Indiens; eine der Indo-europäischen Sprachen. Sie ist aufgeteilt in Vedisches und Klassisches Sanskrit. Die Schriften der Mahāyāna-Tradition sind in dieser Sprache verfaßt worden, deren Still als buddhistisches Hybridsanskrit bezeichnet wird.

SAṀSĀRA (Wiedergeburt)

Die fortwährende Wiederholung von Geburt-und-Tod von der Vergangenheit in die Gegenwart bis zur Zukunft in folgenden sechs trügerischen Bereichen: Höllenreich, Reich der Hungergeister, Tierreich, Aśura oder Dämonenreich, Menschen und Himmelreich. Ohne erleuchtet zu sein, kann man nicht von diesem Rad der Seelenwanderung befreit werden. Diejenigen, die von ihm frei sind, können als Buddhas bezeichnet werden.

ŚŪNYATĀ (Leerheit)

Dies ist die Vorstellung, daß alles weder Substanz hat noch von Dauer ist, und damit eines der wesentlichen Merkmale des Buddhismus darstellt. Da alles von Ursache und Wirkung abhängt, kann es kein immerwährendes Ich als Substanz geben. Aber man sollte weder der Vorstellung anhängen, daß alles Substanz hat, noch, daß alles nicht Substanz hat. Jedes Wesen, menschliches oder nichtmenschliches, ist bedingt. Deshalb ist es töricht, an einem bestimmten Gedanken, an einer bestimmten Vorstellung oder an einer bestimmten Ideologie als dem einzig Absoluten festzuhalten. Dies ist die grundlegende Tendenz in den Prajñāschriften des Mahāyāna-Buddhismus.

SŪTRA (Schriften)

Die Bezeichnung für die Sammlung der Lehrreden Buddhas. Der Begriff bedeutet ursprünglich ‚Faden', was auf eine Zusammenfassung hindeutet, die eine gewaltige Anzahl religiöser oder wissenschaftlicher Schriften beinhaltet. Ein Teil des Tripiṭaka.

THERAVĀDA (**oder Hinayana: die Ordensälteren**)

Die südliche Tradition des Buddhismus wird gewöhnlich mit diesem Namen bezeichnet. ‚Thera' bedeutet ‚die Älteren'. Dies ist die Schule der Älteren, die historisch betrachtet aus einer Gruppe konservativer Mönche hervorging, die ein strenges Festhalten an den Regeln befürwortete, im Gegensatz zu einer anderen Gruppe von sehr freien progresseven Mönchen (deren Überzeugungen später in den Mahāyāna, die nördliche Tradition, einflossen). Es wird vermutet, daß diese Art gegensätzlicher Trends im buddhistischen System in einer frühen Periode begann, einige Jahrhunderte nach dem Hinscheiden Buddhas, als Mahāveda – ein progressiver Mönch – auf eine freiere Interpretation der fünf Kategorien buddhistischer Regeln bestand. Dieses Verhalten provozierte die Spaltung in Theravāda und Mahāsaṁghika, die Quelle des späteren Mahāyāna.

TRIPIṬAKA (Drei Körbe)

Die drei Zweige der buddhistischen Schriften, Dharma, sind damit gemeint. Sie sind Sūtras, die die Lehren Buddhas enthalten; Vinayas, die Seine Disziplinen enthalten; Abhidharmas, die die verschiedenen Kommentare und Essays über buddhistische Lehrsätze und Gebote beinhalten. Später wurden auch buddhistische Schriften von chinesischen und japanischen Oberpriestern in den buddhistischen Kanon aufgenommen. (Siehe: Dharma)

Ihr Mönche, es gibt eine Person, deren Geburt in dieser Welt zum Wohlergehen vieler ist; die geboren wird aus Barmherzigkeit für die Welt, zum Nutzen, Wohlergehen und Glück der himmlischen Wesen und der Menschheit. Wer ist diese Person? Sie ist ein Tathāgata, der ein Arahat ist, ein Vollkommen Erleuchteter. Dies, ihr Mönche, ist diese Person.

Ihr Mönche, die Offenbarung einer Person ist in dieser Welt schwer zu finden, von welcher Person? Die eines Tathāgatas, der ein Arahat ist, ein Vollkommen Erleuchteter. Er ist diese Person.

Ihr Mönche, in der Welt ist diese außergewöhnliche Person schwer zu finden. Welche Person? Die eines Tathāgatas, der ein Arahat ist, ein Vollkommen Erleuchteter. Er ist diese Person.

Ihr Mönche, der Tod eines Menschen muß von allen bedauert werden. Von welcher Person? Der von einem Tathāgata, der ein Arahat ist, ein Vollkommen Erleuchteter. Er ist diese Person.

Ihr Mönche, es gibt eine Person, die in dieser Welt geboren wurde und die unvergleichlich und unübertroffen ist. Wer ist diese Person? Es ist ein Tathāgata, der ein Arahat ist, ein Vollkommen Erleuchteter. Er ist diese Person.

Ihr Mönche, die Offenbarung einer Person ist die Offenbarung eines mächtigen Auges, eines mächtigen Lichts, einer mächtigen Ausstrahlung. Von welcher Person? Von der eines Tathāgata, der ein Arahat ist, ein Vollkommen Erleuchteter. Er is diese Person. (Anguttara-Nikāya 1–13)

GESELLSCHAFT ZUR FÖRDERUNG DES BUDDHISMUS UND VERBREITUNG DER SCHRIFT „DIE LEHRE BUDDHAS"

Um die „Gesellschaft zur Förderung des Buddhismus" beschreiben zu können, ist es notwendig von einem Geschäftsmann, Herrn Yehan Numata, zu sprechen.

Vor mehr als fünfzig Jahren gründete er eine Gesellschaft, die Präzisionsmeßgeräte herstellt. Es ist seine feste Überzeugung, daß der Erfolg eines Unternehmens von der harmonischen Verbindung von Himmel, Erde und Mensch abhängt, und die Vollkommenheit des menschlichen Geistes nur durch eine gut ausgewogene Koordination von Weisheit, Mitgefühl und Mut erreichbar ist. Er tut alles, was er mit dieser Überzeugung in Richtung auf die technische Verbesserung der Werkzeugherstellung und die Entwicklung des menschlichen Geistes tun kann.

Er glaubt, daß die Erlangung des Weltfriedens nur durch die Vervollkommnung des menschlichen Geistes möglich ist, zu dem Zweck, aufgrund dessen die Lehre Buddhas existiert. Deshalb hat er sich neben der Führung seines Unternehmens mehr als 50 Jahre lang alle Anstrengungen unternommen, die buddhistische Musik zu entwickeln und diese zusammen mit Bildern und der Lehre von Buddha zu verbreiten.

Im Dezember 1965 hat er mit seinem privaten Kapital eine Gesellschaft ins Leben gerufen, um die Ausbreitung des Buddhismus zu fördern und gleichzeitig eine Hilfe hin zum Weltfrieden zu sein. So wurde die „Gesellschaft zur Förderung des Buddhismus" als eine öffentliche Organisation ins Leben gerufen.

Was ist getan worden, um die Lehre Buddhas weit und breit zu verbreiten, so daß jedes menschliche Wesen daraus Nutzen ziehen und das Licht von Buddhas großer Weisheit und großem Erbarmen genießen kann? Es ist die Arbeit dieser „Gesellschaft zur Förderung des Buddhismus", die in der Suche, dieses Problems zu lösen, besteht, indem sie den Willen ihres Gründers aufrechterhält.

Kurz, jede mögliche Anstrengung bezüglich der Verbreitung der Lehre Buddhas stellt genau das Herz und die Seele dieser Gesellschaft zur Förderung des Buddhismus dar.

Dieses Buch DIE LEHRE BUDDHAS ist ein Ergebnis unseres Nachdenkens über die Religionsgeschichte dieses Landes, in dem kaum irgendetwas Geschriebenes gibt, das wir ein Buch der buddhistischen Lehre – interpretiert nach seinem wirklichen Sinn in unserer japanischen Art und Weise – nennen können, obwohl wir unsere buddhistische Kultur immer mit großem Stolz betrachtet haben.

Dieses Buch wird für jeden, der es liest, als geistige „Nahrung“ dienen. Es ist so verfaßt, daß jeder es auf seinem Schreibtisch lassen oder in seiner Tasche tragen kann und geistig mit dem lebenden Licht nach Belieben in Verbindung treten kann.

Obwohl die vorliegende Ausgabe DIE LEHRE BUDDHAS noch nicht so gelungen ist, wie wir es uns wünschen, hat sie doch durch die gemeinsamen Anstrengungen vieler Mitarbeiter einen langen Weg hinter sich, verursacht durch das Bedürfnis der Zeitgenossen nach einer sorgfältigen, leicht verständlichen und autoritativen Einführung in den Buddhismus, die zugleich ein praktischer Führer und eine tägliche Quelle der Inspiration und Wahrheit ist.

Es ist der Wunsch der Gesellschaft zur Förderung des Buddhismus bald den Tag kommen zu sehen, an dem so viele Häuser wie möglich dieses Buch besitzen werden und an dem von unseren Gefährten sich so viele wie möglich des Lichts des großen Lehrers erfreuen und von ihm bestrahlt werden.

Die Zuschriften von Lesern sind immer herzlich willkommen. Bitte nehmen Sie sich die Zeit, einmal der Gesellschaft zur Förderung des Buddhismus zu schreiben.

和英対照 和文・英文 **仏教聖典** ／Japanisch-Englisch Japanisch,Englisch **Die Lehre Buddhas**

和英対照仏教聖典	第464版	Japanisch-Englisch, 464. Auflage
和文仏教聖典	第607版	Japanish, 607. Auflage
英文仏教聖典	第122版	Englisch, 122. Auflage

各国語仏教聖典 ／Die verschiedenen Ausgaben von **Die Lehre Buddhas**

フランス語	Französisch	タガログ語	Tagala
ポルトガル語	Portugiesisch	デンマーク語	Dänisch
スペイン語	Spanisch	セルボクロアチア語	Serbokroatisch
ネパール語	Nepalesisch	ヒンディー語	Hindi
インドネシア語	Indonesisch	オランダ語	Holländisch
ドイツ語	Deutsch	トルコ語	Türkisch
イタリア語	Italienisch	タイ語	Thailändisch
韓国語	Koreanisch	ロシア語	Russisch
エスペラント語	Esperantisch	チベット語	Tibetanisch
ノルウェー語	Norwegisch	カンボジア語	Kambodschanisch
中国語	Chinesisch	シンハラ語	Singhalesisch
フィンランド語	Finnisch	アラビア語	Arabisch
ルーマニア語	Rumänisch	ギリシア語	Griechisch *
ポーランド語	Polnisch	ビルマ語	Birmanisch *
ペルシア語	Persisch	ウルドウ語	Urdu *
スウェーデン語	Schwedisch	マレー語	Malaiisch *
ベトナム語	Vietnamisch	*近刊	In Vorbereitung

ドイツ語仏教聖典

昭和57年9月1日　初版発行
昭和61年12月9日　第13版発行

発行所　財団法人　仏教伝道協会
東京都港区芝4丁目3番14号
電話 03（455）5851
郵便番号108　振替東京6－19249
印刷・製本　廣済堂印刷

ISBN4-89237-026-6